吉林省旅游管理类专业教学指导委员会推荐教材
21世纪经济管理新形态教材·旅游管理系列

# 导游业务

主　编 ◎ 曾亚玲　苑晓赫
副主编 ◎ 朱伟健　刘　莹
　　　　　徐　波　金锡钟

清华大学出版社
北京

## 内 容 简 介

本书由基础篇、实务篇、技能篇和常识篇组成。本书的特色明显：①紧密结合全国导游资格考试，力求在考试大纲的指导下，做到有针对性、实操性强。②课程内容的实践性强。每章都有实践训练，引导教师组织学生开展相关训练，提高学生导游带团的实践技能。③体现思政进教材、进课堂的时代要求。课程思政的核心是立德树人，培养学生的家国情怀。本书将课程思政内容融入教材之中，力求做到润物细无声。

本书可以用于高等院校旅游管理专业的课程教学，也适合全国导游资格证备考使用，以及作为导游员上岗培训用书。

本书封面贴有清华大学出版社防伪标签，无标签者不得销售。
版权所有，侵权必究。举报：010-62782989，beiqinquan@tup.tsinghua.edu.cn。

**图书在版编目（CIP）数据**

导游业务 / 曾亚玲，苑晓赫主编 . —北京：清华大学出版社，2024.6
21世纪经济管理新形态教材 . 旅游管理系列
ISBN 978-7-302-63968-8

Ⅰ.①导⋯ Ⅱ.①曾⋯②苑⋯ Ⅲ.①导游—高等学校—教材 Ⅳ.① F590.63

中国国家版本馆CIP数据核字（2023）第116979号

责任编辑：徐永杰
封面设计：汉风唐韵
责任校对：王荣静
责任印制：刘　菲

出版发行：清华大学出版社
网　　址：https://www.tup.com.cn，https://www.wqxuetang.com
地　　址：北京清华大学学研大厦A座　邮　编：100084
社 总 机：010-83470000　邮　购：010-62786544
投稿与读者服务：010-62776969，c-service@tup.tsinghua.edu.cn
质量反馈：010-62772015，zhiliang@tup.tsinghua.edu.cn
印 装 者：艺通印刷（天津）有限公司
经　　销：全国新华书店
开　　本：185mm×260mm　印　张：19.5　字　数：336千字
版　　次：2024年6月第1版　印　次：2024年6月第1次印刷
定　　价：59.80元

产品编号：100404-01

# 序

  我们所呈现的这套教材，是伴随新时代旅游教育的需求应运而生的，具体来说，是植根于党的二十大报告中的两个"首次"!

  第一个"首次"，是党的二十大报告首次写入"旅游"的内容。党的二十大报告中，两次提到了"旅游"——在第八部分"推进文化自信自强，铸就社会主义文化新辉煌"中，提出"建好用好国家文化公园。坚持以文塑旅、以旅彰文，推进文化和旅游深度融合发展"；在第十三部分"坚持和完善'一国两制'，推进祖国统一"中，提出"巩固提升香港、澳门在国际金融、贸易、航运航空、创新科技、文化旅游等领域的地位"。这是旅游业内容首次被列入党的二十大报告中，充分体现了党和国家对旅游业的高度重视。

  第二个"首次"，是党的二十大报告首次提出"加强教材建设和管理"，彰显了教材工作在党和国家教育事业发展全局中的重要地位，体现了以习近平同志为核心的党中央对教材工作的高度重视和对"尺寸课本，国之大者"的殷切期望。

  响应党中央的号召，遵从时代的高要求，建设高质量旅游系列教材，是高等教育工作者责无旁贷的天职，也是我们编写该系列教材的初心！

  自1979年上海旅游高等专科学校成立至今，我国的旅游高等教育已经走过了40多年的历程。经过前辈们的不懈努力，旅游高等教育取得了丰硕成果，编写出一大批高质量的旅游专业教材，为旅游专业高等教育事业发展作出巨大的贡献。然而，与新时代对旅游教育的要求相比，特别是对照应用型旅游人才培养目标，旅游教材建设仍然存在一定的差距。

  一方面，旅游发展已经进入一个崭新的时代，新技术、新文化、新休闲、新媒体、新游客等旅游发展新常态赋予旅游教育新的时代要求；另一方面，自2015年提出地方本科高校向应用型转变策略至今，全国500余所开设旅游相关专业的地方本科高校积极行动实现了向应用型教育的转型。与这一形势变化相比，现有部分旅游管理类专业教材则略显陈旧，没有跟上时代的步伐，表现为应用型本科教材数量少、精品少、应用性不足等问题，特别是集课程思政、实战应用以及数字化于一体的教材更是一个空白，教材编写和建设的压力仍然存在。

正是在这样的背景下，清华大学出版社委托吉林省旅游管理类专业教学指导委员会组织省内14所高校76名教师围绕旅游管理专业的教材体系构成、教材内容设计、课程思政等问题进行多次研讨，形成了全新的教材编写理念——为新时代应用型旅游高等教育教学提供既有实际应用价值，又充分融入数字化技术并具有较强思政性的教材。该系列教材前期主要包括《旅游接待业》《旅游消费者行为》《旅游目的地管理》《旅游经济学》《旅游规划与开发》《旅游法规》《旅游财务管理》《旅游市场营销》《导游业务》《中国传统茶文化》《酒店管理概论》《旅游专业英语》等。该系列教材编写宗旨是培养具备高尚的职业道德、较强的数字化思维能力以及专业素养的应用型、复合型旅游管理类人才，以促进旅游业可持续发展和国家软实力的提升。

该系列教材凸显以下三个特点。

1. 思政性

旅游管理不仅是一门应用科学，也是一门服务和领导的艺术，更涉及伦理、社会责任等众多道德和思想层面的问题。该系列教材以习近平新时代中国特色社会主义思想和党的二十大精神为指导，涵盖新质生产力、伦理决策、文化尊重以及可持续旅游等议题，致力于培养道德水准高、社会责任感强的旅游管理人才。

2. 应用性

满足应用型旅游专业高等教育需求，是我们编写该系列教材的另一重要目的。旅游管理是一个实践性极强的领域，只有灵活应用所学知识，解决实际问题，才能满足行业需求。因此，该系列教材重点突出实际案例、业界最佳实践以及实际操作指南等内容，以帮助学生在毕业后能够顺利适应和成功应对旅游企业各种挑战，在职业发展中脱颖而出。

3. 数字化

数字化技术是当前旅游管理类专业学生必备的技能之一，也是该系列教材不可或缺的部分。从在线预订到数据分析，从社交媒体营销到智能化旅游体验，数字化正在全面改变旅游产业，旅游高等教育必须适应这一变化。该系列教材积极引导学生了解和掌握数字化工具与技术，胜任不断变化的职业发展要求，更好地适应并推动行业发展。

在该系列教材中，我们致力于将思政性、应用性和数字化相结合，以帮助学生在旅游管理领域取得成功。学生将在教材中学到有关旅游行业的基本知识，了解行业最新趋势，并获得实际操作经验。每本教材的每个章节都包含案例研究、练习和讨论问题，以促进学生的学习和思考，培养他们解决问题的能力，为他们提供实际工作所需的技能和知识，帮助他们取得成功，并积极承担社会责任。

我们希望该系列教材能被广大学生和教师使用，能为旅游从业者提供借鉴，帮助他们更好地理解相关知识，从容应对旅游行业发展中的挑战，促进行业的可持续发展。愿该系列教材能成为学生的良师益友，引领学生踏上成功之路！

最后，我们要感谢所有为该系列教材付出努力的人，特别是我们的编辑团队、同行评审专家和众多行业专家，他们的专业知识和热情参与使该系列教材得以顺利出版。

愿我们共同努力，一起开创旅游管理类专业领域的美好未来！

吉林省旅游管理类专业教学指导委员会<br>
2024 年 4 月 20 日

# 前　言

随着旅游业的不断发展，新兴的旅游方式不断涌现，如研学旅游、虚拟旅游等，作为旅游服务中最重要的导游服务也需要与时俱进。导游员是旅游行业的形象代表，导游服务对整个旅游接待工作起着关键的核心作用，其服务质量直接影响着旅游者的旅游体验，必须不断提高导游服务质量，才能满足大众旅游时代的个性化旅游服务需求。

"导游业务"是高等学校旅游管理专业主干课程，本课程重点研究导游员的基本职责、导游服务程序与标准、常见问题与事故的处理、旅游者个别要求的处理、导游的讲解技能、导游的组织技能等，是一门涉及面广、知识点多、实操性强的应用型课程。

本书分为11章，全书分工如下：曾亚玲负责编写第一章、第二章，苑晓赫负责编写第三章、第九章，朱伟健负责编写第四章、第六章，刘莹负责编写第七章、第八章，徐波负责编写第十一章，金锡钟负责编写第十章，第五章由苑晓赫和徐波共同完成。

本书在编写过程中参考了许多已经出版的相关书籍和网站资料，并得到了薛炳臣、崔锦玉、蔡智宇等一线导游和企业专家的指导与部分案例提供，体现了校企合作共同打造精品课程的理念，在此一并表示感谢！

最后，由于时间和编者水平有限，书中的疏漏之处在所难免，欢迎专家、学者、同行及读者朋友对本书提出宝贵意见，以便我们的学识水平进一步提高！

曾亚玲　苑晓赫<br>
2024年3月

# 目　录

## 第一篇　基础篇

**第一章　导游员** ……………………………………………………… 002
　　第一节　导游员的概念与分类 …………………………………… 003
　　第二节　导游员的职责 …………………………………………… 007
　　第三节　导游员的素质 …………………………………………… 010
　　第四节　导游员的行为规范 ……………………………………… 017
　　第五节　导游资格获取 …………………………………………… 020

**第二章　导游工作** ……………………………………………………… 029
　　第一节　导游工作的性质 ………………………………………… 030
　　第二节　导游工作的地位和价值 ………………………………… 035
　　第三节　导游工作的特点 ………………………………………… 041
　　第四节　导游工作的基本原则 …………………………………… 044

## 第二篇　实务篇

**第三章　地陪导游服务程序与标准** …………………………………… 052
　　第一节　准备工作要求 …………………………………………… 054
　　第二节　接站服务要求 …………………………………………… 059
　　第三节　入店服务要求 …………………………………………… 062
　　第四节　核对商定日程的要求 …………………………………… 064
　　第五节　参观游览服务要求 ……………………………………… 065
　　第六节　餐饮、购物、娱乐服务程序 …………………………… 067

第七节　送、离站服务 …………………………………………… 069
　　第八节　后续工作 ………………………………………………… 073

第四章　全陪导游服务程序与标准 ………………………………………… 075
　　第一节　准备工作要求 …………………………………………… 076
　　第二节　首站接团服务要求 ……………………………………… 080
　　第三节　各站服务要求 …………………………………………… 084
　　第四节　途中服务要求 …………………………………………… 088
　　第五节　末站送团服务 …………………………………………… 090
　　第六节　善后工作 ………………………………………………… 093

第五章　领队导游服务程序与标准 ………………………………………… 097
　　第一节　领队的工作职责 ………………………………………… 098
　　第二节　领队导游出境前的准备工作 …………………………… 101
　　第三节　领队导游出境服务工作 ………………………………… 104
　　第四节　领队文明导游的应知应会 ……………………………… 113

第六章　散客导游服务程序与标准 ………………………………………… 117
　　第一节　散客旅游服务 …………………………………………… 118
　　第二节　散客导游服务 …………………………………………… 126
　　第三节　散客导游服务程序与规范 ……………………………… 131

# 第三篇　技能篇

第七章　常见问题与事故的处理 …………………………………………… 144
　　第一节　常见问题与事故的处理原则 …………………………… 146
　　第二节　活动计划与日程变更的处理 …………………………… 147
　　第三节　漏接、错接、空接的原因、预防与处理 ……………… 149
　　第四节　误机（车、船）事故的原因、预防与处理 …………… 151
　　第五节　证件、钱物、行李丢失的预防与处理 ………………… 152
　　第六节　旅游者走失的原因、预防与处理 ……………………… 156
　　第七节　旅游者伤病、病危和死亡的处理 ……………………… 158
　　第八节　旅游者越轨言行的处理 ………………………………… 163
　　第九节　旅游安全事故的预防与处理 …………………………… 164

## 第八章　旅游者个别要求的处理 ················································ 174
　　第一节　旅游者个别要求的处理原则 ········································ 176
　　第二节　餐饮、住房、娱乐、购物等方面个别要求的处理 ············ 177
　　第三节　探视亲友和亲友随团要求的处理 ································· 185
　　第四节　转递物品和信件要求的处理 ········································ 186
　　第五节　中途退团或延长旅游期限要求的处理 ·························· 187
　　第六节　旅游者意见、建议和投诉的处理 ································· 189

## 第九章　导游语言艺术及讲解技能 ················································· 193
　　第一节　导游语言艺术概述 ····················································· 194
　　第二节　导游语言艺术的运用 ·················································· 197
　　第三节　导游讲解的原则和要求 ·············································· 201
　　第四节　导游讲解的音、调、节奏及态势语 ······························ 207
　　第五节　导游讲解的基本方法 ·················································· 210

## 第十章　导游的组织技能 ································································ 222
　　第一节　导游员的吸引力和形象塑造 ········································ 223
　　第二节　安排日程与组织活动的方法 ········································ 228
　　第三节　导游带团的特点及工作 ·············································· 233
　　第四节　景区游览技巧 ···························································· 239

# 第四篇　常识篇

## 第十一章　导游业务相关知识 ························································ 248
　　第一节　入出境知识 ······························································· 249
　　第二节　交通知识 ·································································· 268
　　第三节　货币、保险知识 ························································ 281
　　第四节　旅游卫生保健常识 ····················································· 287

**参考文献** ····················································································· 298

# 第一篇 基础篇

# 第一章 导游员

## 学习目标

1. 了解导游员的概念与分类。
2. 熟悉如何获取导游资格。
3. 掌握导游员的职责和素质。

## 能力目标

1. 了解导游员的不同类别,自主查阅相关资料拓展知识。
2. 熟悉如何获取导游资格,引导并培养学生报考导游证。
3. 掌握导游员的职责和素质,引导并培养学生具备导游员的职责和素质。

## 思政目标

1. 了解导游员在发展旅游业中的重要作用,增强学生的专业认同感和事业心。
2. 熟悉导游员的职责,培养学生辩证唯物主义的求职观。
3. 掌握导游员应具备的素质,增强学生热爱祖国、爱岗敬业、遵纪守法的道德品质。

## 思维导图

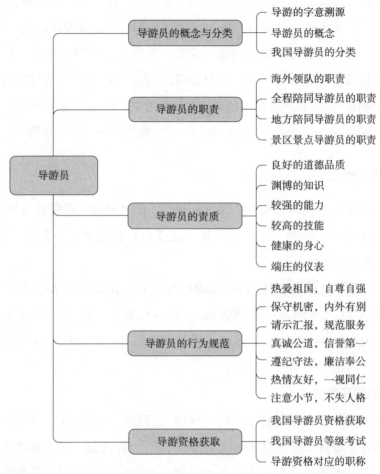

## 导入案例

## 第一节　导游员的概念与分类

　　导游员是旅行社的形象代表，是旅游业中最具代表性的职业之一。导游员是旅行社的灵魂，一家旅行社能否发展壮大在很大程度上取决于导游人员素质的高低。准备进入导游行业工作的人员，需要充分了解导游员的不同类型、职责和素质，充分掌握不同类别导游员的工作程序和标准，并不断跟随时代脚步，自我提高，以适应日趋变化的社会和行业的发展。

## 一、导游的字意溯源

导游（tour guide），从词义上分析，由"导"与"游"两个字组成。"导"具有引导、疏导，以及开通、引流的含义。"向导"（guide）泛指带路的人。"游"具有游玩、游览、观赏的含义，也有行走、求知、增加阅历见闻之意。"导"与"游"组合在一起就成了"导游"一词。作为动词，"导游"即组织、指导旅游以满足旅游者游览、交往、增长见闻需求的行动及其活动方式。作为名词，"导游"与"导游员""导游人员"是一个意思，就是在旅游实践中带领游览、担任导游工作的人。

## 二、导游员的概念

按照1999年国务院颁布实施（2017年修订）的《导游人员管理条例》的规定，导游员是依照本条例的规定取得导游证，接受旅行社委派，为旅游者提供向导、讲解及相关旅游服务的人员。

根据《中华人民共和国旅游法》（2013年施行，2016年、2018年修正，以下简称《旅游法》）、《导游人员管理条例》（1999年施行，2017年修订）、《导游管理办法》（2018年施行）的相关规定，导游员工作身份的确认需要满足以下三个条件。

### （一）取得导游证

在日常生活中，有着各种各样的"导游"，例如，某单位组织员工外出旅游，由本单位熟悉旅游目的地情况的某人充任"导游"。在这里，某人虽然也为其单位员工导游，但其并不是《导游人员管理条例》所称的导游，因为其并没有依法取得导游证，所以，依法取得导游证的导游人员不同于日常生活中泛称的导游。

《旅游法》第102条规定：违反本法规定，未取得导游证或者不具备领队条件而从事导游、领队活动的，由旅游主管部门责令改正，没收违法所得，并处1 000元以上1万元以下罚款，予以公告。

### （二）接受旅行社委派

在日常生活中，也有人凭借合法取得的导游证擅自为他人提供向导、讲解服务，并未经旅行社委派，所以这也不是《导游人员管理条例》中所称的导游人员。

《旅游法》第102条规定：导游、领队违反本法规定，私自承揽业务的，由旅游主管部门责令改正，没收违法所得，处1 000元以上1万元以下罚款，并暂扣或者吊销导游证。

根据国务院的相关要求，为推进导游员管理体制的改革，国家旅游局在2016年5月发布了《国家旅游局关于开展导游自由执业试点工作的通知》和《导游自由执业试点管理办法（试行）》，在我国9个省、区、市开展线上线下相结合的导游自由执业试点工作。开展导游自由执业试点的地区，导游员可以自主选择从事自由执业或者接受旅行社聘用委派执业，同时进行导游收入第三方支付试点。

### （三）提供导游服务

导游员是为旅游者提供向导、讲解及相关旅游服务的人员。所谓"向导"，一般是指为他人引路、带路，而"讲解"则是为旅游者解说、指点风景名胜，"相关旅游服务"一般是指为旅游者代办各种旅行证件，代购交通票据，安排旅游住宿、旅程就餐等与旅行游览有关的各种服务。

自由执业的导游员，不得从事讲解、向导以外的其他业务。

## 三、我国导游员的分类

导游员由于业务范围和内容的不同，服务对象和服务语言的差异，其业务性质和服务方式也不尽相同。即使是同一位导游员，在不同的带团工作中，由于从事的业务性质不同，也是不同的导游身份。

### （一）按业务范围划分

按业务范围，导游员可分为海外领队（tour escort，领队）、全程陪同导游员（national guide，全陪）、地方陪同导游员（local guide，地陪）、景区景点导游员（resort representative，讲解员）。

1. 海外领队

海外领队是指经国家旅游行政主管部门批准可以经营出境旅游业务的旅行社的委派，全权代表该旅行社带领旅游团从事旅游活动的工作人员。特别提示，中国旅游团到外国和我国港澳台地区都属于出境旅游。

2. 全程陪同导游员

全程陪同导游员是指受组团旅行社委派，作为组团社的代表，在领队和地方陪同导游员的配合下实施接待计划，为旅游团（者）提供全程陪同服务的导游员。

3. 地方陪同导游员

地方陪同导游员是指受接待旅行社委派，代表接待社，实施接待计划，为旅游团（者）提供当地旅游活动安排、讲解、翻译等服务的导游员。

4. 景区景点导游员

景区景点导游员也称讲解员，是指在旅游景区景点，如博物馆、自然保护区等为旅游者进行导游讲解的工作人员。

### （二）按职业性质划分

按职业性质，导游员可分为专职导游员、兼职导游员、自由职业导游员。

1. 专职导游员

专职导游员是指在一定时期内以导游工作为主要职业，与旅行社签订劳动合同的人员。他们属于旅行社的正式员工，专职为旅行社带团，由旅行社支付劳动报酬且缴纳社会保险。

2. 兼职导游员

兼职导游员也称业余导游员，是指通过了导游资格考试并在相关旅游行业组织（导游协会、导游分会）注册而取得了导游证，不以导游工作为主要职业，而是在业余时间从事导游工作的人员。

3. 自由职业导游员

自由职业导游员是指以导游工作为主要职业，但并不受雇于固定的旅行社，而是通过签订临时合同为多家旅行社服务，或者通过导游自由职业平台为散客提供导游服务的人员。自由职业导游员的收入主要来自旅行社（或旅游者）支付的导游服务费。

### （三）按使用语言划分

按使用语言，导游员可分为中文导游员和外语导游员。

1. 中文导游员

中文导游员是指能够使用普通话、地方话或者少数民族语言从事导游服务的人员。目前，这类导游员的主要服务对象是国内旅游中的中国公民和入境旅游中的港澳台同胞。

2. 外语导游员

外语导游员是指能够运用外语从事导游服务的人员。目前，这类导游员的主要服务对象是入境旅游的外国旅游者和出境旅游的中国公民。

### （四）按技术等级划分

按技术等级，导游员可分为四类。

1. 初级导游员

通过导游资格考试，获得导游人员资格证书，与旅行社订立劳动合同或者在相关旅游行业组织注册后，成功申领导游证的人员，自动成为初级导游员。

2. 中级导游员

考取导游资格证书满3年，学历、职业经历和业绩符合要求的，可以申请报考中级导游员考试。通过考试的，可以晋升为中级导游员。

3. 高级导游员

考取中级导游证书满3年，学历、职业经历和业绩符合要求的，可以申请报考高级导游员考试。通过考试的，可以晋升为高级导游员。

4. 特级导游员

取得高级导游等级满3年，业绩、技能、科研和社会影响达到一定水平，根据《导游人员等级考核评定管理办法（试行）》，特级导游考评采取论文答辩形式进行，考核合格，可以晋升为特级导游员。

## 第二节　导游员的职责

导游员的职责是指导游员在导游工作中应该履行的，为保障旅游者顺利完成旅游活动而提供的各类服务。其分为基本职责和不同类型导游员的主要职责。

导游员的基本职责可概括为以下几点：①根据旅行社与旅游者签订的合同或约定，按照接待计划安排和组织旅游者参观游览；②负责向旅游者导游、讲解，介绍中国文化和旅游资源；③配合和督促有关单位安排旅游者的交通、食宿等，保护旅游者的人身和财物安全；④耐心解答旅游者的问询，协助处理旅途中遇到的问题；⑤反映旅游者的意见和要求，协助安排旅游者会见、座谈等活动；⑥引导文明旅游。

由于工作性质、工作对象、工作范围和时空条件各不相同，不同类型的导游员职责重点也有所差异。

## 一、海外领队的职责

领队既是旅游团雇用的服务工作人员，也是旅游团的代言人和领导，起着沟通旅行社、旅游者和全陪及地陪的桥梁作用，监督接待旅行社落实旅游合同，在旅游过程中积极协助全陪和地陪落实各项接待服务，共同完成接待工作。

### （一）介绍情况、协助通关、提供翻译、全程陪同

旅游团出发前，领队应向全体旅游者介绍旅游目的地概况及注意事项，协助旅游者办理通关手续，并提供翻译服务，全程陪同旅游团的参观游览活动。

### （二）全面落实旅游合同

领队应代表组团社，监督和配合旅游目的地国家或地区的全陪、地陪全面落实旅游合同，安排好旅游计划，组织好旅游活动。

### （三）做好组织与团结工作

领队要关心旅游者，注意听取旅游者的意见和要求，协调旅游者之间的关系，做好旅游团的组织工作，维护旅游团内部的团结，处理好与地陪、全陪的关系，以大局为重，积极消除矛盾，努力保持整个大集体团结和谐的氛围，共同完成接待工作。

### （四）做好多方联络工作

领队应负责与组团社和接待社的联络与沟通，转达旅游者的意见、要求、建议乃至投诉，维护旅游者的合法权益，必要时出面和相关部门磋商以求解决。

## 二、全程陪同导游员的职责

全程陪同导游员是组团社的代表，在整个旅游活动中起着主导作用，为旅游团提供全旅程的陪同服务。

### （一）督促检查计划实施情况

全陪应负责督促、检查各接待社落实接待计划的情况，如发现有降低质量标准和减少游览项目等违反合同的情况发生，全陪要及时指出，要求改正或弥补，必要时报告组团社。

### （二）负责联络工作

全陪负责旅游团、组团社与各地接待社的联络，做好旅行各站之间的衔接工作，确保旅游活动的连贯与顺畅。

### （三）组织协调工作

全陪要协调旅游团、领队、地陪、司机等各方面接待人员之间的关系，协调旅游团在各地的活动，及时传达旅游者的愿望、要求和意见，使旅游活动顺利进行。

### （四）维护安全、处理问题

全陪应维护旅游者在旅游过程中的人身和财物安全，转达或处理旅游者的意见、建议和要求，依靠、协同各地方接待社和地陪妥善处理旅游过程中发生的问题和事故，并向组团社报告。

## 三、地方陪同导游员的职责

地方陪同导游员作为接待社的代表，实施接待计划，为旅游团提供当地活动的安排、讲解、翻译等服务。

### （一）安排落实本站旅游活动

地陪应严格按照接待社下达的接待计划，科学、合理地安排组织旅游团在本站的旅游活动；做好旅游团在本站的迎送工作并落实该旅游团在食、住、行、游、购、娱方面的接待服务工作。

### （二）导游讲解

地陪应做好旅游团在本站参观游览过程中的导游讲解工作，并解答旅游者的问题，积极介绍和传播文化与旅游资源，引导旅游者文明旅游。

### （三）保证旅游者安全

地陪应维护旅游者的权益，为保证旅游团的人身、财产安全，应做好事故防范和安全提示工作。

### （四）处理问题

旅游团在本站旅游期间出现问题和事故时，地陪应及时请示旅行社，配合有关部门及领队、全陪妥善处理。

## 四、景区景点导游员的职责

景区景点导游员负责旅游团在本景区（景点）参观游览活动的服务工作。

### （一）导游讲解

负责所有景区、景点的导游讲解，解答旅游者的问询。

### （二）安全提示

提醒旅游者在参观游览过程中注意安全，并给予必要的协助。

### （三）宣传知识

结合景物向旅游者宣讲环境、生态和文物保护等相关方面的知识。

### （四）反映旅游者意见及建议

接受旅游者的意见和建议，及时向主管部门反馈，促进景区管理和服务工作质量的提升。

## 第三节　导游员的素质

导游员是物质文明、精神文明和生态文明建设的积极参与者，是我国旅游业的重要生产力。导游员肩负着引导旅游者游览和生活服务的责任，是独当一面的一线旅游工作者，是"祖国的一面镜子""民间大使""旅行社代表"，这些称呼是对导游员的赞誉和称颂，更是一个国家、一个地区、一个企业以及社会公众对导游员的形象与行为的要求与期望。导游服务是旅游服务的一个重要组成部分，贯穿于旅游的全过程，是旅行社服务质量的首要代表，因此导游员提升自身的综合素质尤为重要。

导游翻译专家王连义认为，导游员需要当好"八大员"，即国情讲解员、导游翻译员、旅游协调员、生活服务员、安全保卫员、情况调查员、座谈报告员和经济统计员。从实际工作需要来看，导游员的素质包括良好的道德品质、渊博的知识、较强的能力、较高的技能、健康的身心、端庄的仪表。

### 一、良好的道德品质

在任何时代、任何地点，人的道德品质总是处于最重要的地位，高尚的道德品质是社会主义社会对其成员的共同要求，也是导游员应具备的最基本素质。

#### （一）高度的爱国主义精神

爱国主义是构建和谐社会的重要内容。爱国是合格导游员的首要条件。导游员工作在旅游业的窗口岗位，"国家的形象代表"责任重大，所以，导游员在向旅游者提供导游服务时，要自觉维护祖国的利益和民族的尊严，要自觉尊重和珍惜

"国格"。在导游工作中，导游员的爱国主义精神表现在热爱祖国的社会主义制度。在导游讲解中通过向旅游者介绍祖国社会主义建设所取得的辉煌成就，加深旅游者对中国社会主义制度的了解。爱国主义精神表现在热爱祖国悠久的历史、灿烂的文化和壮丽的山河。导游员要熟知祖国的自然、人文景观，了解掌握祖国的历史与文化，树立民族自尊心和自豪感，在游览过程中，要满怀激情，通过生动讲解，向旅游者介绍中国五千年的历史文化，使他们在领略我国山川风物的同时体味中华文化的博大精深，感受中华民族忍辱负重、不屈不挠、奋发图强的民族精神，感受中国人民在社会主义现代化建设中所取得的伟大成就。热爱祖国、热爱人民、热爱家乡，如果导游员没有对祖国和家乡强烈的爱，就很难通过导游讲解使旅游者了解并产生美好的印象。

导游员需要自觉地刻苦学习钻研关于中国的历史、文化、地理、经济、民族等方面的知识，认真学习党的基本路线、民族政策、宗教政策、外交政策和"和平统一、一国两制"的方针，提高政治素质和业务水平，把高度的爱国主义精神融会贯通地运用到导游讲解和服务的实践中去。

### （二）遵纪守法

遵纪守法是每个公民的义务，导游员不仅要遵守旅游业的法规、规章和制度，而且要遵守国家的法律、法规，严守国家机密和商业秘密，维护国家和旅行社的利益，维护自身正当权益。导游员在讲解中，要自觉宣传国家的大政方针，在政治问题上不能信口开河，歪曲历史事实，更不能散布反动言论。

### （三）爱岗敬业

导游工作是一种服务性工作，要求导游员有尽职尽责的服务意识和无怨无悔的奉献精神。导游是一项既"劳心"又"劳力"的脑力劳动和体力劳动高度结合的工作，强度大，没有吃苦耐劳的精神和恪尽职守的工作态度，是无法胜任的。导游员只有热爱自己的工作，才能努力为旅游者提供满意的服务。"敬业"就是要求导游员对自己所从事的导游工作，既有英勇的献身精神，又有勇敢的创新精神。

## 二、渊博的知识

旅游活动是一项文化活动，旅游者通过旅游增长知识、增加阅历。导游知识包罗万象，导游员应掌握的知识包括史地文化知识、政策法规知识、心理学知识、美学知识、政策经济社会知识、语言知识等。这样，讲解起来才能做到内容丰富，言之有物。

### （一）扎实的史地文化知识

扎实的史地文化知识是导游员讲解的基础。导游员这位"文化大使"，要向来自异地他乡的旅游者传播目的地的文化，要通晓包括历史、地理、宗教、民族、民俗风情、风物特产、古建园林、文学艺术等诸方面的知识。这些知识是导游讲解的素材，是导游服务的原料，是导游员的看家本领。导游员还要善于将本地的风景名胜与历史典故、文学名著、名人逸事等有机地联系在一起。

### （二）必要的政策法规知识

政策法规是导游员工作的指针。导游员在导游讲解、回答旅游者的问询或同旅游者讨论有关问题时，必须以国家的方针、政策和法规做指导，不能信口开河，否则，会对旅游者造成误解，甚至对国家造成损失。对于旅游过程中出现的问题，导游员要根据国家的政策和有关的法律法规予以正确处理。

导游员掌握的必要的政策法规知识主要包括：国家的外交政策和对有关国际问题的态度，国际交往原则，国家的现行方针政策，有关的法律法规知识，旅游者的权利和义务，外国旅游者在中国的法律地位以及他们的权利和义务，与旅游业相关的法律、法规。此外，导游员还要了解各时期国际国内的热点问题和我国的态度。

### （三）灵活的心理学知识

导游员的工作对象主要是人，包括形形色色的旅游者、工作伙伴以及各旅游服务部门的工作人员。由于人的个性不尽相同，而且不同情境下，人还会处于不同的心理状态，因此，人与人之间的交往就会出现各不相同的状况。导游员一方面要随时了解旅游者的心理活动，有的放矢地做好导游讲解和旅途生活服务，适时地、有针对性地提供心理服务，从而使旅游者在心理上得到满足、在精神上获得愉悦；另一方面，在与合作伙伴打交道的过程中，导游员也要注意心理策略，以便建立良好的合作关系，保证工作的顺利进行。导游员必要的心理学知识包括：普通心理学知识（人的一般心理活动和行为规律、个性理论、交往技巧等）和旅游心理学知识（专门针对旅游者和旅游从业人员心理和行为的相关知识）。

### （四）美学知识

旅游活动是探寻美、发现美、欣赏美的审美活动。山水风光是令人陶醉的美，文物古迹是厚重敦实的美，描述阐释这些美，令旅游者得到美的享受，这是导游员的责任。导游员要有较高的美学修养和审美鉴赏能力，才能成为成功的审美信息传递者和审美行为调节者。导游员应该具备的美学知识主要包括自然景观审美（山地景观、水体景观、动植物景观、气象景观）、人文景观美学（建筑、园林、民风民俗）、艺术美学（书法、绘画、音乐、舞蹈、戏剧、手工艺品等）和生活美学（饮食、服饰等）。

### （五）政策经济社会知识

旅游者来自不同地方，具有不同身份背景，有着不同的生活习惯和思维，对旅游目的地的政治、经济、社会现状和问题比较关注。导游员需要掌握相关政治、经济、社会知识，了解旅游目的地风土人情、禁忌习俗等，才能把导游服务工作做好。同时包括一些时事知识，如时事政治、时事经济、时事军事、时事外交、时事文艺、时事体育等，也就是当前出现的热门话题。这就要求导游员必须经常看新闻、听广播、读报纸，了解国内外各个领域的最新发展动态。

### （六）语言知识

语言与说话不是一回事儿。说话是运用语言跟人们交流思想的行为，本身不等于语言。但是，语言的存在又必须以说话为前提，一个人如果长期生活在孤岛上，没有说话的需要，不跟人交谈，他就会失去语言能力。语言是组成人类社会的一个重要条件，没有语言，人与人之间的联系就会中断，导游员对旅游者进行讲解的过程，就是一种综合性的口语艺术展示。

## 三、较强的能力

导游员接受任务后，要独立组织旅游者参观游览，要独立作出决定，独立处理问题。导游员的工作对象形形色色，旅游活动丰富多彩，出现的问题各不相同，不允许导游员工作墨守成规。相反，必须根据不同的情况采取相应的措施，予以合理处理。因此，具有较强的独立工作能力和创新精神，充分发挥主观能动性和创造性，对导游员具有特殊的重要意义。导游员较强的工作能力主要表现在下述四个方面。

### （一）宣传讲解的能力

导游员必须具有高度的政策观念和法治观念，要以国家的有关政策和法律、法规指导自己的工作和言行；要严格执行旅行社的接待计划；要充分利用、严谨使用这至高无上的话语权,积极宣传中国,讲解中国的方针政策,介绍中国人民的伟大创造和社会主义建设的伟大成就以及各地区的建设与发展情况;回答旅游者的种种问询,帮助他们尽可能全面地认识中国。导游员的宣传讲解能力还包括语言表达能力和对景点景区知识的语言组织及讲述能力,其中语言表达能力包括:语音、语调、语速,语言的准确性、生动性、逻辑性、严谨性以及表情运用等。

### (二)组织协调能力

导游员接受任务后要根据旅游合同安排旅游活动并严格执行旅游接待计划,带领全团人员游览好、生活好。在安排旅游团的活动时,要经常与景点、酒店、宾馆等相关行业的工作人员打交道,更要努力争取他人的支持和配合,随机应变地处理问题,处理好与各个方面的关系,建立并维护一种团结、互助、合作的职业人际关系,善于与形形色色的人打交道,并且鉴貌辨色。这要求导游员具有较强的组织、协调能力,在安排旅游活动时有较强的针对性并留有余地,在组织各项活动时讲究方式方法并及时掌握变化着的客观情况,灵活地采取相应措施。

### (三)善于和各种人打交道的能力

导游员的工作对象甚为广泛,善于和各种人打交道是导游员最重要的素质之一。与层次不同、品质各异、人格相左的中外人士打交道,要求导游员必须掌握一定的公共关系学知识并能熟练运用。导游员具有相当的公关能力,就会在待人接物时更自然、更得体,能动性和自主性必然增强,有利于提高导游服务质量。导游工作的性质特殊,所处的人际关系比较复杂,要求导游员是一个活泼的外向的人,是一个精力充沛、情绪饱满的人,是一个具有爱心、热情、待人诚恳、富有幽默感的人,是一个有能力解决困难问题、让人依赖、让人依靠的人。

### (四)独立解决问题处理事故的能力

沉着分析、果断决定、正确处理意外事故是导游员最重要的能力之一。旅游活动中意外事故在所难免,妥善地处理事故是对导游员的严峻考验。临危不惧、头脑清醒、遇事不乱、处理果断、办事利索、积极主动、随机应变是导游员处理意外事故时应具备的能力。

## 四、较高的技能

服务技能可分为操作技能和智力技能两类。导游服务需要的主要是智力技能，即导游员同领队协作共事、与旅游者成为伙伴、使旅游生活愉快的带团技能；根据旅游接待计划和实情，巧妙、合理地安排参观游览活动的技能；选择最佳的游览点、线，组织活动，掌握导演的技能；触景生情，随机应变，进行生动精彩的导游讲解的技能；灵活回答旅游者的问询，帮助他们了解旅游目的地的宣讲技能；沉着、果断地处理意外事故的应急技能；合情、合理、合法地处理各种问题和旅游者投诉的技能等。

一名优秀的导游员应具有指挥家一样的水平，也要有演员一样的本领。作为一名高明的指挥，一上台就能把整个乐队带动起来并能调动全场听众的情绪，导游员就要有这种可随时调动旅游者积极性的能力，使他们顺着自己的导游思路去分析、判断、欣赏、认识，从而获得旅游的乐趣和美好的享受；作为"演员"，导游员要熟练地运用丰富的知识、幽默的语言、抑扬顿挫的语调、引人入胜的讲解以及有节奏的导游活动来征服旅游者，使他们沉浸在欣赏美的愉悦之中。

语言、知识、服务构成了导游员技能的三大要素，缺一不可。只有三者的和谐结合才能称得上高质量的导游服务。导游员若缺乏必要的知识，势必"巧妇难为无米之炊"，而语言表达能力的强弱、导游方法的差异、导游技能的高低，会使同样的题材产生不同的甚至截然相反的导游效果。有的平淡无奇，令人昏昏欲睡，使旅游活动失去光彩；有的则绘声绘色，不同凡响，让旅游者获得最大限度的美的享受。技能高超的导游员对相同的题材能从不同角度讲解，使其达到不同的意境，满足不同层次和不同审美情趣旅游者的审美要求。英国伦敦的《导游培训纲要》中也指出："对一个成功的导游员来说，比知识和性格更为重要的是：导游技能要高超，处理事情的能力要强，专业工作要精通，而且这些能力要为他们的雇主和旅游者所欣赏。"

导游员的服务技能与他们的工作能力和掌握的知识有很大的关系，需要在实践中培养和发展。一个人的能力是在掌握知识和技能的过程中形成与发展的，而发展了的能力又可促使自己更快、更好地掌握知识和技能，并使其融会贯通，运用起来得心应手。因此，导游员要在掌握丰富知识的基础上，努力学习导游方法、技巧，并不断总结、提炼，形成适合自己特长的导游方法、技巧及自己独有的导游风格。

## 五、健康的身心

导游工作是一项脑力劳动和体力劳动高度结合的工作,工作繁杂,量大面广,流动性强,体力消耗大,而且工作对象复杂,诱惑性强。因此,导游员必须是一个身心健康的人,否则很难胜任工作。身心健康包括身体健康、心理平衡和思想健康三个方面。

### (一)身体健康

导游员从事的工作要求他能走路、会爬山,有连续作战的能力;全陪、地陪和旅游团领队要陪同旅游团周游各地,不同的气候和各地的水土、饮食对他们都是严峻的考验。比如,在冬天,从温暖如春的南方到天寒地冻的北方,需要有很强的身体适应能力;出门在外,在饮食上各地的口味差异很大,南甜北咸,东辣西酸,导游员得去习惯;再加上出团期间不能正常休息,也需要健康的身体做支撑。患有传染性疾病或其他不适合从事导游职业的疾病的导游员,在康复前不能从事导游工作。

### (二)心理平衡

导游员的精神要始终愉快、饱满,在旅游者面前应表示出良好的精神状态,进入导游角色要快,并且能保持始终而不受任何外来因素的影响。面对旅游者,导游员应笑口常开,绝不能把个人情绪带到导游工作中去。

### (三)思想健康

导游员常常会受到一些不健康思想意识和生活作风的影响,有时候还会面临金钱、色情、名利、地位的诱惑。因此导游员应具有高尚的情操和很强的自控能力,始终保持清醒的头脑,抵制种种腐朽思想的侵袭,抵制各种物质诱惑和精神污染,沉着、冷静地处理各种复杂的情况和问题。

## 六、端庄的仪表

着装、仪表体现出一个人的精神状态和对人生的态度。导游员上团时每天都要面对旅游者,所以必须注意自己的形象。日本导游专家大道寺正子认为,旅游者对导游员的要求是:亲切、开朗、口齿清晰、用词准确,有真挚、诚恳的态度,并且行动迅速、准确。

### (一)着装

导游员无论是否统一着装,都要整洁、美观、大方、得体,而且应与所处的场合、情境相协调，还要符合自己的气质；女士不穿超短裙；男士不穿和尚衫、无领衫；男士、女士均不能袒胸露背，不可赤脚穿凉鞋。

### （二）仪容、仪表、仪态

导游员作为旅行社的代表，要保持与行业特点、企业形象相一致的仪容、仪表和仪态。在旅游者面前，导游员的仪容要求是：容貌修饰上得体，与所在工作岗位、身份、年龄、性别相称，不能引起旅游者的反感。导游员的仪表要求是：服饰整洁端庄，与周围的环境、场所协调；不能过分华丽，与从事的工作不相称。给人洒脱高雅的感觉，女士不浓妆艳抹，要化淡妆，佩戴饰物要得体，不佩戴脚链等饰物；男士不留女士发型和大鬓角。导游员的仪态要求是：站有站姿，坐有坐相，举止端庄稳重，落落大方，不要给旅游者傲慢或轻浮之感。仪容、仪表、仪态虽然表现的是导游员的外部特征，但体现的却是其内在素质以及文化修养、职业道德和文明程度。

### （三）行为举止

导游员说话办事要稳重、干练、快而不乱；不装腔作势、故作姿态，也不能过于拘谨；举手投足自然得体，有良好的风度，给旅游者以亲切和热情的感觉。

### （四）整体形象

导游员要力争给旅游者留下衣着整洁、举止端庄、谈吐文雅、文质彬彬、真诚待人的美好形象。

上述是我国导游员应该具备的基本素质。

国外在选择导游员时，特别重视个人品格。对品格方面的要求是有博爱的性格和同人打交道的热情。加拿大导游专家帕特里克·克伦在其《导游的成功秘诀》一书中也对导游员应具备的素质进行了阐述。他认为，要成为一名出色的导游员，必须具备下列品质：领导能力、精干、耐心与宽容、幽默感和坚毅。导游员应该是"集专业技能和知识、机智、老练圆滑于一身"的人。

## 第四节　导游员的行为规范

为了使导游队伍更好地发展，维护我国导游队伍的荣誉，确保导游工作顺利完成，几十年来，我国旅游界形成了一套导游人员的行为规范，用来约束导游人员的纪律和守则。

## 一、热爱祖国，自尊自强

导游员的首条纪律是忠于祖国，发扬爱国主义精神，自觉维护民族尊严，时时处处以国家利益为重，在涉外活动中，坚持原则，站稳立场，严格按党的方针政策办事，不对祖国做负面宣传，不发表违反政策的言论。

## 二、保守机密，内外有别

导游员要严格保守国家和旅游企业的机密，坚持"内外有别"的原则，带团期间不随身携带机密文件和材料，不谈论国家尚未公开的问题和情况，不传播内部消息及小道消息，不带旅游者进入机要部门和保密单位；自觉维护旅行社的利益，不得有损害旅行社声誉的言行，不在旅游者面前谈论旅行社的内部事务及旅游费用，不把接团材料和内部规定给旅游者看，不与无关人员谈论接待旅游者的情况。

## 三、请示汇报，规范服务

遇到重大问题或不明确的事情，导游员要及时请示汇报，切忌自作主张，如活动日程的确定、重要日程的更改、旅游者安全事故、与协作单位意见分歧等，都应请示后处理；遵守行业规范，工作认真负责，不得擅自离开旅游者自由活动或办理私事。

## 四、真诚公道，信誉第一

导游员必须诚实待客，不弄虚作假，不欺骗和刁难旅游者，严格按照旅行社制订的接待计划和旅游合同安排旅行、游览活动，不得降低接待标准，不得擅自增加、减少旅游项目或者中止导游活动。对旅游活动中可能发生危及旅游者人身、财产安全的情况，导游员要向旅游者作出真实的说明和明确的警示，并采取防止危害发生的措施。

## 五、遵纪守法，廉洁奉公

自觉遵守并执行国家法规、外事纪律和旅游工作的各项规章制度、工作细则，努力维护我国旅游业的声誉。

（1）不得索要、接受、阅读反动、黄色书刊画报和音像制品，在海外旅游期间，严禁去不健康的场所，并要劝阻旅游者去这些地方。

（2）不得欺骗、胁迫旅游者消费或与经营者串通欺骗、胁迫旅游者消费。

（3）不得利用工作之便套汇、炒汇，不得以任何形式向海外旅游者兑换、索取、买卖外汇。

（4）不得以明示或暗示的方式向旅游者索要礼品、纪念品、小费，不准因旅游者没有满足其要求而拒绝提供服务。

（5）不得索要和接受餐馆、商店、汽车公司、娱乐场所等旅游供给部门给予的回扣。

（6）接待中，遵守财务制度，准确、及时、如实填写各种结算单据；报账时，实事求是，不浮报、虚报，不因私利谎报接待费用。

（7）积极宣传我国法律法规，注意旅游者动向，若发现有走私、盗窃文物和其他违法活动，要马上报告上级主管部门并主动配合国家有关部门进行处理。

## 六、热情友好，一视同仁

导游员对待旅游者，态度要主动、热情、耐心、周到，做到谦虚谨慎、稳重大方、一视同仁。

（1）关心旅游者，不态度冷漠，不敷衍了事；在旅游者面临危险时，要挺身而出，不能置身事外，更不能临阵脱逃。

（2）不与旅游者过分亲近；不和旅游者开低级下流和政治性的玩笑；不参与旅游者之间的纠纷，不在旅游者之间拨弄是非；不在背后议论旅游者的缺点，对待旅游者不分亲疏，一视同仁；在处理旅游者无理要求时，不卑不亢。

## 七、注意小节，不失人格

（1）除工作需要外，不随便去旅游者房间，更不要单独去异性旅游者房间，以免引起误会。

（2）不偷盗旅游者财物；不私自留用供应旅游者的物品；不向旅游者借钱，不同旅游者发生个人间的金钱关系；不私拆旅游者的信件或受托转送的物品。

（3）不得私自联系任何外国机构和旅游者；自我介绍时，不用外文称谓，不向旅游者留自己的家庭住址；不得要求或暗示旅游者邀请自己出国学习或旅行。

（4）购物不能过量，不要超过一般旅游者。

（5）不在讲解、介绍中掺杂低级庸俗的内容。

（6）不携带亲友、朋友随团游览、品尝风味、观看文娱节目和参加舞会，不把亲属或朋友约到饭店工作间来。

（7）在饮酒时，不要劝酒、逼酒，严禁酗酒；对外活动中，饮酒不得超过本人酒量的1/3，严防酒后失态。

## 第五节　导游资格获取

实行导游员资格考试制度，是世界上很多旅游业发达国家的通行做法，而且都以法律形式明确加以规定。我国导游资格考试是依据《旅游法》，为国家和社会选拔合格导游人才的全国统一的准入类职业资格考试。考试遵循公平、公正的原则，目的是检验考生是否具备从事导游职业的基本素养、基础知识和基本技能。

我国也实行导游员资格考试，这充分体现了我国政府对导游工作的高度重视，也表明了导游工作在旅游业中所处的重要地位。我国的导游考试工作始于1988年6月上海、浙江两省市的导游考试试点，同年12月国家旅游局成立了全国导游考评委员会，并于1989年开展了全国导游资格考试，随后成为每年举办一次的全国性考试。

### 一、我国导游员资格获取

#### （一）报名条件

（1）中华人民共和国公民。

（2）具有高级中学、中等专业学校或者以上学历。

（3）身体健康。

（4）具有适应导游需要的基本知识和语言表达能力。

符合报名条件的考生可在中华人民共和国文化和旅游部指定的报名网站进行网上报名，考试合格后发放证书。

#### （二）考试科目及内容

考生报考全国导游资格考试，须同时参加笔试和现场考试（面试）。已经取得"导游资格证书"，需转换其他语种的考生（以下称"加试考生"）仅须参加现场考试（面试）。笔试采取机考方式进行，科目为政策与法律法规（科目一）、导游业务（科目二）、全国导游基础知识（科目三）、地方导游基础知识（科目四），现场考试（面试）科目为导游服务能力（科目五）。其中，科目一、二合并为1张试卷进行测试，科目三、四合并为1张试卷进行测试，每张试卷满分100分，考试时间均为90分钟。

（1）笔试四科总分为200分，笔试机考科目评卷由计算机系统完成。导游资格考试（笔试）方式及题型见表1-1。

表1-1 导游资格考试（笔试）方式及题型

| 试卷 | 考试科目 | 总分 | 题型 | | | | | | | | |
|---|---|---|---|---|---|---|---|---|---|---|---|
| | | | 判断题 | | | 单选题 | | | 多选题 | | |
| | | | 数量 | 分值 | 分数 | 数量 | 分值 | 分数 | 数量 | 分值 | 分数 |
| 试卷一 | 科目一《政策与法律法规》 | 100 | 40 | 0.5 | 20 | 90 | 0.5 | 45 | 35 | 1 | 35 |
| | 科目二《导游业务》 | | | | | | | | | | |
| 试卷二 | 科目三《全国导游基础知识》 | 100 | 40 | 0.5 | 20 | 90 | 0.5 | 45 | 35 | 1 | 35 |
| | 科目四《地方导游基础知识》 | | | | | | | | | | |

（2）面试总分为100分，现场考试评分由现场考试评委完成。导游资格考试（面试）考查要点见表1-2。

表1-2 导游资格考试（面试）考查要点

| 考试要素 | 仪表、礼仪 | 景点讲解 | 导游规范 | 应变能力 | 综合知识 | 语言表达 |
|---|---|---|---|---|---|---|
| 考查要点 | 穿着打扮得体、整洁；言行举止大方，符合导游员礼仪礼貌规范 | 讲解内容全面、正确、条理清晰，详略得当，重点突出 | 熟知并能正确运用导游服务规范，导游服务程序正确、完整 | 在有压力的情况下，情绪稳定，能够妥善、及时处理突发事件和特殊问题 | 考查考生对地理知识、历史脉络的掌握，旅游业发展进程，本省（区、市）在政治、经济、文化、社会发展等方面取得的巨大成就的重大事件 | 普通话标准；语速适中，用词达意准确、恰当、有分寸，内容有条理，富有逻辑性；表情及其他身体语言运用 |
| 满分 | 5 | 45 | 10 | 10 | 10 | 20 |
| 得分 | | | | | | |

**（三）笔试流程**

（1）考生凭准考证及有效身份证件在考场监考人员的指引下进入考场拍照，拍照后按准考证上的座位号对号入座，对应考试机右上角"机号"。

（2）入座后在考试机的登录界面输入准考证号，确认无误后，单击"登录"按钮进入考生信息界面，如图1-1所示。

（3）进行考生个人信息的核对，核对信息无误后，考生单击"正确"按钮，如发现信息有误，请及时与监考人员联系。

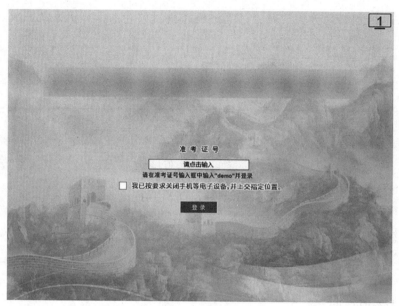

图 1-1 登录界面

（4）考生确认信息正确后进入考试系统操作指南。操作指南分为答题选题界面说明和结束考试说明，考生可通过系统操作指南了解考试系统界面中相关参数说明、按钮的功能及如何结束考试，如图 1-2 所示。

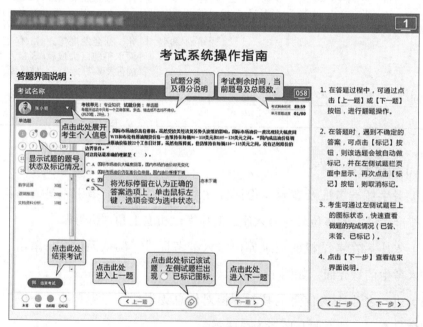

图 1-2 考试操作指南

（5）了解完系统操作指南后，考生可单击"下一步"按钮进入考生须知界面。考生应仔细阅读，了解本次考试的考试时间、答题注意事项以及纪律等信息，并在考试过程中严格遵守。

（6）到开考时间，考场监考人员将统一下发开始考试命令，考生勾选考试机界面的"我已阅读"并单击"开始考试"进入答题界面，如图1-3所示。

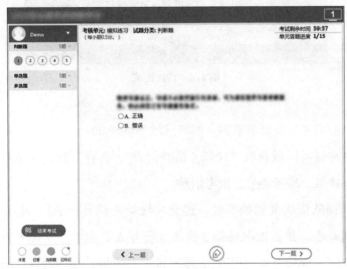

图1-3　答题界面

（7）考试过程中，可以随时单击左上角的考生姓名和照片图标，查看个人信息。

（8）答题完毕后，可单击"结束考试"按钮操作。该操作一旦确认完成，考生将无法再答题，所以一定是答完所有试题后再操作。

**注意：** 考试时间是9:00—12:00，科目一、科目二合并考试，10:30系统自动提交；科目三、科目四合并考试，12:00系统自动提交。

**（四）现场考试（面试）的流程**

现场考试（面试）有两种形式：人人形式和人机形式。具体考试要求可登录全国导游资格考试网上报名系统查看，下面分别介绍这两种形式的流程。

1. 人人形式

人人形式即传统的面试，考生在考室面对考官进行讲解，如图1-4所示。

（1）考生根据准考证上考试日期，在规定签到时间到指定地点签到；不按要求签到者，视为放弃考试。

图1-4 传统面试

（2）考生按照考务人员要求进入候考区域等候考试。

（3）考生在候考区域领取"现场考试登记表"，并在"现场考试登记表"上正确、工整书写姓名、准考证号、报考语种。

（4）考生排队依次到达抽签处，递交"现场考试登记表"、准考证、身份证后，随机抽取景点，景点抽取后签字确认，考务人员为考生安排考场，在考场确定后，考生取回"现场考试登记表"、准考证、身份证并立即到自己的考场外排队等待叫号考试，不得错失或拖延考试时间，不得更换考场和候考区（考务人员因工作需要调整除外）。

（5）考务人员叫号后，考生方可进入考场；如叫号不到，则视为放弃考试。

（6）考生进入考场后将准考证、身份证和"现场考试登记表"交与考场工作人员，在距离考官2米左右处站立，准备考试。

（7）考官宣布考试开始，考生根据考官要求进行现场模拟考试。

（8）考试结束，考生取回准考证、身份证，退出考场并离开考区。

2. 人机形式

人机形式指考生坐在电脑前，根据电脑的提示进行考试。人机对话也是采用闭卷的方式，本质上与人人对话类似，考核模式也基本一样，不同的是人机对话方式的面试其所有试题都是通过计算机完成作答的。导游词讲解和现场问答，由面对考官作答变化为考生在计算机上录制音频作答，同时由系统自动抓拍照片。随着信息时代的到来，人机对话的考试形式逐渐成为主流，越来越多的省份采用这种形式进行考试。

### (五)获取导游员资格证书

经过考试合格者,由国务院旅游行政部门或国务院旅游行政部门委托的省、自治区、直辖市人民政府旅游部门颁发导游员资格证书。

取得导游员资格证,并与旅行社订立劳动合同或者在旅游行业组织注册的人员,可以通过全国旅游监管服务信息系统向所在地旅游主管部门申请取得导游证。

导游证采用电子证件形式,由文化和旅游部制定格式标准,由各级旅游主管部门通过全国旅游监管服务信息系统实施管理。电子导游证以电子数据形式保存于导游个人移动电话等移动终端设备中。

导游员资格证书没有期限规定;而导游证是有期限规定的,即《导游人员管理条例》第八条第二款规定:"导游证的有效期限为3年。"导游证持有人需要在有效期满后继续从事导游活动的,应当在有效期届满3个月前,向省、自治区、直辖市人民政府旅游行政部门申请办理换发导游证手续。

依据《导游管理办法》的规定:导游在执业过程中应当携带电子导游证、佩戴导游身份标识,并开启导游执业相关应用软件。

## 二、我国导游员等级考试

为了促进导游员积极进取,1994年国家旅游局建立了导游等级考核制度,即将导游的等级分为初级、中级、高级和特级四个级别。初级导游员等级考核见第一章第一节。

### (一)中级导游等级考试

考试科目有《导游知识专题》《汉语言文学知识》《外语》。闭卷考试,每个科目考试120分钟,每个科目100分。

《导游知识专题》考查考生对时事政策与法律法规,中国共产党成立以来领导全国人民在革命、建设、改革和新时代进程中创造的伟大成就,传统文化艺术、宗教哲学、建筑文化、饮食文化、武术文化、陶瓷文化、珠宝玉石文化,以及中医学、旅游者心理与服务、自然和人文旅游资源等知识的了解、熟悉和掌握程度。闭卷考试,考试120分钟,100分。

《汉语言文学知识》考查考生对汉字、旅游文学知识和作品的了解、熟悉、掌握程度以及导游语言的运用能力。

《外语》考查考生外语的语言水平,以及运用外语进行导游服务的能力。

### (二)高级导游等级考试

全国高级导游等级考试分为中文(普通话)和英语两个语种。考试科目为《导游综合知识》和《导游能力测试》。中文(普通话)高级导游等级考试以中文命题,并以中文作答;英语高级导游等级考试以英语命题,并以英语作答。

《导游综合知识》考查考生国内外政治、经济、文化等方面重要的时事政策,党和国家的重大方针政策,与旅游发展相关的法律法规和相关政策,导游业务、旅游文化等专业知识的了解、熟悉和掌握程度。

《导游能力测试》考查考生综合运用政策与法律法规和导游相关知识的能力。能够运用相关知识对导游过程中遇到的各种问题进行深入分析,依法依规处理在导游过程中发生的突发事件,依据相关材料创作出具有一定语言艺术水平和较高文化内涵的导游词作品。

### (三)特级导游考评

1995年,国家旅游局开展了第一次特级导游评定,全国只有两名导游有幸成为"特级导游"。一个是来自北京中国国际旅行社的顾晓祖,另一个是来自上海中国国际旅行社的周明德。1998年7月8日,国家旅游局公布了第二批特级导游,一共22名。2011年进行了高级导游等级考试,直至2021年中华人民共和国文化和旅游部再次进行特级导游考评,于2022年5月25日公布获评特级的16名,加上前两批特级导游,我国特级导游一共有40名。

根据《导游人员等级考核评定管理办法(试行)》,2021年特级导游考评采取论文答辩形式进行。

1. 知识要求

参加特级导游考评的导游应具备深厚的旅游知识和广博的文化知识,对旅游领域的某个方面有深入的研究和独到的见解。其中,中文导游应精通汉语言文学知识,外语导游应精通跨文化交流、外语翻译等方面的知识。

2. 能力要求

参加特级导游考评的导游应具备高超的导游艺术和独特的导游风格,能够独立创作富有思想性和艺术性的导游词,对导游相关工作有深入研究,并形成一定的研究成果。具备能够指导高级导游工作、学习的能力。

### 三、导游资格对应的职称

2020年1月，人力资源和社会保障部印发了《人力资源社会保障部关于印发经济专业技术资格规定和经济专业技术资格考试实施办法的通知》（人社部规〔2020〕1号）。其中第十六条明确规定："取得导游资格、拍卖师、房地产经纪人协理、银行业专业人员初级职业资格，可对应初级经济专业技术资格"。2020年1月之后，一些省、区、市陆续发布《专业技术人员职业资格与职称对应目录》，明确导游资格属于国家准入类经济专业技术资格，对应职称为助理经济师。

今后，用人单位可以根据工作需要，按照助理经济师的职务和岗位任职条件、聘任程序聘用取得导游资格的人员，且取得导游资格的人员无须进行职称评审或认定及颁发职称证书，导游资格证书与职称证书具有同等效力。同时，取得导游资格亦可作为申报高一级职称（即中级经济师）的基础资格条件。导游职业资格认定的逐步完善和实现导游职称等级行业评级认定，实现导游业务信息化透明化管理，重新塑造导游社会公共服务的道德形象，正是中华人民共和国文化和旅游部导游改革的重点和方向。

### 本章小结

本章主要讲述了导游员的概念与分类，并结合海外领队、全程陪同导游员、地方陪同导游员、景区景点导游员的工作要求，对导游员所应尽的工作职责进行了讨论。随后对导游员应具备的基本素质展开了深入的分析，导游员应该是"集专业技能和知识、机智、老练圆滑于一身"的人。最后阐述了我国导游员资格如何获取，我国导游员等级考试，导游资格对应职称为助理经济师。

### 即测即练

### 复习思考题

1. 导游员按照业务范围划分，主要分为哪几类？

2. 导游员的基本职责包括哪些方面?

3. 我国导游员需要具备哪些基本素质?

4. 导游员需要具备较强的能力,主要包括哪些方面?

5. 导游员需要具备良好的道德品质,主要包括哪些方面?

6. 我国导游员资格如何获取?

## 实践训练

1. 开展讲故事训练,锻炼讲解能力。

2. 布置任务,各小组拟一份旅行社招聘新导游员的招聘信息,描述招聘要求,并进行汇报,教师在旁指导评价。

# 第二章 导游工作

## 学习目标
1. 了解导游工作的特点。
2. 熟悉导游工作的地位和价值。
3. 掌握导游工作的性质和基本原则。

## 能力目标
1. 了解导游工作的重要性,自主查阅相关资料拓展知识。
2. 熟悉导游工作的特点,引导并加强学生体育锻炼和心智锻炼。
3. 掌握导游工作的性质,引导并培养学生将经济效益、社会效益和生态效益相结合。

## 思政目标
1. 了解导游工作的重要性,增强学生的专业认同感和事业心。
2. 熟悉导游工作的社会文化价值和政治意义,培养学生传播我国优秀传统文化,做到文化自觉、文化自信和文化自强。
3. 掌握导游工作的性质,引导并培养学生忠于祖国,坚持"内外有别"的原则。

## 思维导图

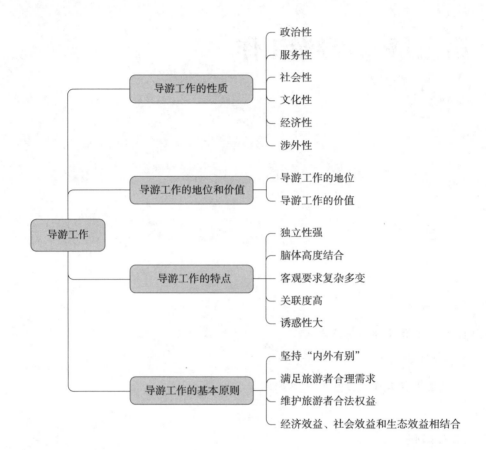

## 导入案例

## 第一节 导游工作的性质

### 一、政治性

旅游是经济社会发展到一定阶段的产物，是生产力发展的必然结果，所以旅游经济也必然代表和反映国家的意志与民族的利益，在构建和谐社会中具有不可替代的作用。旅游活动是旅游者前往不同国家或地区人与人之间的接触活动，而向旅游者提供接待服务的导游员又生活在不同的社会制度和文化背景之下，不同的社会制度、不同的意识形态、不同的民族文化和思想观念必然通过导游员的言行反映出来，从而使导游工作首先具有政治属性。政治属性是导游服务的基本属性。虽然导游员的讲解和服务没有任何政治口号，但政治属性却贯穿于对旅游者服务的全过程。我国的导游工作是一项为国家的社会主义建设和国内外民间交往服务的旅游服务工作。

## 二、服务性

导游工作是围绕旅游者进行的全方位、全过程的服务工作，导游服务属于非生产性劳动，是通过提供一定的劳务活动创造特殊使用价值的劳动。然而导游服务不是一般的简单的技能服务，而是一种较为复杂的高智能、高技能又非常细致的服务。因此，导游服务对导游员有很高的要求，必须具备相当高的智能和技能才能胜任。

首先，导游工作是一种知识性服务。导游员引导旅游者参观游览，如果导游员知识广博，成为旅游者获取知识的主要来源，就可以使旅游者的求知欲望得到很大的满足。因此，具备丰富渊博的旅游知识是做好导游工作的基础。

其次，导游工作能够满足旅游者的心理需要。当旅游者身处异地他乡时，自然希望有人对当地情况非常了解，能够从生活上关心照顾、情感上进行抚慰。同时，若不熟悉旅游目的地的语言和风俗，也会给旅游者带来很多困难。若是因为不熟悉情况冒犯当地居民的风俗习惯而发生不愉快的事情，会使人特别扫兴。热心的导游员通过自己周到、细致的服务以及针对不同旅游者的心理特点所提供的个性化服务，能够消除旅游者在旅游过程中的拘谨心理和寂寞感，进而获得愉悦的心理感受。

最后，导游工作是求知和审美的桥梁。旅游者要通过旅游去认识过去不曾接触或不曾了解的事物，以达到求知欲望的满足。通过语言表达，可以向旅游者传递各种正确信息，使旅游活动的各项安排获得他们的理解与支持，而且通过生动精彩、妙趣横生、准确到位的语言讲解，使旅游者得到自然美和艺术美的享受，并在潜移默化中增长知识。

通俗地讲，导游员要具备过人的"脑瓜子、嘴皮子、脚板子"三大基本功。"脑瓜子"是指原则性强，头脑清醒，思维敏捷，善于处理各种问题；"嘴皮子"是指亲和力强，知识丰富，声情并茂，深得旅游者的信任和爱戴，有着较强的语言表达能力;"脚板子"是指忍耐力强,身体健康,吃苦耐劳,能适应各种艰苦复杂的工作局面。总之,导游工作是一项高级的服务工作,导游员必须把多种知识和技能结合在一起,才能胜任工作。

### 三、社会性

导游工作的社会性来源于旅游活动的社会性。首先,旅游活动已成为当今世界上规模最大、最具活力的社会活动之一,旅游已成为人类社会基本需求之一,成为人们生活中不可缺少的组成部分。旅游活动是旅游者和旅游目的地国家或地区的人们之间的一种相互交往、相互了解、相互促进的活动,是人们日常社交活动的延伸。导游服务为这种活动牵线搭桥,从而使其带有明显的社会属性。其次,在大众旅游活动中,旅游者对导游服务工作存在着大量的需求。导游员作为导游服务工作的实际承担者,要接待来自五湖四海的众多旅游者,并为他们提供范围广泛的各种服务,因此,导游员从事的服务工作本身就是一种社会面很广的工作,具有很强的社会性。最后,随着旅游活动的发展与普及,旅游业已成为社会经济中的一个重要行业,导游已逐渐成为社会诸多职业中的一种,因此导游工作又是一项社会职业,能够容纳一定数量的社会就业。对绝大多数导游员来说,导游已成为一种谋生的手段。

### 四、文化性

旅游是人类精神生活的需要。人们外出旅游,不仅仅是为了度假、休闲、享受,更多的是对异国、异地、异民族文化的获取和寻觅。因此,求新、求异、求知、求美就成为现代旅游活动中旅游者重要的旅游需求,这就需要旅游活动具有十分丰富的文化内涵。导游工作是传播文化的重要渠道。通过导游员精心的导游服务,可以帮助旅游者了解旅游地国家或地区的传统文化和古今文明,丰富旅游者的精神文化生活,增进旅游者在各方面的知识和对旅游地各地区及各族人民的了解。由于世界各国不同的民族都有各自独特的生活方式、价值观念和思维模式,对于文化内涵的理解也必然存在差异,因而旅游者与旅游目的地之间往往存在很大的文化差距,导致文化交流和欣赏的障碍,这就需要导游员进行引导和讲解,需要导游员跨越不同的文化范畴,弥合文化差异,使不同文化背景的旅游者实现对旅游目的地文化的理解和感悟。并且导游员在向海内外旅游者传播知识、传播文化的同时，还可以通过与旅游者的交往，吸收海内外各国、各民族的传统文化和现代文明。所以，导游工作的文化传播是一种双向传播。从这个意义上讲，导游员是传播历史知识、社会知识、文化知识的先行者，是增进各国和各地人民相互了解和友谊的"文化大使"。导游工作实际上起着传播一个国家、一个地区及其民族的物质文明、精神文明和政治文明的重要作用。特别是中国景观均有的丰富文化内涵，而中国旅游产品都是中国文化的载体，从而可见其文化特性。

党的二十大报告指出："增强中华文明传播力影响力"，"讲好中国故事、传播好中国声音，展现可信、可爱、可敬的中国形象"。可见，导游工作的文化传播非常重要。

## 五、经济性

导游工作的经济性源于导游员劳动的消耗。在商品经济条件下，导游员的劳动由于旅游者的购买而具有交换价值，在现实中表现为价格，即导游服务费。导游服务工作同其他旅游服务一样，是旅游产品价值构成的一部分，其旅游产品价值的实现就表现为外汇收入、货币回笼和效益增加。

导游服务作为旅游业各项服务中最为重要的部分，具有明显的经济属性，其经济意义和地位越来越重要。导游工作的经济性主要体现在以下四个方面。

### （一）直接创收

旅游活动中的吃、住、行、游、购、娱六大要素，每一要素的妥善安排都离不开导游服务。旅行社通过导游员为旅游者提供讲解服务、翻译服务、旅行生活服务及各种代办服务，收取服务费和手续费。导游员通过为旅游者提供导游服务，创造特殊的使用价值而获取应得的报酬；旅行社通过导游员实施旅游接待计划，完成旅游产品的销售，使企业最终获取利润，为国家创造税收；导游服务本身就可为国家建设创收外汇、回笼货币、积累资金。所以导游服务的经济性首先就体现在可直接创收上。

### （二）扩大客源

对于旅游业来说，客源市场意味着生存和发展。旅游消费者是市场的主人，是决定其生存和发展的先决条件之一，没有旅游者，发展旅游业就无从谈起。所以，许多国家为了吸引旅游者的到来，每年都投入巨大的人力、财力进行宣传促销。这是非常必要的。然而还有另一种更为有效的宣传方式——旅游者的口头宣传,即通过旅游者的传播获取良好的宣传效果。"客人是最好的推销员,接待好客人,就是培养了推销员",如果旅游者在旅游目的地获得了良好的旅途感受,得到优质的旅游服务,尤其是享受到了高质量的导游服务,有了愉快的经历,满意而归的旅游者回去后就会向其周围的人介绍自己在异国他乡的旅游经历,讲述导游员为其提供的高超而完美的服务,从而在一定程度上影响到潜在旅游者的流向。这样不仅会使旅游目的地回头客的比例增加,而且会吸引更多的旅游者。在此,导游员以自己的优质导游服务对旅游者进行实际的、形象的宣传,从而在扩大客源方面起到积极的作用。

### (三) 促销旅游商品

对于旅游业来说,旅游购物是增加旅游收入的重要手段之一。对于旅游者而言,旅游购物甚至成为其外出旅游的动机之一。因此,许多国家和地区对旅游商品的开发,特别是对旅游纪念品的生产和促销都非常重视。据统计,在世界国际旅游总消费中,用于购物的部分约占50%,在有些国家和地区,这一比例更高,已成为支撑当地旅游业的主要部分。在促销商品过程中,导游员起着举足轻重的作用。好的导游员也应是优秀导购员。

导游员在进行商品促销时,需要有一定的推销技巧。导游员首先应对商品知识有尽可能多的了解,在旅游者需要购物、愿意购物的基础上,主动热情地做好旅游者的购物参谋,因势利导地促进旅游商品的销售,但决不应该做违反导游员纪律和职业道德的事情。

### (四) 促进经济交流

在海内外大量的旅游者中有相当一部分人是经济界人士、专家学者或其他专门人才,他们当中有许多人希望借旅游之机与同行或有关方面接触,进行信息交流、学术交流或投资等活动。随着专业旅游、会展旅游、商务旅游的发展,这种交流活动会更加频繁。导游员在导游过程中应了解旅游者的意愿,积极牵线搭桥,为促进中外及地区间的科技、经济交流作出应有的贡献。

## 六、涉外性

我国由现在的亚洲旅游大国加快走向世界旅游强国。目前我国已形成入境旅游、国内旅游和出境旅游三大市场,无论是为入境旅游还是为出境旅游提供的导游服务,都具有明显的涉外性。这种涉外性主要表现在宣传中国、当好"民间大使"和当好形象代表三个方面。

### （一）宣传中国

中国是有着悠久历史的文明古国，同时中国又是充满生机与活力的国家，在国际社会中发挥着日益重要的作用。中国对许多外国人充满吸引力和神秘感，在来中国旅游的海外旅游者中，绝大多数人都希望通过旅游来了解中国，了解中国的历史文化、人文风情、社会制度、建设情况以及各族人民的精神面貌和生活方式等。因此，帮助海外旅游者正确了解和认识中国，是导游员义不容辞的责任。导游员要满怀对祖国、对家乡的深刻了解和无比热爱，通过导游讲解，通过与旅游者的交谈，通过自己的言行，向旅游者宣传中国。

### （二）当好"民间大使"

旅游是世界和平的促进力量。旅游活动作为当今世界规模最大的民间外交活动，能促进不同国家、不同民族的接触和交往，增进相互之间的了解，有利于消除因相互隔绝而产生的误解与猜疑，增进友谊，从而促进世界和平。这也是越来越多的国家和地区极力促进旅游事业发展的重要原因之一。

导游服务工作是一项涉外性很强的民间交流工作，导游员的工作特点是直接面对数量众多、阶层广泛的旅游者，为他们提供导游服务。因而，导游员可以充分利用旅游活动的民间性、群众性和广泛性的优势，广交朋友；通过为旅游者提供旅游服务，与旅游者进行思想、感情上的交流，帮助旅游者认识中国，增进中国人民与世界各国人民之间的了解和友谊，当好"民间大使"。

### （三）当好形象代表

导游的涉外性不能单纯地理解为境外、海外、外国，从近年来我国旅游业的发展趋势和接待的旅游人数看，国内旅游者已经成为导游员接待的主要对象。因此，我们在接待好境外、海外、外国旅游者的同时，更要接待好外省、外区、外市的旅游者。在外国旅游者面前，我们是中国的代表；在外地区旅游者面前，我们是一个省、一个区、一个市的代表。这种形象代表是导游员的天职。

## 第二节　导游工作的地位和价值

导游员是旅行社接待工作的一线关键人员，是旅游行业的形象代表，导游工作是现代旅游业的代表性工种。有国际旅游界人士认为，"没有导游员的旅行，是不完美的旅行,甚至是没有灵魂的旅行"。可见,导游工作的不可或缺的地位和重要价值。

## 一、导游工作的地位

### (一)导游工作是旅行社核心竞争力的重要组成部分

导游员按旅行社的要求执行旅游接待计划,带领旅游团完成各项旅游活动,是旅行社产品的直接执行者,在旅行社业务中具有核心地位。导游员代表本旅行社的形象,导游服务质量是衡量旅行社整体服务水平的主要标志。导游工作质量直接决定旅游者对于此次旅游产品购买的满意程度,以及是否再次购买本旅行社的旅游产品。

导游员工作在旅游第一线,直接实施旅游接待计划,安排组织各项旅游活动,处理旅游者的各种问题,对旅游者的要求、现行旅游产品和其他旅游服务部门存在的问题,了解得最清楚。导游员及时将有关信息反馈给旅行社有关部门,有利于旅行社改进服务方式,促进旅游产品的进一步完善。

导游工作水平体现了旅行社的服务水平和质量,是旅行社核心竞争力的重要组成部分。拥有一流的导游员队伍,是旅行社提高服务质量、扩大知名度、争取更多客源的法宝,使优秀导游服务成为旅行社的知名品牌,成为旅行社的无形资产,从而大大提高旅行社的知名度、信誉度、美誉度,对吸引一大批忠诚的顾客、形成垄断性的客源市场,都将起到十分重要的作用。

### (二)导游工作是旅游者顺利完成旅游活动的保证

旅游者到异地旅游,会遇到诸多不便,导游员伴随始终,为旅游者解决食、住、行、游、购、娱等一切事务,维护旅游者正当权益,保卫旅游者人身和财物安全,保证旅游者吃得放心、玩得舒心、住得安心,保障旅游活动的顺利进行。

旅游者来自不同国家和地区,与旅游地存在语言、文化、生活习惯、行为方式、思维方式等方面的差异。导游员提供的语言服务,促进了不同民族和不同地区人们的交流。导游员提供的导游讲解服务,帮助旅游者增长知识、增加阅历、增强旅游乐趣、获得美的享受。

### (三)导游工作居于诸多旅游接待服务中的中心地位

在旅行社、旅游饭店和旅游交通这"旅游业三大支柱"中,旅行社处于核心地位,因为旅行社是联系旅游饭店和旅游交通的纽带。旅游接待服务是指组成旅游产品的供方，即旅游目的地旅行社、交通运输、住宿、餐饮、娱乐、商品零售、邮电通信、海关等部门向旅游者提供旅游活动中所需要的吃、住、行、游、购、娱等方面的服务。其中，旅行社提供的服务主要有旅游活动的组织安排和导游服务两个方面。由此可见，导游服务只是旅游接待服务过程中多种服务中的一种，然而又是诸种旅游接待服务中居于中心位置的服务。

旅游产品不同于物质产品，在销售之后并不发生所有权的转移，所以旅游者购买了旅游产品后，只有亲自到目的地，才能实现对产品的消费，其消费过程就是旅游接待服务的提供过程。如果我们把从迎接旅游者入境开始，直到欢送旅游者出境为止这个旅游接待过程看作一根环环相扣的链条，那么，向旅游者提供的住宿、餐饮、交通、游览、购物、娱乐等服务，则分别是这根链条中的一个个环节。正是导游服务把这些环节联系起来，使旅游者得以一个环节一个环节地进行消费，从而使提供服务的相关部门和单位的产品价值得以实现。可见，导游服务不仅是旅游产品生产和再生产的重要一环，而且在各项旅游接待服务中始终处于主导地位、中心地位、核心地位。有专家比喻，如果旅游接待工作似北京的糖葫芦，导游员就是糖葫芦中间的那根棍，是他把旅游接待的各个部门连接起来，形成一串"糖葫芦"，形成一件完整的旅游产品。

**二、导游工作的价值**

**（一）导游工作的经济价值**

1. 扩大客源，间接创收

旅游者是旅游业生存和发展的先决条件，占有客源市场就意味着拥有了生存和发展的空间。没有旅游者，发展旅游业就无从谈起，导游员也就没有了服务对象。所以，世界上许多旅游目的地国家和地区为了支持旅游业的发展，不惜投入大量资金和人力在国（地区）外进行大规模的市场宣传和促销活动来招徕旅游者。支付大量费用进行市场宣传并不是招徕旅游者的所有手段，相比之下，"口碑宣传"是一种更为有效的、更经济的宣传方式。旅游者在旅游目的地参观访问后，回去将自己在旅游地得到的良好旅游体验向亲属和社交圈讲解描述，从而引起潜在旅游者的旅游意愿。如果受到传播者的感染，潜在旅游者就很可能选择前者所到的地区参观游览，因为旅游者的亲身体验比任何广告宣传更可靠、更令人信服。

导游员由于接触旅游者时间长、环节多、影响大，因而成为影响旅游者亲身体验的重要因素，正所谓"最佳服务就是最佳宣传"。因此，导游员向旅游者提供优质的导游服务，在招徕回头客、扩大新客源、间接创收方面起着不可忽视的作用。

2. 因势利导，促销商品

旅游商品的开发、生产和促销是发展旅游业的重要组成部分，各国、各地区对此都非常重视，并将其视作争夺旅游者的魅力因素和增加旅游收入的重要手段。旅游者远道而来，总想在旅游目的地购买一些具有民族特色和地方色彩的工艺美术品、土特产品、纪念品及实用物品，或做纪念，或馈赠亲友，或为家用。在新加坡、我国香港等国家和地区的旅游总收入中，销售商品和纪念品的收入甚至超过了50%的比例，在旅游者的购物活动中，导游员起着举足轻重的作用。

一名优秀的导游员也一定是一名优秀的"导购员"。为了满足旅游者的不同购物需求，导游员应尽可能多地熟悉各种商品的产地、质量、使用价值、价格以及旅游纪念品的艺术价值等，并主动热情地向旅游者做实事求是的介绍，当好他们的购物参谋。此外，导游员还要设法了解旅游者的购物趋向和购买能力，从而有针对性地向他们提供购物服务。实践证明，导游员为旅游者当好购物参谋，会大大影响旅游者的购物热情，对旅游商品销售起到重要作用。当然，导游员的促销一定要实事求是，杜绝推销假冒伪劣商品，不得欺客、"宰客"。有案例显示，一些自身修养不够、缺乏为旅游者着想意识的导游员，或许存在在旅游过程中加点、购物进行谋利的活动，这本身是对导游职业的亵渎，是一种给导游职业抹黑的违纪行为。

3. 了解市场，获得经验

对海外旅游业有关情况进行调查研究，特别是了解外国旅游者的需求及其变化，了解外国旅游企业的运作和经营管理模式，这些是导游员做好导游工作的需求。导游员可以在和旅游者的相处过程中，从旅游者的言谈举止、对游览点的兴趣、在参观现场的表现、对购物和参加文娱活动的反应来了解旅游者的需求与爱好，从中发现旅游者需求的变化。这种前沿的了解更真实、更实用，对于导游员有针对性地提供导游服务和提高导游服务质量更有帮助，也有利于改变我国旅游产品的开发和设计，在进行旅游宣传、招徕旅游者和促销活动时能够有的放矢。

（二）导游工作的社会文化价值

在导游工作中，导游员代表祖国和家乡为中外旅游者提供导游服务，他们将爱祖国、爱家乡的深情融入导游讲解中，增进了中国人民和世界各国（地区）人民之间的了解与友谊，促进双方文化和社会的交流，从而实现导游工作的社会文化价值。

1. 传播文化

在建党 100 周年大会上，习近平总书记强调，推动共建"一带一路"高质量发展，以中国的新发展为世界提供新机遇。2021 年 7 月，文化和旅游部出台《"十四五""一带一路"文化和旅游发展行动计划》，成为未来五年推进"一带一路"文化和旅游工作高质量发展的纲要指南，进一步夯实"一带一路"建设的民意基础。"一带一路"建设是全方位的，在"共商、共建、共享"原则指导下，在共建国家推动政策沟通、设施联通、贸易畅通、资金融通以及民心相通，共同打造政治互信、经济融合、文化包容的利益共同体，责任共同体和命运共同体。文化是"一带一路"的灵魂，中国优秀传统文化要融入"一带一路"建设。

旅游者到旅游目的地来主要是为了增加对目的地社会文化等方面的了解，获得一种美的旅游经历。旅游目的地的接待工作就是要满足旅游者的这种需要，满足的办法就是安排旅游者在目的地参观游览，而旅游者参观游览活动的导演是导游员。导游员通过对参观游览点的介绍或讲解，帮助旅游者认识一个国家（地区）及民族的历史文化、传统风俗、生活方式和现代文明，进而了解他们的精神面貌、价值观念和道德水准，使旅游者对目的地的社会文化和精神风貌有切身的体验。可以说，导游员的讲解过程就是对中国优秀传统文化的传播过程。中国有 56 个民族，历史悠久，自然旅游资源丰富奇特，人文旅游资源色彩绚烂，不仅历史文化厚重、文物古迹众多，还有丰富的非物质文化遗产，这些都是中国人民宝贵的物质财富和精神财富，更是中华民族的骄傲。我们一定要增强文化自觉和文化自信，实现文化自强。导游员只有热爱祖国的文化，才能满腔热情地向旅游者讲解，才能使旅游者真正领略中华文化的博大精深。

拓展资料2.1

2. 树立形象

向旅游者提供高质量的服务，特别是不同凡响的导游服务，是提高国家旅游业和旅游景点的知名度，保持、提高旅游业和旅游企业信誉和竞争力的一个重要手段。导游工作是旅游服务中最重要的服务，旅游者往往以导游服务质量来评价整个旅游服务质量。所以导游服务质量的优劣会影响旅游业本身的发展，同时会影响旅游目的地的社会形象和声誉。"旅游者对一个国家和人民的印象会受到他所接触的导游员的很大影响"。

3. 增进交往

截至 2018 年 3 月,我国正式开展组团业务的出境旅游目的地国家(地区)达到 129 个,其中 2017 年增加了苏丹共和国、乌拉圭、圣多美和普林西比、法属新喀里多尼亚 4 个国家和地区。从 2019 年 8 月起,世界上有 71 个国家和地区对中国公民实行免签或落地签政策,中国护照实力进一步提升。根据中华人民共和国文化和旅游部官网公布的数据,2019 年国内旅游人数 60.06 亿人次,增长 8.4%;入境旅游人数 14 531 万人次,增长 2.9%;出境旅游人数 15 463 万人次,增长 3.3%。2019 年,中国内地(大陆)出境旅游目的地前 15 位依次为中国澳门、中国香港、越南、泰国、日本、韩国、缅甸、美国、中国台湾、新加坡、马来西亚、俄罗斯、柬埔寨、菲律宾和澳大利亚。

旅游是客源地的人们到旅游目的地进行的一种社会文化活动,通过对目的地社会文化的了解来接触目的地人民,实现不同国度、地域、民族之间的人际交往。导游员是旅游者首先接触而且接触时间最长的旅游目的地居民,导游员的行为举止、言谈话语及讲解方式都会给旅游者留下极为深刻的印象。通过导游员的精心服务,旅游者不仅可以了解目的地的文化、增长知识、陶冶情操,而且通过接触目的地的居民,特别是与其相处时间较长的导游员,会自然产生一种情感交流,即不同国家、地域、民族之间的相互了解和友谊。

(三)导游工作的政治价值

1. 加强相互了解

海外旅游者来华参观游览的主要目的是了解中国,了解中国人民的生活方式,因此,导游员有义务帮助来自五湖四海的海外旅游者正确地认识中国。同样,导游员陪同中国公民出国旅游时,目的地人民也希望从中国导游员那里了解中国的发展情况。事实上,导游员的导游讲解、与旅游者的交谈,甚至一举一动都在有意无意地宣传着中国、宣传着家乡。当一名长春的导游员带着团队到达北京的故宫和长城时,所代表的就是吉林省,宣传着吉林地域文化,带着团队到达纽约和巴黎时,所代表的就是中国,宣传着中国文化。

正因为如此,导游员要以积极的姿态,自觉、主动地将宣传工作做得有声有色。导游讲解与宣传不是分离的,更不是对立的,而是统一的、互相促进的。讲解是宣传的前奏，讲解中也有宣传；而宣传是讲解的主旋律，是深层次的讲解。每一次成功的导游活动都在潜移默化地影响着旅游者的情感和认识，导游员可以采取形式多样、灵活多变的方法，把政治宣传寓于导游讲解、日常生活和游览娱乐之中，切忌僵化、呆板和强加于人。

2. 增进友谊和平

旅游活动是当今世界规模最大的民间交往活动。旅游能促进不同肤色、不同国籍、不同民族、不同语言的人们之间的交往，增进彼此间的了解和友谊，消除相互隔绝而造成的误解，加强交流，促进地区团结，维护国家安定与和平。对于以上方面，导游工作起到了一定的作用。导游员可以利用其接触旅游者面广、机会多、时间长、无语言障碍又比较熟悉外国旅游者等有利条件与旅游者进行广泛接触、广交朋友，促进旅游者和目的地之间的交流，增进民间交往的友好情谊。

## 第三节 导游工作的特点

导游工作作为一种高智能、高技能的服务工作，以其独有的鲜明的特点，成为旅游业中富有挑战性和创造性的工作。导游工作与其他工作相比，具有独立性强、脑体高度结合、客观要求复杂多变、关联度高、诱惑性大等特点。

### 一、独立性强

导游员在接受了旅行社委派的任务后，带团外出少则一两天、多则数十天，在整个旅游活动中，往往只有导游员与旅游者终日相处。导游服务的完成一般是在没有他人帮助的情况下独立进行的，因而导游服务是一种流动的、单兵作战的工作。导游员要独立地宣传执行国家政策；要独立地根据旅游计划组织活动；要独立地带旅游团参观游览；要独立地、合法合规地、合情合理地处理突发事件和有关问题。

导游员的导游讲解也具有相对独立性。导游员要根据不同旅游者的文化层次和审美情趣进行有针对性的导游讲解，以满足他们的精神享受需求。这是导游员的主要任务，每位导游员都应独立完成，其他人无法替代。

导游工作的这一特点要求导游员勇于向困难挑战，在战胜困难的过程中提高自己的各种能力。

## 二、脑体高度结合

　　导游工作是一项脑力劳动和体力劳动高度结合的服务性工作。在导游员所接待的旅游者中，各种社会背景、文化水平的都有，其中不乏专家、学者、公务员和执行某些特殊任务的人员。这就要求导游员具有丰富广博的知识，古今中外、天文地理、历史文化、政治经济、文化教育、医疗卫生、法律、宗教、民俗民风等均需了解，音乐、舞蹈、美术、建筑、心理学、美学等也应涉猎。有人说导游是"杂家"，不无道理。导游员在进行景观讲解、解答旅游者的问题时，都需要运用所掌握的知识和智慧来应对，这是一种艰苦而复杂的脑力劳动。另外，导游工作流动性强、工作量大、体力消耗大，导游员要带领旅游者一起步行、爬山游览，要进行导游讲解、生活服务，还要随时随地解决旅游者出现的各种各样的问题，这都需要导游员具有良好的身体条件才能完成。

　　导游工作的这一特点要求导游员具有广博的知识和健康的体魄，以便能向旅游者提供更优质的服务。难怪有的专家称"只有健康的导游，才能带来健康的旅游"，没有健康的身体，是很难做好导游员工作的。

## 三、客观要求复杂多变

　　没有两次完全相同的旅游。导游员的每一次接待工作，都可能出现新的情况，需要面对许多不确定因素，应对许多复杂多变的工作。

### （一）服务对象复杂

　　导游工作的对象是旅游者，他们来自五湖四海，不同国籍、不同民族、不同肤色，职业、性别、年龄、宗教信仰和受教育的程度各异，性格、习惯、爱好千差万别。导游员所面对的就是这么一个复杂的群体，而且所接待的每一批旅游者都各不相同，这是一个不断变化的群体。

### （二）旅游者需求复杂

　　导游员在旅游活动中除了按计划安排落实旅游者的基本活动外，还有责任满足或帮助满足旅游者随时提出的各种要求，及时解决处理旅游中出现的各种问题，如会见亲友、传递信件、转递物品、旅游者患病、走失、财物被窃、证件丢失等，而且由于对象不同、时间场合不同、客观条件不同，同样的要求或问题也会出现不同的情况，需要导游人员审时度势、判断准确、妥善处理。

### （三）人际关系复杂

导游员除天天接触旅游者之外，在安排和组织旅游者活动时，要同饭店、餐馆、旅游景点、商店以及娱乐、交通等部门和单位的人员接洽，还要处理好与全陪、领队和司机的关系。虽然导游员所面对的这些关系都是建立在共同目标基础上的合作关系，然而每一种关系的背后都有各自的利益，落实到具体人员身上，情况更为复杂。导游员一方面代表被委派的旅行社，要维护旅行社的信誉和利益；另一方面，又代表旅游者，要维护旅游者的合法权益，还要以双重身份与有关各方交涉。导游员正是处在这种复杂的人际关系网的中心。

### （四）利益关系复杂

导游员在与国内外旅游者的正常交往中，常常会受到小费、回扣、旅游者赠送的礼品，以及一些不健康的思想意识和生活作风的影响。所以，处在这种氛围中的导游员需要有较高的政治思想水平、坚强的意志和高度的政治警惕性，始终保持清醒的头脑，自觉处理好各种利益关系。

导游服务的这一特点要求导游员有高度的责任感和敬业精神，以及较强的心理自控能力，从而沉着冷静从容地处理各种变化的情况和问题。

## 四、关联度高

旅游产品是通过服务表现出来的无形产品。一个完整的旅游产品是由许多的单项旅游产品组合成一个整体而形成的。但是这些单项旅游产品却是由各自独立、性质不同、功能各异的旅游供给部门分别提供的。旅行社将这些单项产品组合起来，形成能满足旅游者在旅游过程中各种需要的整体旅游产品。因此，一次成功的旅游活动需要这些环环相扣的各旅游供给部门的共同努力和通力协作。无论任何一个部门出现问题，都势必影响到旅游活动的正常进行，使旅游者感到不满或失望，从而影响到整体旅游产品的质量。导游员带领旅游团参观游览，要为旅游者提供旅途中的各种服务，在组织旅游活动的过程中，与饭店、餐馆、旅游景点、旅游商店、娱乐场所、旅游交通等诸多部门发生相互联系，这些部门的服务质量不是导游员所能左右的，但是其服务质量的高低却会对导游服务的质量产生很大的制约和影响。

导游工作的这一特点要求导游员有全局观念，在工作中头脑清醒、思维缜密，有较强的协调能力和公关能力,以保证旅游者的旅游活动按计划顺利进行。

### 五、诱惑性大

导游员的工作流动性大、活动范围广,可周游全国,甚至全世界;导游员工作时,接触人多、面广,可认识各式各样的人并与之交往;在带旅游团旅游过程中,可广交朋友,可经风雨、见世面,可开阔眼界、增长知识,这对充满活力、求知欲强、渴望认识世界的年轻人具有很强的诱惑力。

旅游活动的发展有利于各民族之间的相互了解,促进各种文化的交流;与此同时,也会产生不健康的"精神污染",即一个国家(地区)在发展旅游业的同时往往会"引进"不良的思想意识、处事方式和生活作风。导游员直接面对这种"精神污染"的机会大大多于常人,于是一些意志不坚定、抵制能力不强的导游员会或多或少受到各种不良思想的影响,有的甚至沦为其"俘虏",面对伴随部分海外旅游者而来的物质诱惑和"精神污染",每名导游员在思想上都应给予足够的重视,千万不要掉以轻心。

拓展资料2.2

## 第四节 导游工作的基本原则

导游员的主要任务是完成旅行社委派的旅游接待事宜,导游员在向旅游者提供服务的过程中,必须遵循一些基本的服务原则。这些原则既是长期导游服务实践的科学总结,也是世界旅游组织所倡导的,因而具有十分重要的指导意义。

### 一、坚持"内外有别"

导游员要忠于祖国,严守国家机密和企业商业机密,时时、事事以国家、集体利益为中心,在带团旅游期间,不能随身携带内部文件,不向旅游者谈及旅行社的内部事务和旅游费用等事项。

### 二、满足旅游者合理需求

满足旅游者需求是导游服务的出发点。客源是旅游业发展的生命线,也是旅行社生存和发展之本。对于导游员来说，没有旅游者也就没有服务对象，其自身也就失去了存在的意义。在市场经济条件下，旅游者是买方，导游员代表旅行社处于卖方的位置，卖方只有按照买方的要求，其产品或服务的价值才能得以实现。所以，满足旅游者需求既是市场经济规律的客观要求，也是旅行社、导游员自身利益之所在。

满足旅游者需求的根本途径是要将标准化服务与个性化服务结合起来。为保护消费者的合法权益，国家市场监督管理总局和国家标准化管理委员会发布了GB/T 15971—2023《导游服务规范》这一全国导游服务的国标。其对导游服务质量提出了要求，并规定了涉及导游服务过程中的若干问题的处理原则，目的是保障和提高导游服务的质量，促进我国旅游事业的发展。个性化服务亦称特殊服务，指在旅游行业要求导游员按照国家和行业主管部门制定的统一标准完成旅游者与旅行社签订的合同或约定的内容之外，针对旅游者在旅游过程中提出的合理要求而提供的个别服务。导游员为满足旅游者的需求，应将标准化服务和个性化服务有机地结合起来。这样，导游服务不仅会使旅游者得到满足，而且会赢得新的客源。

当然，满足旅游者的需求是有原则的，既不能以牺牲旅行社，甚至国家或地区的利益为代价来讨好旅游者，也不能为旅游者提出的非理要求而勉强为之。正如《导游人员管理条例》所指出："导游人员进行导游活动时，其人格尊严应当受到尊重，其人身安全不受侵犯。"

### 三、维护旅游者合法权益

维护旅游者合法权益既是一些国际性旅游组织所倡导的，也是世界上许多国家的旅游法规所规定的内容。我国于2013年颁布的《旅游法》对旅游者应享受的权益作出了明确规定。旅游者是旅游产品和服务的消费者，其权益也受到《中华人民共和国消费者权益保护法》的保护。概括起来，旅游者的合法权益主要有以下几方面。

#### （一）旅游自由权

旅游自由权包括旅行自由权和逗留权。前者是指旅游者在不违背有关法律法规和履行了必要的手续的条件下，有权按照自己的意愿前往各地旅行，其旅行方式、旅行时间和旅行地点都不应受到不合理的干涉；后者是指旅游者在旅游目的地和途中有权根据自己的需要逗留，其逗留的时间、方式也不应受到不合理的限制。

### （二）旅游服务自主选择权

旅游服务自主选择权是指旅游者有权自行选择旅游目的地、旅游经营企业、旅游线路、旅游项目和旅游服务等级，不受任何部门、企业、单位和个人的干预。

### （三）旅游公平交易权

旅游公平交易权是指旅游者在购买旅游经营企业的产品和服务时有权获得公平、公正的待遇，旅游经营企业不得用任何欺骗、恐吓的手段来诱骗和强制旅游者购买。旅游者对交易的旅游产品和服务不满意时，拥有拒绝购买和签约的权利。

### （四）依约享受旅游服务权

旅游者有权知悉其购买的旅游产品和服务的真实情况。旅游者有权要求旅游经营者按照合同提供相应数量和质量的旅游服务，对合同之外的服务，旅游者有权予以拒绝。

### （五）人身和财产安全权

旅游者在人身、财产安全遇有危险时，有请求救助和保护的权利。

### （六）医疗、求助权

旅游者在旅游期间如有患病、受伤等情况发生，有权享有与当地居民同等待遇的医疗服务权。旅游者在旅游期间遇到困难时，有请求获得帮助的权利。

### （七）要求赔偿权和寻求法律救援权

旅游者在其合法权益受到损害或侵犯时，有向有关部门进行投诉和要求有关旅游经营企业或保险公司赔偿的权利。如果旅游者的要求得不到满足，有权在当地寻求各种可行的法律支持，或直接向法院提出诉讼。

### （八）人格被尊重的权利

旅游者的人格尊严、民族风俗习惯和宗教信仰应当得到尊重。

### （九）个别旅游者享受便利和优惠的权利

残疾人、老年人、未成年人等旅游者在旅游活动中依照法律、法规和有关规定享受便利和优惠。

## 四、经济效益、社会效益和生态效益相结合

旅游工作是一种商业性服务，提供服务的目的是获得经济效益，导游服务所

创造的价值是旅行社整个经济效益的一部分，导游员应从提高旅行社经济效益的立场出发做好导游服务工作。导游服务的经济效益主要表现为两个方面：一是导游员的劳动支出为旅行社和国家直接创造经济效益；二是导游员的劳动支出为相关部门、地方和国家间接创造经济效益。前者体现为旅行社旅游收入中的导游服务费，后者体现为旅游者在目的地购物而获得的收入，以及由导游员牵线搭桥引入的投资、经贸合作、科技交流和馈赠等带来的经济利益。

导游服务同时又是一种文化传播活动。导游员通过导游讲解、同旅游者接触交谈及对其生活的照料，也会产生明显的社会效益。优质的导游服务体现了一个国家或地区人民进取向上的精神面貌和社会的文明程度，有助于提高和改善旅游目的地在世界上的声誉和形象。导游员生动的介绍和精彩的讲解以及帮助旅游者同目的地居民的接触，还可以增进旅游者对目的地国家或地区的了解，促进不同国家或地区人民之间的交流，从而增进友谊，有利于世界和平。

导游服务还必须充分体现生态效益。生态旅游是当今国际旅游发展的一大热点。世界旅游组织曾提出可持续旅游，其定义为："旅游资源和吸引物的开发、使用，不以牺牲我们子孙后代对其利用为代价。"我国对旅游生态环境的保护也曾多次作出规定。2014年，我国全面修改生态环境领域的基础性、综合性法律——《中华人民共和国环境保护法》。2017年10月，党的十九大修改党章，增加"增强绿水青山就是金山银山的意识"等内容。从根本上讲，生态旅游是"促进人和自然的协调与和谐"的旅游，是"人与自然和谐"思想的具体体现。通过生态旅游，人们在走进自然、欣赏神奇秀丽的自然风光的同时，充分领略到人与自然和谐共处的真谛，激发出人们热爱自然、保护自然、享受自然的情感。一般意义上的旅游是把大自然作为消费品，而生态旅游的出发点则对大自然充满了尊重、敬畏与关爱。在欣赏自然美景的同时，也关注着生态环境问题。这是一种有利于自然资源与生物多样性保护的全新的旅游方式。生态意识、生态理念与生态道德是生态旅游的核心。

真正做到尊重大自然、敬畏大自然、关爱大自然，就要去努力寻找实现人与自然真正和谐的路径，寻找实现经济发展与自然保护和谐的路径。所以，对自然景观，我们不能再走"先污染、后治理"的老路了。求发展顺天理，还自然于生态，才是我们应该有的信念和襟怀。我们要使所有的旅游者和旅游工作者都牢记"当人们欢呼对自然的胜利时，也就是自然对人类惩罚的开始"这句名言。

由此可见，导游工作具有三重功能：①导游员帮助旅游者消费旅游产品和提供服务，使产品和服务的价值得以最终实现，从而创造经济效益；②导游员作为知识和文化的传播者，既满足旅游者的精神需要，又促进旅游者同目的地人民之间的相互了解和友谊，从而产生社会效益；③导游员在带团过程中，不仅是生态旅游的参与者，而且是生态旅游的倡导者、执行者、开拓者、宣传者。所以，导游员在进行导游服务的过程中，应将追求经济效益、社会效益和生态效益结合起来，只讲究经济效益而忽视社会效益是片面的、没有生命力的；只注重社会效益而无视经济效益，在市场经济条件下，导游服务自身也就失去了存在的价值；只追求经济效益和社会效益，不讲生态效益，必将殃及子孙后代，没有发展前途。

## 本章小结

本章主要阐述了导游工作的性质、地位、价值、特点和基本原则，对导游工作给予充分的认知是做好导游工作的意识基础。导游工作负责把提供食、宿、行、游、购、娱的供应商所提供的各类产品和服务组合起来，作为一个整体产品卖给消费者。导游工作在这个过程中表现出许多性质和特点，并实现其经济价值和社会文化价值，发挥特有的政治价值，导游工作也应该坚持"内外有别"等原则。

## 即测即练

## 复习思考题

1. 导游工作具有哪些性质？
2. 导游工作具有怎样的地位？
3. 导游工作有哪些价值？
4. 如何理解导游工作具有社会文化价值？
5. 导游工作具有哪些特点？
6. 导游工作应该秉持哪些原则？

## 实践训练

1. 课堂布置任务，各小组成员根据自身经历和了解，讨论导游工作的地位和作用，并进行汇报，教师在旁指导评价。

2. 旅游活动的新特征要求导游工作有相对应的变化发展，小组成员组织讨论并进行辩论，谈谈导游工作的发展趋势及重要性。

# 第二篇 实务篇

# 第三章 地陪导游服务程序与标准

## 学习目标

1. 了解地陪导游接团之前的准备工作内容。
2. 掌握地陪导游接团过程中各项接待服务程序及注意事项。
3. 熟悉地陪导游后续服务流程。

## 能力目标

1. 了解地陪导游服务程序及标准。
2. 掌握独立带团、准确接团的操作流程。
3. 熟悉地陪专业岗位需求,具备独立处理问题、解决问题的能力。

## 思政目标

1. 了解地陪导游员的服务程序,并培养学生爱岗敬业、遵纪守法等职业素质。
2. 熟悉地陪导游在接团过程中处理问题的原则,培养以国家和人民利益为重的道德品质。
3. 掌握地陪导游讲解服务的原则,培养深厚的爱国情怀。

## 思维导图

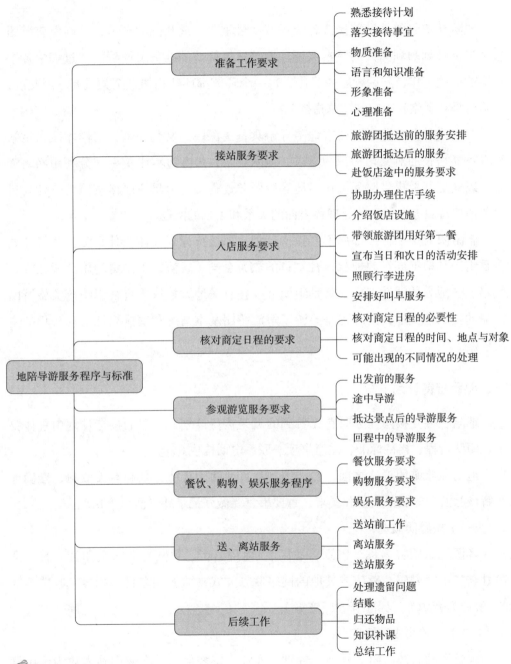

## 导入案例

## 第一节　准备工作要求

地陪导游服务是导游接待各个环节中最重要、最基础的环节，是确保旅游团整个接待计划顺利完成的基本保证。地陪从接待前的准备工作到接待过程中各个环节的衔接工作，到后续服务工作，每一个环节都环环相扣且至关重要。因此说，地陪应是一个旅游团中的"总指挥"。

在文旅融合的背景下要求地陪导游具备更深厚的文化底蕴，这样才能满足旅游者不断增长的对文化知识的需求。地陪导游在服务过程中更要充分利用网络资源，以便更好地提供服务。在当地导游服务过程中，地陪应严格按照接待计划提供各项接待服务，并妥善处理各方面的关系和出现的问题。

旅游团的整个行程都离不开接待计划，那接待计划具体指什么呢？接待计划既是组团社根据同客源地旅行社签订的旅游合同（或协议）制定的旅游团在旅游线路上各地方的活动安排，又是组团社委托有关地方接待旅行社组织落实旅游团活动的契约性文件，同时也是导游了解旅游团基本情况和安排当地活动日程的主要依据。

### 一、熟悉接待计划

地陪在接受接团任务时首先看到的就是接待计划，一般的接待计划由总体要求、团队行程、接待标准、注意事项、联系电话构成。

地陪在旅游团抵达之前，要详细、认真地阅读接待计划和有关资料，准确地了解该旅游团的服务项目和要求，重要事宜要做好记录并弄清以下情况。

#### （一）旅游团概况

客源地组团社名称、国别（地区）、使用语言、领队姓名；组团社名称、全陪姓名、电话号码、微信或其他的网络联系方式；旅游团名称、团号、收费标准（一般分为豪华等、标准等、经济等）。

#### （二）旅游团成员情况

旅游团的人数、团员姓名、性别、职业、宗教信仰。掌握准确人数为确认订房、订餐、订车等做准备；掌握性别比例，为确认房间数量做准备；掌握旅游团的职业结构，方便提前准备相关专业知识；掌握宗教信仰情况方便提前了解相关的宗教习俗和禁忌，如有饮食方面的要求也可提前做准备。

### （三）旅游路线和交通工具

旅游团的全程路线、入出境地点、乘坐交通工具的情况，抵离本地时所乘交通工具的班次、时间和地点。

### （四）交通票据情况

旅游团去下一站的交通票据是否已按计划订妥，有无变更及更改后的情况；有无返程票；有无国内段国际机票；出境机票的票种是定期机票（OK票）还是不定期机票（Open票）。OK票是指订妥日期、航班和机座的机票，起飞前72小时办理座位再确认手续。Open票是指不定期机票，乘机前须持机票和证件办理订座手续。

### （五）特殊要求和注意事项

在住房、用车、游览、用餐等方面有何特殊要求；是否要求有关方面负责人出面迎接、会见、宴请等；是否有老弱病残等需要特别照顾的旅游者等。

### （六）是否需要提前办理证件

旅游团的旅游线路中是否有需要办理通行证的地区或城市，如有，则需要提前办好相关手续。

地陪如何熟悉接待计划详见表3-1。

表3-1　地陪如何熟悉接待计划

| 项目 | 内容 |
|---|---|
| 熟悉接待计划 | 1. 旅游团基本信息：（1）组团社信息；（2）旅游团队信息 |
| | 2. 旅游团成员情况：旅游团人数（男性人数、女性人数、儿童人数）、性别、国籍（省份、城市）、年龄、风俗、饮食习惯，尽可能了解旅游团成员的职业、文化层次、宗教信仰等 |
| | 3. 旅游团抵离本地情况：抵离时间、所乘交通工具类型、航班（车次、船次）和使用的交通港（机场、车站、码头）名称 |
| | 4. 旅游团交通票据情况 |
| | 5. 特殊要求和注意事项：（1）旅游团的服务接待特殊要求；（2）增收费用项目情况；（3）特殊旅游者情况 |

## 二、落实接待事宜

地陪在旅游团抵达的前一天，应与各有关部门认真落实、核查旅游团的交通、食宿、行李、运输等事宜。

### （一）核对接团行程

接团行程是根据组团社下发的旅游接待计划编制的（表3-2），其中包括出发时间、游览项目、就餐地点、风味品尝、购物、晚间活动、自由活动时间以及会见等其他特殊项目。地陪应针对以上各项与接待计划认真核实,如发现有出入或不清楚的地方,应立即与本社有关人员联系,问清情况做必要的修订。

表3-2 某旅行社团队接待计划

| 旅行社名称 | | （盖章） | | | 电话 | |
|---|---|---|---|---|---|---|
| 团号 | | 旅游团类别：国内　国际 | | | 旅游者人数：其中儿童 | |
| 组团社名称 | | 全陪及手机 | | | 领队及手机 | |
| 导游姓名 | | 专职　兼职　手机 | | | 导游证号 | |
| 任务时间 | | 年　月　日至　年　月　日 | | | 天夜 | |
| 交通情况 | 抵达 | 交通工具：航（车）次 | | | 月　日　时 | |
| | 离开 | 交通工具：航（车）次 | | | 月　日　时 | |
| | 旅游车 | 车型　座位数　司机　手机 | | | | |
| 住宿饭店 | | | | 住宿天数 | | |
| 游览景点 | | | | | | |
| 用餐地点 | | | | | | |
| 其他安排 | | | | | | |
| 计调部负责人 | | （签名） | | 计调部电话 | | |
| 注意事项及有关说明 | | | | | | |

附：旅行社需按要求填写并加盖公章；详细游览活动可做附件；导游员在接待旅游者时须携带此计划表,并不得擅自改变计划表确定的行程；此计划表一式两份,一份由旅行社存档,一份由导游员携带供旅游管理部门检查。

### （二）落实住房

熟悉旅游团所住饭店的位置、概况、服务设施和服务项目；核实旅游者所住房间的数目、级别、是否含早餐等。

### （三）落实用餐

与各有关餐厅联系,确认旅游团日程表上安排的每一次用餐情况,包括团号、人数、餐饮标准、用餐时间、特殊要求。

### （四）落实旅行车辆

与旅游汽车公司或车队联系,确认车型、座位、车牌号码和司机姓名、联系电话。如配有专门的行李车,必须一并予以确认。

### （五）了解不熟悉景点的情况

对新的旅游景点或不熟悉的参观游览点,地陪应事先通过网络查询或电话咨询等方式了解其概况，如开放时间、最佳游览路线、卫生间位置等，如时间允许，最好提前进行实地踏线，以便游览活动顺利进行。

### （六）掌握联系方式

地陪应备齐并随身携带有关旅行社各部门、餐厅、饭店、车队、剧场、购物商店、组团人员、行李员和其他导游人员的电话，最好可以与合作单位的接待人员提前加好微信，方便随时联系。

### （七）与全陪联系

应提前与全陪联系，为方便沟通，需要提前互相加好微信。例如，行程有部分调整可以用微信传给对方，接站时可以拍一张照片、发送一个位置就避免了错接和漏接的风险。

地陪如何落实接待事宜详见表 3-3。

表 3-3　地陪如何落实接待事宜

| 项目 | 内容 |
| --- | --- |
| 落实接待事宜 | 核对日程安排表 |
| | 落实接待车辆 |
| | 落实住房 |
| | 落实用餐 |
| | 落实行李运送 |
| | 了解不熟悉的参观游览点 |
| | 核实旅游团（者）离开当地的出票情况 |
| | 落实其他计划内项目的安排情况 |
| | 与全陪联系 |
| | 掌握有关部门的联系方式（电话号码、微信等） |

## 三、物质准备

地陪上团前必须做好物质准备：导游证、导游旗、接待计划、结算单、接团费用以及导游图、胸卡、接站牌；个人物品方面需要准备好换洗衣物、洗漱用品、常用药品、充电宝以及其他个人常用物品。结算单为旅行社与各个接待单位之间的结算凭证，一般包括团号、人数、国别、地点、标准、时间等内容。

## 四、语言和知识准备

（1）根据接待计划上确定的参观游览的项目，就导游员的重点内容，做好外语和介绍资料的准备。

（2）接待有专业要求的团队，要做好相关专业知识、词汇的准备；尤其是接待入境团队，对于相关的专业术语的外文翻译必须提前准备，保证讲解内容的严谨性。

（3）做好当前的热门话题、国内外重大新闻、旅游者可能感兴趣的话题等方面的准备。

（4）了解和掌握旅游者所来地区有何热门话题、特殊风情及礼仪禁忌等知识。

## 五、形象准备

导游员的自身美不是个人行为，而是在宣传旅游目的地、传播中华文明方面起着重要作用，同时也有助于在旅游者心目中树立导游员的良好形象。因此，地陪在上团前，要做好仪容、仪表方面的准备。

导游员的着装要符合本地区、本民族的着装习惯和导游员的身份，要方便导游服务工作，衣着要简洁、整齐、大方、自然；佩戴首饰要适度；不浓妆艳抹，不用味道太浓的香水；上团时，应将导游证佩戴在正确位置。

## 六、心理准备

### （一）准备面临艰苦复杂的工作

地陪在为接待旅游团做以上准备工作的同时，还要有充分面临艰苦复杂工作的心理准备。不能只考虑到按正规的工作程序要求为旅游者提供热情服务的方面，还要有遇到问题、发生事故时应如何去面对、去处理，对需要特殊服务的旅游者应采取何种措施等各种思想准备。有了这些方面的心理准备，地陪就会做到遇事不慌，遇到问题也能妥善迅速处理。

### （二）准备承受抱怨和投诉

导游工作手续繁杂，工作量很大。有时导游员虽然已经尽其所能热情地为旅游者服务，但还会遇到一些旅游者的挑剔、抱怨和指责，甚至提出投诉。对于以上情况，地陪也要有足够的心理准备，要冷静、沉着地面对，无怨无悔地为旅游者服务。

## 第二节 接站服务要求

接站服务在地陪的整个接待程序中至关重要，因为良好的开始是成功的一半，这是地陪和旅游者的第一次直接接触，是首次亮相，应给旅游者留下良好的第一印象（first impression），这一阶段工作直接影响以后接待工作的质量。接站服务要求地陪提前半小时到达机场、车站、码头，做好迎接旅游团的各项准备。

### 一、旅游团抵达前的服务安排

#### （一）确认旅游团所乘交通工具抵达的准确时间

地陪应在接站出发之前，与机场（车站、码头）的问询处或交通信息台联系，问清该旅游团所乘的飞机（火车、轮船）到达的准确时间。

#### （二）与旅游车司机联络

掌握了旅游团所乘的交通工具到达的准确时间以后，地陪应立即与旅游车司机联系，与其商定出发的时间、地点，确保提前半小时抵达机场（车站、码头）；赴接站地点途中，地陪应告知司机该团活动日程和具体时间安排；到达接站地点后，地陪应与司机商定车辆停放位置。

#### （三）再次核实确认旅游团抵达的准确时间

地陪提前抵达机场（车站、码头）后，要再次核实该旅游团所乘飞机（火车、轮船）抵达的准确时间。

#### （四）与行车员联络

地陪应在旅游团出站前，与为该团提供行李服务的行李员取得联络，通知行李员行李送往的地点，同时与行李车司机商定车辆停放的位置。

#### （五）持接站标志迎候旅游团

旅游团所乘飞机（火车、轮船）抵达后，地陪应在旅游团出站前持接站牌站在出口醒目的位置，热情迎接旅游团。接站牌上应写明团名、团号、领队或全陪姓名，接小型旅游团或无领队、无全陪的旅游团时要写上旅游者的姓名。

### 二、旅游团抵达后的服务

#### （一）认找旅游团

旅游团出站后，地陪应尽快找到自己的旅游团。认找旅游团时，地陪应站在明显的位置上举起接站牌或导游旗，以便领队、全陪或旅游者前来联系。如该旅游团有领队或全陪，导游员应及时与领队、全陪接洽，问清该团的国别（或地区）、客源地组团社的名称、团号、领队及全陪姓名等。如该团无领队和全陪，应与该团成员逐一核实团号、国别（或地区）及团员姓名等，另外可以通过双方事前添加的微信进行进一步确认，无任何出入才能确定是自己应接的旅游团。

### （二）核实实到人数

地陪接到旅游团后，应立即向领队、全陪或旅游团成员核实实到人数。如出现增加或减少与计划人数不符的情况，要及时通知当地接待旅行社的有关部门。

### （三）集中清点行李

在核实实到人数之后，地陪应协助本团旅游者将行李集中放在比较僻静、安全、干净的位置，提醒旅游者检查其行李是否完好无损，与领队、全陪、行李员共同清点行李。行李核对无误后，移交给行李员，双方办好交接手续。

### （四）集合登车

行李交接后，地陪要引导旅游者前往乘车处。旅游者上车时，地陪要站在车门旁，面带微笑，扶老携幼，清点人数。人数确认无误后再请司机开车。

## 三、赴饭店途中的服务要求

从机场（车站、码头）到下榻饭店的行车途中，地陪要做好以下几项工作，这是给旅游者留下良好印象的重要环节。

### （一）致欢迎词

欢迎词一般应包括以下内容：表示欢迎、介绍人员、预告节目、表明态度、预祝愉快。具体内容主要是：代表所在旅行社、本人和司机欢迎旅游者光临本地；介绍本人的姓名及所属单位；介绍司机姓名、车牌号码；表示努力为旅游者提供服务的诚挚愿望；预祝大家旅游愉快顺利。例如下面这段欢迎词加首次沿途导游讲解。

**地陪欢迎词**

> 亲爱的各位团友：大家好！
> 　　欢迎你们来到美丽的长春游览观光，我是大家的导游员，介绍名字之前，先给大家念一首小诗，"苑幽景色秀，晓露润九洲，赫和四邻友，巧手

秀春秋。"对了，我的名字就在这首藏头诗里，我叫苑晓赫，大家可以叫我小苑。坐在我右手边的司机师傅姓张，他有非常娴熟的驾驶技能，我们可以乘坐他开的车，开开心心游玩儿去，平平安安返回来。我相信在我们两个人的共同努力下，会让你的长春之行吃得好、住得好、玩得好，开开心心的，最后预祝大家旅途一切顺利。

我们的车厢虽然不大，但却容纳了五湖四海，因为我们在座的各位都来自祖国的四面八方。有道是"千里有缘来相会"，既然我们能够在同一个时刻相聚在长春，相聚在这小小的车厢里，这就是缘分。衷心希望大家一定要十分珍惜人生旅途中这段同行的缘分。

**地陪首次沿途导游讲解**

各位女士、先生：

欢迎您来到风光秀丽、人文荟萃的吉林省游览观光。吉林省是一个内陆边境近海省份，地处东北亚腹地，是东北亚地区的地理中心，东部与俄罗斯接壤，东南部与朝鲜隔江相望，南邻辽宁省，西接内蒙古自治区，北连黑龙江省，在辽阔的中国版图上处在昂首向前的"鸡头"位置，辖区面积、人口规模、经济总量均约占全国的2%。

吉林属于温带大陆性季风气候，风光秀丽、四季分明。春季干燥多风，夏季温暖短促，秋季凉爽多晴，冬季寒冷漫长。吉林，顾名思义，是吉祥之地、吉利之地、吉顺之地。吉林省省名源于吉林省的第二大城市吉林市。

"吉林"满语音译为"吉林乌拉"，"吉林"是"沿着"，"乌拉"为"大川"，"吉林乌拉"意思是"沿着松花江"的城市，后来简称吉林。以省内城市名定为省名在我国仅此一例。

吉林省现辖1个副省级城市长春市、7个地级城市（吉林、四平、白城、白山、通化、辽源、松原），1个自治州延边朝鲜族自治州和长白山保护开发管理委员会。吉林省是一个地处边疆的多民族省份，有满族、朝鲜族、蒙古族、回族等多个少数民族。少数民族人口218.57万，占总人口的7.96%。

拓展资料3.1

### （二）调整时间

如接入境旅游团，地陪在致完欢迎词后，要介绍两国（两地）的时差，请旅游者将自己的表调到北京时间。如果都是国内旅游者，也要一同将时间调整准确。

### （三）介绍情况

当日或在当地的旅游日程、天气预报、饮用水、电压、外币兑换、交通规则、出租车等。

### （四）沿途导游

地陪应做好首次沿途导游，以满足旅游者的好奇心和求知欲。首次沿途导游是显示导游员知识、导游技能和工作能力的好机会。精彩的首次沿途导游会使旅游者产生信任感和满足感，有助于导游员树立良好的形象。

首次沿途导游的内容主要是介绍沿途风光、当地概况及下榻饭店的情况。地陪向旅游者介绍当地的概况，包括历史沿革、行政区域划分、人口、气候、社会生活、文化传统、风俗民情、土特产品等，并在适当的时间向旅游者分发导游图。地陪向旅游者介绍所住饭店的基本情况，包括饭店的名称、位置、星级、规模和机场（车站、码头）的距离、饭店的主要设施和设备及使用方法、如何办理入住手续，住店的有关注意事项等。

### （五）下车必知

当旅游车驶至下榻的饭店时，包括每次下车前，地陪都应向旅游者讲清并请记住集合时间、集合地点和车牌号码。这是旅游者每次下车前即开车门前，必须重点讲清的一个问题。

## 第三节　入店服务要求

地陪服务应使旅游者抵达饭店后尽快办理好入店手续，进住房间，取到行李，让旅游者及时了解饭店的基本情况和住店注意事项，熟悉当日或次日的活动安排。

### 一、协助办理住店手续

旅游者抵达饭店后，地陪要协助领队和全陪办理住店登记手续。首先请领队或全陪向饭店总服务台提交一份事先排好的旅游团住房名单，并办理入住手续，然后请领队（或全陪）分发住房卡；若旅游团没有领队和全陪，地陪应将全团旅游者的护照（或身份证）收齐，交到总服务台，落实好分房工作。地陪要掌握领队、全陪和旅游者的房间号，并将自己的房间号告知对方，如果地陪不留宿饭店，应在离开饭店前将自己的联系方式再次告诉领队和全陪，以便有事时尽快取得联系。

## 二、介绍饭店设施

进入饭店后，地陪应向旅游者介绍饭店内的外币兑换处、中西餐厅、娱乐场所、商品部、医务室、公共洗手间等设施的位置，并提醒住店注意事项。

## 三、带领旅游团用好第一餐

旅游者进入房间之前，地陪要向其介绍饭店的就餐形式、地点、时间及餐饮的有关规定。旅游者到餐厅用第一餐时，地陪应主动引进。地陪要将领队介绍给餐厅经理或主管服务员，告知旅游团的特殊要求。

## 四、宣布当日和次日的活动安排

地陪应向全团宣布当日和次日的活动安排、集合的时间地点。

## 五、照顾行李进房

地陪应等待本团行李送达饭店，负责核对行李，督促饭店行李员及时将行李送至旅游者的房间。

## 六、安排好叫早服务

地陪在结束当天活动离开饭店之前，应与领队和全陪商定第二天的叫早时间，并请领队通知全团，地陪则应通知饭店总服务台或楼层服务台。

地陪入店服务要求如图 3-1 所示。

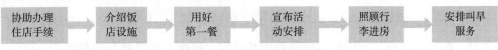

图 3-1　地陪入店服务要求

## 第四节　核对商定日程的要求

### 一、核对商定日程的必要性

旅游者作为旅游产品的购买者和消费者，有权审核旅游活动计划，也有权提出修改意见。所以，导游与旅游者商定活动日程是对购买者和消费者的尊重，也是一种礼遇。

领队作为旅游团的代言人，也希望得到所访之地导游的尊重和合作，使商定和宣布活动日程成为其行使职权的表现。某些专业旅游团除一般的参观游览外，还负有特定任务，商定活动日程对旅游者来说则更为重要。

### 二、核对商定日程的时间、地点与对象

在旅游团抵达后，地陪应抓紧时间尽早进行核对商定日程的工作。如果旅游团抵达后是直接去游览点的，核对商定旅游团行程的时间、地点一般可选择在机场或行车途中；如果旅游团是先前往饭店的，一般可选择在首次沿途导游途中进行，也可在饭店入住手续办理完毕后进行，地点宜在公共场所，如饭店大堂等。

商谈日程的对象应根据旅游团的性质而定，对一般旅游团，与领队、全陪商谈；对重点团、专业团、交流团，除领队、全陪外，还应请团内有关负责人一起参加商谈。如果旅游团没有领队，可与全团旅游者一起商定。

### 三、可能出现的不同情况的处理

**（一）对于小的修改意见或要求增加新的游览项目**

地陪应及时向接待社反映，对合理且可满足的项目应尽量安排；如果可能产生新的费用并需要向旅游者收取，应向领队、全陪和旅游者讲明收费的金额，在征得旅游团（者）及领队、全陪同意的情况下，可以对活动日程做适当调整；对确有困难无法满足的要求，地陪应向领队或旅游者说明原因并耐心解释。

**（二）对方提出的要求与原计划的日程有较大变动，或涉及接待规格**

可能导致旅游接待计划发生较大变动或涉及接待的规格变动，原则上地陪应予婉言拒绝。如果对方确有特殊理由而又坚持其要求，应请示地接社的有关部门领导，按照地接社领导的指示或调整活动日程，或婉言拒绝对方的要求。

### （三）领队（或全陪）手中的旅游计划与地陪的接待计划有部分出入或旅游计划与接待计划明显不相符

地接社的接待计划与组团社的旅游计划之间存在明显差异时，应立即向地接社领导汇报，并请求迅速查明原因，以便分清责任，及时调整。经核查，属地接社方面出现的差错，应实事求是地说明情况，进行适当调整，并向领队、全陪和旅游者道歉。属组团社方面的差错，应委婉地向旅游团领队或全陪说明，并请他们配合地方导游按照原定的接待计划安排旅游活动日程。

## 第五节　参观游览服务要求

参观游览过程中的地陪服务，应努力使旅游团参观游览全过程安全、顺利，使旅游者详细了解参观游览对象的特色、历史背景及其他感兴趣的问题。为此，地陪必须认真准备、精心安排、热情服务、生动讲解。

### 一、出发前的服务

#### （一）做好物质准备

出发前，地陪应准备好导游旗、电子导游证、导游身份标识、接待计划和必要的票证、结算单、接团费用。

#### （二）提前到达集合地点

提前10分钟到达集合地点，并督促旅游车司机做好出发前的各项准备工作。这是地陪工作负责任的表现，礼貌招呼早到的旅游者，向他们征询服务的意见和建议，在时间上留有余地。

#### （三）核实清点实到人数

若发现有旅游者未到，地陪应向领队或其他旅游者问明原因；若因有事不能随团活动，要通知接待社；若因有病不能随团活动，旅游者愿意留在饭店，要报告饭店有关部门。

#### （四）提醒注意事项

地陪要向旅游者预报当日天气和游览景点的地形、行走路线的长短等情况，必要时提醒旅游者带好衣服、雨具及换鞋等。

### （五）准备集合登车

旅游者上车时，地陪要站在车门旁，面带微笑，扶老携幼，清点人数。人数确认无误后再请司机开车。

## 二、途中导游

### （一）重申当日活动安排

新的一天开始，地陪上车后首先要向旅游者问好，预报天气，核对时间。开车后，地陪要向旅游者重申当日活动安排，包括用餐的时间、地点；向旅游者报告到达游览参观景点途中所需时间；视情况介绍当日国内外重要新闻。

### （二）风光导游

在前往景点的途中，地陪应为旅游者做沿途风光导游讲解，同时应向旅游者介绍本地的风土人情、自然景观，回答旅游者提出的问题。

### （三）介绍游览景点

抵达景点前，地陪应向旅游者介绍该景点的简要情况，尤其是景点的历史价值和特色。讲解要简明扼要，目的是满足旅游者事先想了解有关知识的心理，激起其游览景点的欲望，也可节省到目的地后的讲解时间。

### （四）活跃气氛

如旅途长，地陪可以与旅游者讨论其感兴趣的国内外问题，或组织适当的娱乐活动活跃气氛。

## 三、抵达景点后的导游服务

### （一）交代游览中的注意事项

（1）抵达景点时，地陪在下车前要讲清和提醒旅游者记住旅游车的型号、颜色、标志、车号和停车地点以及开车时间。

（2）在景点示意图前，地陪应讲明游览线路、游览所需时间以及集合时间和地点等。

（3）地陪还应向旅游者讲明游览参观中的注意事项。

### （二）游览中的导游讲解

在导游讲解中要以爱祖国、爱家乡、弘扬中华民族优秀传统文化为主题思想，深入贯彻党的二十大精神，增强文化自信，忠实履行好旅游接待人员新时代使命任务,具体要求如下。

(1)抵达景点后,地陪要对景点有关景物进行导游讲解。

(2)地陪应保证在计划的时间与费用内,使旅游者充分地游览、观赏,注意做好导游与讲解的结合。

(3)讲解的语言要生动、优美、富有表现力。

### (三)注意旅游者安全

在景点导游过程中,地陪应注意旅游者的安全,防止旅游者走失,要自始至终与旅游者在一起活动。要注意旅游者的动向并观察周围的环境,和全陪、领队密切配合并随时清点人数,防止意外事件的发生。

## 四、回程中的导游服务

### (一)回顾当天活动

返程中,地陪应回顾当天参观、游览的内容,必要时可补充讲解,回答旅游者的问询。

### (二)风光导游

如旅游车不从原路返回饭店,地陪应做沿途风光介绍,或组织适当的娱乐活动。

### (三)宣布次日活动日程

返回饭店下车前,地陪要预报当晚和次日的活动日程、出发时间、集合地点等。下车时提醒旅游者带好随身物品。地陪要先下车,照顾旅游者下车,再与他们告别。

# 第六节 餐饮、购物、娱乐服务程序

## 一、餐饮服务要求

### (一)计划内团餐的服务

(1)提前按照合同规定予以落实,对用餐地点、时间、人数、标准、特殊要求、饮食禁忌与供餐单位逐一进行核实和确认。

(2)用餐时,引导旅游者进餐厅入座,介绍餐馆(餐厅)和菜肴的特色。

(3)向领队或全陪告知自己和司机的用餐地点及餐后的出发时间。

（4）在用餐过程中，巡视旅游者用餐情况 1~2 次。

（5）用餐后，严格按实际用餐人数、标准、饮用的酒水数量，与餐厅结账，并索要正规发票。

### （二）风味餐服务

1. 计划内风味餐

地陪应确认用餐的人数、标准和时间，并予以落实。

2. 计划外风味餐

地陪应协助旅游者同有关餐馆联系。如果旅游者邀请地陪共赴餐馆品尝风味餐，地陪可视情况予以允诺或婉拒，如果接受旅游者的邀请前往就餐，地陪应注意在用餐时不能反客为主。

不管是计划内风味餐，还是计划外风味餐，地陪都应向旅游者介绍菜肴的吃法，并进行广泛交流。

## 二、购物服务要求

导游员是旅游接待工作中的主体，是整个旅游服务的轴心。导购服务作为旅游产品的一部分向旅游者出售，是旅游服务产品质量高低的重要部分，努力提高导购艺术水平，既能促进商品流通，又能满足旅游者购物需求。同时，购物服务又是导游服务中最热门的话题，这是每个导游员不容回避的问题。具体购物服务要求如下。

### （一）导游不得私自收取商家给予的购物"回扣"

在旅游者购物时，地陪应向全团讲清停留时间及购物的有关注意事项，介绍本地商品特色，承担翻译工作，如旅游者需要，可协助其办理商品托运手续。

### （二）导游需保护旅游者购物时的安全

如遇小贩强拉强卖，地陪有责任提醒旅游者不要上当受骗，不能放任不管。

### （三）导游需维护旅游者购物时的权益

对商店不按质论价、以次充好、销售伪劣商品和不提供标准服务的行为，地陪应向商店负责人反映，以维护旅游者的利益。事后还可向旅行社报告，通过旅行社进行交涉，以避免以后出现此类问题。

### （四）导游需严格按合同安排购物

地陪应严格按照合同规定的购物次数、购物时间，安排旅游团购物，严禁擅自增加购物次数、延长购物时间。

### 三、娱乐服务要求

#### （一）计划内的文娱活动

对计划内安排的文娱活动节目，地陪应陪同前往，并向旅游者简单介绍节目内容和特点。到达演出场所后，地陪要引领旅游者入座，并自始至终和旅游者在一起，介绍有关演出设施与位置，解答旅游者的问题。在旅游者观看演出过程中，对入境旅游者，地陪要做好剧情介绍和必要的翻译工作。演出结束后，要提醒旅游者不要遗留物品并带领旅游者依次退场。在大型娱乐场所，地陪要提醒旅游者不要走散，随时注意旅游者的动向与周围的环境，了解出口位置，以便发生意外情况能及时带领旅游者撤离。

#### （二）计划外的文娱活动

对旅游者要求观看的计划外的文娱节目，地陪应告知演出时间、地点和票价，可协助他们购票，但一般不陪同前往。对于旅游者要观看格调低下的不健康的文娱节目，地陪应有礼貌地劝阻。

## 第七节　送、离站服务

旅游团结束本地参观游览活动后，地陪要做到使旅游者顺利安全离站，遗留问题得到及时妥善的处理。

### 一、送站前服务

地陪提供的送站前服务主要包括以下五项内容。

#### （一）核实交通票据

旅游团离开本地的前一天，地陪应核实旅游团（者）离开的机（车、船）票，内容包括团名、代号、人数、全程导游的姓名、去向、航班号（车次、船次）、起飞（开车、启航）时间、离站的机场（车站、码头）等。如果在核实中发现航班（车次、船次）或时间有变更，应及时向地接社的计调人员了解是否已将变更情况通知到下一站，以防下站漏接、空接。出境站交通票据的核实，应提前掌握旅游团交通票据的种类，并提醒领队和旅游者提前准备好海关申报单，以备海关查验。

### （二）商定出行李时间

在核实确认了交通票据之后，地陪应先后与旅行社行李员和饭店行李员商定出行李的时间，然后再与领队、全陪商定旅游者出行李的时间，最后通知全团旅游者，同时要向旅游者讲清托运行李的具体规定和注意事项（如不要将护照、贵重物品放在行李中）。普通旅游团不安排专门行李车，旅游者行李随车运送，地陪通知旅游者出发时间时一并提醒旅游者带上行李即可。

### （三）商定出发、叫早和早餐时间

因为司机比较了解路况，所以地陪一般应先与旅游车司机商定出发时间，然后再与领队、全陪商议，确定后及时通知旅游者。

### （四）与饭店结清有关的账目

为了保证在出发时能让旅游者顺利离开饭店前往机场（车站、码头），地陪应做到及时提醒、督促旅游者尽早与饭店结清有关账目，包括洗衣费、电话费、饮料费等；如有旅游者损坏了饭店设备，地陪应协助饭店处理赔偿事宜。

### （五）及时归还证件

地陪不应保管旅游团的旅行证件，用完后应立即归还旅游者或领队。在离站前一天，地陪要检查自己的物品，看是否保留有旅游者的证件、票据等，若有，应立即归还，当面点清。出境前地陪要提醒领队准备好全部护照和申报单，以便交边防站和海关检查。

## 二、离站服务

### （一）集中交运行李

离开饭店前，地陪要按商定的时间与饭店行李员办好行李交接手续。其具体做法是：先将本团旅游者要托运的行李收齐、集中，然后与领队共同清点行李的件数（其中包括全陪托运的行李），检查行李是否上锁、捆扎是否牢固、有无破损等，最后交付饭店行李员，填写行李运送卡。行李件数一定要当着行李员的面点清，同时告知领队和全陪。

### （二）办理退房手续

旅游团离开饭店前，地陪可将旅游者的房卡收齐交到饭店总服务台（也可由旅游者自交），并及时办理退房手续（或通知有关人员办理）。在办理退房手续时，要认真核对旅游团的用房数，无误后按规定结账签字。地陪应注意饭店客房住宿结算时间的规定（《中国旅游饭店行业规范》规定：饭店应在前厅显著位置明示客房价格和住宿时间结算方法），避免出现未按时退房的情况。

### （三）集合旅游者上车

出发前，地陪应询问旅游者是否结清了饭店的账目；提醒旅游者检查是否有物品遗留在饭店；请旅游者将房卡交到总服务台（房卡由旅游者自行交与饭店的情况下），地陪要站在车门旁，面带微笑，扶老携幼，清点人数。全体到齐后，地陪再一次提醒旅游者清点随身携带的物品，如无遗漏，则请司机开车离开饭店。

## 三、送站服务

### （一）致欢送词

在赴机场（车站、码头）途中，地陪应向全体旅游者致欢送词。地陪致欢送词，是给旅游者留下深刻印象的最后一笔，它往往关系到导游的成功与否。因此，地陪一定要精心设计。语言真挚，富有情感，其内容一般包括以下几方面。

（1）表示惜别。主要表达友谊和惜别之情。

（2）感谢合作。对旅游者及领队、全陪、司机的合作表示感谢。

（3）回顾旅游。除表感谢外，还有致歉，在旅游活动中有不尽如人意之处，可借此机会表示真诚的歉意。

（4）征求意见。诚恳地向旅游者征询意见和建议。

（5）期盼重逢。表达美好的祝愿，期待再次相逢。

例如下面这段欢送词。

**地陪欢送词**

亲爱的各位团友：

有句话说得好，"相见时难别亦难"，"天下没有不散的筵席"，愉快的长春之行到这儿就要结束了，大家临行之前我没什么送给大家的，那我就送大家四个yuán字吧。第一个"缘"是缘分的"缘"，大家能够在同一时刻从全国各地相聚于此，这就是一种难得的缘分；第二个"原"就是原谅的"原"，这几天的工作中，我有很多做得不足的地方，感谢大家的包容，也希望大家多多原谅；第三个"源"，是财源广进的"源"，希望大家旅游之后，带着愉快的心情投入事业中，都能够财源广进、步步高升；最后一个

> "圆",就是圆满的"圆",也是团圆的"圆",本次旅程在我们大家的共同努力下画上了一个圆满的句号,那么我也希望大家有机会能够再来长春,我们能够再次团圆于此。好了,最后,预祝大家旅途一切顺利,谢谢大家。

### (二)提前到达机场(车站、码头)

出境航班提前3小时或按航空公司规定的时间;乘国内航班提前2小时;乘火车、轮船提前1小时。旅游车到达机场(车站、码头)时,在旅游者下车前,地陪应提醒旅游者带齐随身的行李物品。旅游者下车后,地陪要亲自检查一下车内有无旅游者遗落的物品。

### (三)办理离站手续

(1)现在多数旅游团都是行李随旅行车同载,下车后地陪请旅游者拿取各自的行李,带领旅游者进入机场(车站、码头)的大厅等候。

(2)地陪如有提前取好的票据,清点无误后交给全陪(无全陪的团交给领队),请其清点核实。如没有提前办理票据,地陪可协助旅游者持有效证件办理取票或登机手续。

(3)送国内航班(火车、轮船),地陪应协助办理离站手续;送出境旅游团,地陪应在核实行李后,将行李交给每位旅游者,由旅游者自己办理行李托运手续,必要时可协助旅游者办理购物退税手续,并向领队或旅游者介绍办理出境手续的程序,将旅游团送往安检区。

(4)如旅游团有行李车运送行李,到达后地陪应迅速与旅行社行李员取得联系,将其交来的交通票据和行李托运单或行李卡逐一点清、核实后,交给全陪或领队,并请其当面清点核实。

(5)当旅游者进入安检区时,地陪应热情地与他们告别,并祝一路平安。旅游团进入安检区后,地陪方可离开。

### (四)与司机结清账目

送走旅游团后,地陪应按地接社的规定与旅游车司机办理结账手续,在用车单据上签字,并将单据带回地接社。

拓展资料3.2

## 第八节 后续工作

### 一、处理遗留问题

下团后,地陪应妥善、认真处理好旅游者的遗留问题;按有关规定和领导指示办理好旅游者临行前托办的事宜。

### 二、结账

按旅行社的具体要求,在规定的时间内填写清楚有关接待和财务结算表格,连同保留的单据、活动日程表等按规定上交有关人员,并到财务部门结清账目。

### 三、归还物品

地陪应尽快把接团前从地接社借出的物品全部归还,并在物品管理部门的物品归还单上签字。

### 四、知识补课

送走每一个团队后,导游员都必须认真反思、回味,在接待过程中,还有哪些知识没有弄清楚,回答得不准确、不完整,做好知识补课。导游员应当树立这样一种观念:决不允许同一问题,两次都回答不出来。

### 五、总结工作

认真做好陪同小结,实事求是地汇报接团情况;涉及旅游者的意见和建议时,力求引用原话并注明旅游者身份;旅游中若发生重大事故,要整理成文字材料向接待社和组团社汇报并建立团队档案。

### 本章小结

本章主要介绍了地陪的服务程序与标准,以接团的整个工作流程的时间顺序为主线,从接团前的准备工作到接团过程中的食、住、行、游、购、娱各项服务的具体流程,以及欢迎词、欢送词的写法,景点讲解中应注意的事项等,再到团队离开的后续工作内容,每个环节都按照不同情况的不同处理方法进行详细的阐述，严格按照地陪接团程序进行指导。同学们可以通过本章学习详细地了解地陪的整个服务流程，就像做了一次模拟演练，这部分内容亦可作为一个新导游的带团指南。

 即测即练

 复习思考题

1. 地陪带团程序中准备工作要求包括哪些内容？
2. 地陪接团前的准备工作中熟悉接待计划包括哪些内容？
3. 旅游团抵达前的服务安排包括哪些内容？
4. 赴饭店途中的服务包括哪些？
5. 地陪入店服务包括哪些？
6. 按照示例给自己写一段地陪的欢迎词。

 实践训练

1. 分组进行接团程序模拟演练，锻炼学生娴熟的接团能力。
2. 分角色进行模拟案例演示，锻炼学生处理突发事件的应变能力。

# 第四章 全陪导游服务程序与标准

## 学习目标
1. 了解全陪导游服务具体岗位职责。
2. 熟悉全陪接待计划的内容。
3. 掌握全陪导游服务流程及服务规范。

## 能力目标
1. 培养学生具有团队协作能力,能够与旅游者、地陪、领队等人员进行良好沟通。
2. 培养学生具有服务能力,能够及时地为旅游者提供周到、快捷的服务。
3. 培养学生具有观察能力,能够及时发现旅游者需求,做好各站服务衔接。

## 思政目标
1. 了解全陪导游服务规范,培养学生的职业认同感与职业自豪感。
2. 熟悉全陪导游工作流程,提升学生的文化素养。
3. 掌握全陪导游服务标准,培养学生的工匠精神。

## 思维导图

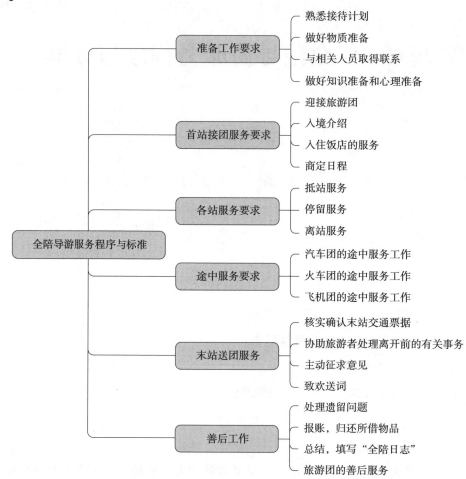

## 导入案例

## 第一节 准备工作要求

在出境、入境旅游中,全陪是旅游目的地组团旅行社的代表;在国内旅游中,全陪则为旅游客源地组团社的代表。全陪是旅游团旅游活动的主要决策者,在整个旅游中发挥协调、沟通、监督的作用。全陪要时刻注意旅游者动向及情绪,在第一时间正确处理突发事件,监督地接社接待工作情况。除此之外,全陪还应从食、住、行、游、购、娱六方面对接待服务质量进行监督,确保整个旅途顺利及安全。

全陪应严格按照导游服务质量标准和旅游合同提供各项服务。在接到接待旅游团的任务后，在旅游团到达之前，全陪应按下列步骤认真做好准备工作，为顺利完成接待工作打下良好的基础。

## 一、熟悉接待计划

### （一）旅游团的基本情况

（1）掌握旅游团人数、名称（团号）及领队的姓名。

（2）熟悉旅游团成员的基本情况：旅游者的性别、年龄、职业、客源国（地）、民族、宗教信仰，有无特殊旅游者（老年人、残疾人、儿童）等。

### （二）旅游团的行程计划

（1）掌握旅游团的等级、餐饮标准，团内旅游者在饮食上有无禁忌和特殊要求等情况。

（2）有无特殊安排，如是否有会见、座谈、文娱活动节目等。

（3）了解收费情况及付款方式，如团费、风味餐费等。

（4）掌握旅游团所到各地接待社名称、联系人、联系电话和地陪的联系电话。

（5）了解旅游团在各地下榻饭店的名称、位置、星级和特色等。

（6）认真核实旅游团机、车、船票的预订情况，熟悉该团所乘交通工具抵离各站的时间，交通票据是否订妥、是否需要确认、有无变更等情况。

（7）了解行程中各站的主要参观游览项目，根据旅游团的特点和要求，准备好讲解和咨询时要解答的问题。

旅行社旅游接待行程计划示例如表4-1所示。

表4-1　XXX旅行社昆明、大理、丽江、西双版纳环飞8日旅游接待行程计划

| 日期 | 行程 | 景点 | 交通 | 餐 | 住宿地 |
| --- | --- | --- | --- | --- | --- |
| 第一天 | 呼和浩特—昆明 | 乘机8L9946/20：00—00：30飞昆明，安排入住酒店 | 飞机 | × | 昆明 |
| 第二天 | 昆明—楚雄石林 | 昆明·楚雄（180 km，车程约3小时）游览著名风景名胜区——石林（游览时间2小时左右）。乘车赴楚雄，入住酒店 | 汽车 | 早中晚 | 楚雄 |
| 第三天 | 大理—鹤庆大理古城、洋人街 | 大理·丽江（180 km，车程约3小时）乘车赴至大理后游览大理古城、洋人街（游览时间120分钟），下午体验白族三道茶歌舞表演（90分钟左右）。后欣赏洱海，观看白族鱼鹰表演（游览时间约60分钟）。后乘车赴鹤庆或丽江；至鹤庆2.5~3小时或至丽江3.5小时，抵达后入住酒店 | 汽车 | 早中晚 | 鹤庆或丽江 |

续表

| 日期 | 行程 | 景点 | 交通 | 餐 | 住宿地 |
|---|---|---|---|---|---|
| 第四天 | 丽江虎跳峡风景区 | 乘车前往虎跳峡，途中观长江第一湾，抵达虎跳峡后用中餐，后游览虎跳峡风景区（游览约2小时）。乘车返回丽江，车程约2小时。入住酒店 | 汽车 | 早中晚 | 丽江 |
| 第五天 | 丽江—西双版纳玉龙雪山、白水河、蓝月谷、玉水寨 | 丽江·玉龙雪山（33 km，车程约40分钟）·丽江古城（33 km，车程约40分钟）<br>早餐后，游览玉龙雪山风景区，欣赏大型实景原生态民族表演——《印象·丽江》（60分钟），游蓝月谷、黑龙潭公园（30分钟左右），晚餐自理。根据时间乘车至机场，乘机前往西双版纳 | 汽车<br>飞机 | 早中 | 西双版纳 |
| 第六天 | 西双版纳野象谷景区 | 西双版纳·野象谷（45 km，车程约60分钟）游览野象谷风景区。观看大象表演、百鸟园、蝴蝶园、树上旅馆。乘车赴西双版纳市区 | 汽车 | 早中晚 | 西双版纳 |
| 第七天 | 原始森林公园 | 西双版纳·原始森林（11 km，车程约20分钟）游览原始森林公园（整个景区游览时间180分钟左右）之后返回景洪市区。晚餐后根据时间送机，西双版纳乘机飞昆明，抵达后入住酒店 | 汽车<br>飞机 | 早中晚 | 昆明 |
| 第八天 | 昆明—呼和浩特 | 早餐后，根据航班专车送到机场，结束愉快旅程 | 飞机 | 早 | |

## 二、做好物质准备

上团前要做好必要的物质准备，携带需要的证件及有关资料，其主要包括以下几种。

### （一）所需证件

本人身份证，电子导游证，前往个别管制区域要求办理的证明文件等。

### （二）所需资料

费用结算单，银行卡或支票，少量现金等。

### （三）接团资料和物品

如接待计划表或电子行程单，各地旅行社地址和联系电话、讲解资料、"全陪日志"、行李卡、组团社社旗、旅游者意见单。

### （四）个人物品

如手机充电器、备用药品、旅游者出行指南手册等。

## 三、与相关人员取得联系

为使整个旅途安排更加顺畅，接团前一天应与所到第一站接待社的地陪取得联系，简单介绍一下成员的构成情况，有无特别要求，安排好相关事宜。

## 四、做好知识准备和心理准备

### （一）知识准备

#### 1. 客源地区知识

全陪应了解旅游客源地的历史、地理、政治、经济、文化、习俗等方面的知识。提前了解客源地的相关知识有助于解答旅游者在游览中的问询，同时针对可预见发生的问题做好准备。

#### 2. 专题知识

其内容一般应根据沿线各景点的情况和旅游团成员的特点而定。如华东旅游线路，应重点收集我国园林艺术方面的资料；西北地区的旅游路线，则要准备我国石窟艺术方面的知识等专题内容。根据旅游者特点的不同，准备的专题知识也不同，如旅游团中老年人多，应准备中国老龄化问题方面的知识；团中女性居多，则应收集中国人婚姻和家庭方面的资料；若接待的是境外专业旅游团，更应准备相关专业方面的知识。

#### 3. 景点知识

全陪还应对旅游团将要游览的各地的景点有较深的了解，如果是不熟悉或者没去过的景点，要通过查阅相关资料了解景点知识，如景区路线、卫生间的位置、旅游者服务中心提供的服务等，弥补知识欠缺的不足。

### （二）心理准备

为保障旅游的顺利进行，全陪要比地陪更充分地做好心理准备。

#### 1. 准备面对更艰苦的工作

全陪工作繁重复杂，不仅有正常的导游服务工作，也有一些旅游者需要特殊照顾，还会遇到一些更复杂的问题需要处理；全陪要天南地北到处跑，不仅要能吃苦，还要能适应各地的水土和饮食以及比较艰苦的生活环境。

#### 2. 准备承受旅游者的挑剔和投诉

导游员的宗旨是为旅游者提供热情周到的服务，但在工作中难免有失误，有服务不到位的地方，这样会引起旅游者的抱怨，甚至提出抗议和投诉，否定导游服务工作。全陪与旅游者相处的时间长、接触多，出现问题的机会比地陪多，有时还要代人受过，成为"出气筒"。全陪必须做好充分的心理准备，将爱心融入工作中去，冷静、沉着地面对各种不公正待遇，无怨无悔地为旅游者服务。

## 第二节　首站接团服务要求

心理学的首次效应和"晕轮效应"从时间和内容上提醒我们，如果旅游者对游览活动中第一次接触的人和服务印象良好，会形成一种心理定式，在今后的一切活动中将不自觉地把当前印象与第一印象相联系，并泛化和推延这种印象，这会对整个旅游活动的顺利进行产生重要的影响。因此这要求全陪在首站接待时与地陪协作配合，共同完成对旅游团的第一站接待任务，让旅游团抵达后立即得到热情友好的接待，给旅游者留下良好的第一印象。创造良好的第一印象对服务工作非常重要，它不仅能在服务工作一开始就给旅客一个好印象，还为以后各阶段的工作打下坚实的基础。在与旅游者的第一次接触中，导游的一张笑脸、一句亲切的话语会使旅游者顿感安慰产生信赖。为此，在服务中给旅游者留下良好的第一印象是不容忽视的。全陪为创造这个条件，必须有明确的角色意识、敏锐的观察力和准确的辨别力、出色的表现能力和较强的感染力。

首站接团服务要使旅游团抵达后立即得到热情友好的接待，使旅游者有宾至如归的感觉。在入境站顺利完成对旅游者的首次接待，是全陪与旅游者建立良好关系的基础，全陪要主动与地陪协作和配合。首站接团服务至关重要，全陪的服务必须友好热情。

**一、迎接旅游团**

（1）迎接入境旅游团时，全陪应在接团前一天与首站接待社联系，了解接待工作详细安排情况。

（2）与首站地陪一起提前半小时到达接站地点，迎候旅游团。全陪要协助地陪认找应接的旅游团，防止错接。

（3）认准旅游团后全陪要向领队和旅游者问好，进行自我介绍，并介绍地陪，然后立即询问和确认该团实到人数。若实到人数与接待计划有出入，应及时通报组团社，由组团社再通知各站接待社。

（4）将旅游者的行李集中，并与领队、地陪一起进行清点，然后移交给行李员。

若迎接的是首站国内旅游团，全陪也应提前半小时到达组团社与旅游者事先约定的集合地点，手举组团社社旗等候旅游者的到来，待他们到齐后再出发。全陪可视团队情况，建立微信群，方便通知事项及团队内部沟通和交流。

## 二、入境介绍

### （一）致欢迎词

全陪应代表组团社和个人向旅游者致欢迎词，其内容一般包括表示欢迎、自我介绍并将地陪介绍给全团，真诚地表达提供全程服务的意愿，预祝旅游顺利愉快等。例如下面这段欢迎词。

**全陪欢迎词**

> 各位团友，大家好！欢迎大家参加我们××旅行社组织的这次××双飞5天团。首先，我介绍一下自己。我是这次行程的全陪导游，叫××，大家可以叫我×。在我旁边的这位，是为我们保驾护航的刘师傅。
>
> 我作为大家的全陪，职责主要在于照顾大家这几天的食、住、行、游、购、娱，解决旅途中遇到的麻烦，尽我最大的努力维护大家的利益，务求使大家在这一次的旅途中过得轻松愉快……我希望在这几天的行程中，我们能够相处得愉快，同时也祝愿大家旅游愉快，玩得开心！

### （二）全程安排概述

全陪应将各站的主要安排包括下榻的饭店、风味餐和主要景点，向旅游者做简要介绍，对于沿线中可能存在的住宿或交通问题，也要让他们适当了解，使其有心理准备。

### （三）介绍旅途中的注意事项

向旅游者介绍旅游目的地的气候状况，提醒旅游者注意因环境变化可能发生的生理反应；根据景点特点介绍游览中需携带的服饰、用品、生活用具等，以保证旅游活动的顺利进行。

## 三、入住饭店的服务

有水平并艺术性地、突出特点地介绍有关星级饭店的知识，是导游必备的能力，从中体现导游带团水平。我国的星级饭店沿用的是国际标准。中华人民共和国文化和旅游部负责五星级的评定，省级文化和旅游厅（局）负责一、二、三、四星级的评定。导游员应突出特点地概括各星级饭店的优势：五星饭店强调豪华和贵宾待遇；四星饭店强调高级，环境要优雅；三星饭店强调设备齐全、服务全面；二星饭店强调有必要的设施，提供 24 小时服务；一星饭店强调基本设施，干净并按标准服务。

### （一）办理入住手续

全陪、地陪、领队一起向饭店前台提供旅游团的团名、名单、旅游者证件和住房要求，积极协助领队办理旅游团的住店手续。若是本地首发的国内团在进入下榻饭店后，全陪应为旅游团办理入住登记手续。全陪要请教酒店工作人员哪些房间是连着的，电梯的位置在哪里，有无行李员引路；利用自制房间分布表协助领队分房，掌握住房分配名单，与领队互通房号以便联系；掌握饭店总服务台的电话号码。如果地陪住店外，全陪应负起照顾旅游团的全责。

### （二）请领队分配住房

全陪应请领队根据准备好的分房名单分配房卡。如无领队则一般以旅游者名单中的小组进行分配，自制房间分布表作为分房记录。预先告知旅游者到酒店后先在大堂休息，等候导游员到前台办理相关手续，拿到房卡后入住，如无领队则由全陪负责。

全陪的工作要做细，在酒店分房就是最好的体现，如夫妻分一间夫妻房；老人或腿脚不好的旅游者分一间离电梯、楼梯较近的房间；神经衰弱的分一间离楼梯、电梯较远比较安静的房间。

### （三）照顾行李进房

全陪应协助行李员照顾行李进房，协助饭店处理可能遇到的问题，如住房标准、卫生状况、行李错投、房间调换等。旅游者进房后适当巡视，确认房间状况正常。

### （四）安排旅游者住店期间的生活

待一切安排妥当，地陪、全陪及领队商定后，全陪宣布叫早时间及集合时间，由领队通知、提醒全体旅游者；全陪、地陪则通知饭店总服务台或楼层服务台安排叫早服务。全陪应向旅游团介绍饭店设施、设备、服务项目及相关注意事项。其包括如下内容：介绍饭店内中西餐厅、外币兑换处、邮电服务、医务室、娱乐场所、商品部的位置及联络方式；说明旅游者所住房间的楼层情况和房间门锁的开启方法；告知旅游者客房内自费物品的收费情况；提醒旅游者妥善保管随身携带的物品以及各自的房卡，现金和贵重物品存入总台的保险箱内。如旅游者系晚间抵达（需用晚餐），全陪还应宣布晚餐及第二天的早餐时间、地点、用餐形式，同时向旅游者告知餐饮有关规定。

## 四、商定日程

商定日程对入境旅游团尤为必要，境内组团社与境外旅行社确认的日程安排，由于时间关系，双方都可能有某些变化，从而使全陪手中的接待计划与领队持有的接待计划之间可能出现差异。所以，双方商定日程不仅是一种礼貌，也是必需的。

### （一）核对商定旅游日程

入住手续办好后，全陪应主动和领队或地陪对日程进行一次核对。通常是全陪、地陪一起与旅游团领队核对商定旅游活动日程，主要涉及旅游内容、旅游时间。如果接待重要旅游团队，最好先征求领队、地陪意见，尽可能地和全体旅游者核对商定旅游日程。如该团无领队或领导，最好和全体旅游者核对商定旅游日程。

### （二）变更旅游日程

商定日程时，若领队要求对整个旅游接待计划做部分修改或是旅游者提出了修改意见，如果增减项目与计划出入、分歧不大，根据合理而可行的原则尽量满足，可经平等协商合理解决。若领队或旅游者要求对整个旅游接待计划做部分修改，全陪应立即联系所在旅行社并请示领导，由旅行社或领导协调解决。如经协商接受领队或旅游者要求，由旅行社通知有关部门和有关地方接待旅行社，全陪则要明确告知旅游团变更产生的差价；如所提要求与全陪手中计划出入较大，与原日程不符或涉及接待规格，导游员应报告旅行社查明原因、分清责任。例如下面这段全陪与领队核对商定日程范例。

**全陪与领队核对商定日程**

领队：晚上好。现在所有的人都已经安顿下来，我们来核对商定一下日程吧。

全陪：当然可以。我和你住同一层楼，这样便于我招呼客人们。

领队：去年这个时候，我带来一个度假团队，我们合作得很好。每个人都玩得很开心。

全陪：我相信今年我们能干得更好。这次是一个 VIP（贵宾）团队，我

> 们会把一切都安排得更完美。
>
> 领队：对。我们团队有32个成员。其中有10对夫妻，6位单身男性和6位单身女性。他们都受过良好的教育，都是职业人士。其中有2位教授、2位作家，还有4位新闻记者。
>
> 全陪：是的，我也事先了解了这些情况。我保证他们都会受到很好的照顾。特别是那4位记者，他们能为两国和两国人民之间的理解和沟通作出很大的贡献。
>
> 领队：这个旅游团主要是做研究的。比起游览和购物，他们更愿意多接触人，更多地了解普通人，以及他们的生活方式和中国古老的文明。具体来说，他们很关心妇女、孩子、婚姻状况和社会福利等社会问题。
>
> 全陪：可以理解。实际上，我已经安排了去参观一些普通的中国家庭，还安排了和一些普通工人的交谈等活动。这是我做的日程安排，请您看看，需要做些什么修改？

## 第三节　各站服务要求

全陪应使接待计划全面顺利实施，各站之间有机衔接，各项服务适时、到位，保护好旅游者的人身及财产安全，突发事件得到及时有效处理。在此全陪需做好各站服务。各站服务包括抵站服务、停留服务和离站服务。

### 一、抵站服务

抵站服务是指全陪带领旅游团从上一站抵达下一站时所提供的有关服务，主要内容包括以下几方面。

#### （一）通报旅游团情况

全陪应在离开上一站之前向下一站通报旅游团的情况，内容包括：旅游团离开上一站和抵达下一站的确切时间，所乘的航班号（车次、船次），有无人员变动、旅游者的要求、导游员的意见与建议等。

#### （二）带领旅游团出站

在旅游者乘坐的交通工具抵达下一站前，全陪应通知旅游者整理好随身物品，做好下机（车、船）的准备。下机（车、船）后，清点人数，手举组团社社旗，带领旅游者到指定的出口出站。

### （三）做好与地陪的接头工作

出站前全陪应与地陪进行联系，出站后手举组团社社旗，寻找地陪并向地陪问好，将地陪介绍给领队和旅游者，然后将旅游团行李牌交给地陪，与地陪一起带领旅游者登车。如果旅游团乘坐大型旅游汽车抵达某地，全陪应在汽车停靠在约定地点后，手持组团社社旗，组织旅游者下车。

### （四）转告旅游团情况

全陪应客观如实地将旅游团的有关情况（如旅游者的情绪、身体状况、要求等）转告地陪，以协助地陪做好接待工作。如果全陪带领的是入境旅游团，而有的城市或景点没有相应的外语导游，全陪应主动承担起导游讲解和翻译工作，如果地陪违规缺席或失职，全陪还应承担起地陪的工作。

## 二、停留服务

### （一）全陪应向地陪通报旅游团的情况、接待要求等事项，协助地陪工作

#### 1. 介绍团队情况

到达各站后，全陪有义务向地陪介绍团队情况、团员的接待要求，让地陪做好各方面的接待准备。

#### 2. 活跃气氛

全陪应在地陪因故不在场或介绍告一段落时，根据旅游者的爱好和特点做好知识型的导游介绍，活跃团里的气氛。

#### 3. 弥补不足

向各站地陪通报领队的意见、旅游者的要求和上几站活动的情况，以便对前期活动中的不足做适当的弥补工作。

### （二）监督各站服务质量，检查是否按标准提供服务，酌情提出改进意见和建议

#### 1. 检查质量标准

通过观察和征询旅游者意见了解与检查各地在交通、住宿、餐饮和地陪服务等方面的服务质量是否符合国家和行业的质量标准。

#### 2. 必要性调整

若活动安排与上几站有明显重复，应建议地陪做必要的调整。

3. 提出改进意见

发现有减少规定的游览项目、增加购物次数或降低住宿及餐饮质量标准、克扣费用、地陪违法违纪等情况，要诚恳提出改进或补偿意见，并如实记入"全陪日志"，必要时报组团社。

4. 适当兼顾

在地陪缺位或失职的情况下，全陪应兼顾地陪的职责。

### （三）保护旅游者的安全，预防和处理各种问题和事故

1. 预防突发事件

参加在各旅游城市和旅游景点按日程表为旅游者安排的一切活动，预防突发事件的发生。

2. 避免意外事件

游览活动中，全陪要注意观察周围的环境，留意旅游者的动向，协助地陪圆满完成导游讲解任务，避免旅游者走失或发生意外。景点游览时，地陪带团前行，全陪应殿后，招呼滞后的旅游者，并不时清点人数，以防走失。如果有旅游者走失，应由全陪和领队分头寻找，地陪带领其他旅游者继续游览。如果游览中需要登山，而少数人不愿意登山，全陪应留下来照顾他们，地陪带领其他旅游者登山。每次上车和集合时，都要清点人数，下车时，提醒旅游者带好随身物品。

3. 提醒旅游者注意人身和财产安全

入住饭店时，要提醒旅游者将贵重物品存放在前台保险柜中；入睡前，将门窗关好，不要躺在床上抽烟。全陪带团中如突发意外事故，应依靠地方政府妥善处理。旅游者重病住院，发生重大伤亡事故、失窃事件，以及丢失护照及贵重物品时，要迅速向组团社汇报请示。若有旅游者突然生病，通常情况下由全陪及患者亲友将其送往医院，地陪带团继续游览。

4. 为旅游者当好购物顾问

和地陪相比，全陪自始至终和旅游者在一起，感情上更融洽一些，也更能赢得旅游者的信任。因此，在购物方面，旅游者会更多地向全陪咨询，请全陪拿主意。在这种时候，全陪一定要从旅游者的角度考虑，结合自己所掌握的旅游商品方面的知识，为旅游者着想，当好购物顾问。旅游者购买贵重物品特别是文物时，要提醒其保管好发票，不要将文物上的火漆印去掉，以备出海关时查验，旅游者

购买中成药、中药材时，向旅游者讲清中国海关的有关规定。注意提醒旅游者贵重物品随身带，不要遗失在旅游景点。

### （四）做好联络工作

1. 联络、组织和翻译

会见、拜会、宴会是重点旅游团活动的高潮，全陪要做好联络、组织和翻译等工作，并在会见后收集旅游者反映。

2. 落实交通票据

落实下站交通票据是否订妥，如有变更，应提醒地陪通知下一站。

3. 各岗位的联络与协调

做好领队与地陪、旅游者之间的联络与协调工作。

4. 各站间的衔接

做好各站特别是上、下站之间的联络，通报接待情况、落实接待工作。

## 三、离站服务

### （一）核实票据

提前提醒地陪核实旅游团离开本地的交通票据以及离开的准确时间。如离开的时间有变化，全陪要迅速通知下一站接待社，若离开时间紧迫，则督促地陪通知。

### （二）行李托运、清点

离开前，要向旅游者讲清航空（铁路、水路）有关行李托运和手提行李的规定，并帮助有困难的旅游者捆扎行李，请旅游者将行李上锁。提醒旅游者结清自付费用。协助领队和地陪清点行李，与行李员办理交接手续。离站前要与地陪、旅游车司机话别，对他们的热情工作表示感谢。

### （三）到达机场（车站、码头）后

到达机场（车站、码头）后，应与地陪交接交通票据和行李托运单，清点核实后，妥善保存。进入候机厅后，如遇旅游团所乘航班延误或取消的情况，全陪应立即向机场有关方面进行确认，当航班延误或取消的消息得到民航部门的证实后，全陪主动与相关航空公司联系，协同航空公司安排好旅游者的餐饮和住宿问题。

## 第四节　途中服务要求

城市间转移过程中的服务是全陪工作重要的组成部分,可以直接影响团队行程的顺利与否。全陪谨慎、细致、周全的工作作风,是旅游者拥有愉快、充实的旅程的必要保障。

### 一、汽车团的途中服务工作

**(一)小结之前的行程,对旅游者的配合表示感谢**

重点介绍之后的行程安排,让旅游者有适当的期望值;视旅游者的精神状态控制介绍的时间,一般 1~2 小时后,可以请司机播放音乐或电影;如果之前的旅程很劳累,旅游者精神不佳,则让旅游者在车上多休息。

**(二)照顾旅游者**

全陪在车上要保持清醒,多留心旅游者。中途 1~2 小时,遇到加油站或休息区时,询问是否有旅游者下车方便。

### 二、火车团的途中服务工作

**(一)乘车前**

乘火车旅行,全陪应事先请领队分配好包厢、卧铺铺位。

**(二)进站后**

排队进站,进入候车大厅,过检票口。如果列车晚点,应咨询车站工作人员原因并通知旅行社相关人员,同时做好旅游者的安抚工作。

**(三)上车后**

提醒旅游者保管好手中的车票。提醒旅游者注意人身和财物的安全,注意防盗,特别是随身的贵重物品、现金等。留意儿童补票等其他事情,及时给予旅游者帮助。

**(四)乘车途中**

视时间情况,全陪要组织好娱乐活动,协助安排好饮食和休息,照顾好旅游者的生活。长途旅行中,全陪应在旅途中加强与旅游者之间的信息沟通,了解旅游者的最新需求,回答旅游者的问题,征求他们对旅游服务质量评价,并组织一些活动,活跃气氛。全陪应利用陪同旅游团的机会,进一步了解旅游者的需要、个性与爱好、客源地、目的地等有关情况，以便能够及时掌握旅游者的最新动态，并将其传递给地接社，以便适当调整接待服务策略，使各站的接待工作更有针对性。

旅游者在旅游过程中往往会产生各种各样的问题和疑惑，全陪应该充分利用途中与旅游者密切接触的机会，适时回答他们的问题，为他们解惑。征求意见，全陪应通过与旅游者在途中的交谈，了解他们对前一阶段旅游接待服务质量的评价，以便为其后各站改进旅游服务质量提供建议。

### 三、飞机团的途中服务工作

如果航班出现延误等情况，全陪应积极咨询了解航班的动态，及时联系旅行社相关部门及人员作出相应的调整，并且做好旅游者的安抚工作。航班正常的情况下，全陪则应完成如下工作。

#### （一）行李托运

收取旅游者相关证件，询问是否托运行李，旅游团的行李一般是整团一起托运；请需要托运行李的旅游者一起办理托运手续，其他旅游者在指定休息区等候。

#### （二）办理登机手续

在办理登机手续的过程中，要保持沉着、高效，离开柜台前要清点好登机牌、相关证件、行李票、机票的数目，不要遗漏；如果是电子客票，凭相关证件可办理相关手续；注意确认登机口。

#### （三）核对登机牌

办理完登机手续后，将相关证件、登机牌、行李票发还旅游者。之后，请旅游者核对手中的登机牌上的姓名与身份证号码是否正确，如发现有问题，要去相应的航空公司的柜台更正。

#### （四）过安检

集中说明过安检的注意事项，再次申明登机口。集合后一起过安检，至登机口休息。登机时集合或招呼旅游者登机，待所有旅游者登机后，全陪再登机。

#### （五）到达目的地机场后

集合旅游者，查点人数，取回托运行李。到接客厅内尽快与地陪取得联系。

如果有晕机的旅游者，全陪要给予重点照顾；若有旅游者突发重病，全陪应通过所乘交通工具上的广播系统，在乘客中寻找医生，对其进行初步急救，并设法通知下站，有关方面尽早落实车辆，以便到站后争取时间送患者到就近医院救治。

全陪在随团过程中，由于与旅游者接触时间较长，对旅游者会有较深层的了解和认识，这对途中提供针对性的服务是好事，但是要注意以下几点：第一，对旅游者一视同仁，勿让一部分旅游者有厚此薄彼、备受冷落的心理感受出现；第二，不对旅游者的生活习惯、爱好兴趣等品头论足；第三，避免在旅游者面前露出烦躁、偏执甚至不耐烦的情绪；第四，对旅游者在途中针对各方面服务提出的意见和建议耐心倾听，表达切实办理的真诚态度。

## 第五节 末站送团服务

大量事实表明，旅游者的旅游消费过程分为三个阶段，即旅游消费活动的准备和初始阶段，游览阶段和结束阶段。第一阶段属于旅游者自我兴奋、紧张感高涨阶段，当他们选定了要出游某一旅游目的地之后，他们注意力经常是集中在和指向这一旅游活动事项上，为此做较周全的准备工作，导游服务在此阶段尚未面对面地介入。旅游者一旦乘上交通工具开始出游，便进入游览阶段，在这个过程中，旅游者到达陌生的旅游目的地，进住与自身原有的文化氛围差异较大的并富于吸引力的旅游景点，通过导游员的热情、友好、真挚、诚恳的服务，其解放感高涨，对游览的各项内容都有极大的兴趣。前期的拘束、压抑感很快解除。全陪只需在该阶段做好引导和调节，服务工作相对轻松。而当旅游者快要结束游览返回原居住地时，又会出现与出游初期类似的迫切感和不安感，如思乡心切，担心行李超重，这时他们对全陪的要求会苛求完善，周到、能妥善解决善后事宜等。一般来说，全陪若能帮助旅游者解决好这个后顾之忧，则会给旅游者留下长久而美好的印象，从而增加旅游者继续惠顾的机会，使"头回客"成为回头客。因此，做好末站服务工作显得非常重要。

末站送团是全陪导游服务中的最后环节，该环节的服务直接影响到全体旅游者对整个旅游经历的评价。尤其对于入境旅游团队来说，离境站服务是全陪服务的重要环节，全陪要与地陪配合做好离境站的服务工作，让旅游者愉快、顺利地离境。要做好末站服务，应完成以下工作内容。

## 一、核实确认末站交通票据

如需要地接社代订交通票据,在旅游团游览时,全陪应自始至终关心交通票据的落实情况,最迟在旅游团离开的前一天,从地陪处拿到交通票据。若系乘飞机离境的旅游团,应提醒或协助领队提前 72 小时确认机票。

## 二、协助旅游者处理离开前的有关事务

如团队有大件行李托运,应在该团离开本地前一天与地陪、领队商量好出行时间并通知旅游者及饭店行李房。同时,要向旅游者讲清托运行李的具体规定和注意事项,提醒旅游者不要将护照或身份证及贵重物品放在托运行李内;托运的行李必须包装完善、锁扣完好、捆扎牢固并能承受一定的压力。提前告知旅游者禁止托运的物品等。

## 三、主动征求意见

主动征求旅游者对全团旅游服务工作的意见和建议,对全体旅游者在途中给予的合作表示感谢,对自己工作失误或硬件设施的不足造成的不便向旅游者表示歉意,求得他们的谅解并欢迎他们再次来旅游。

## 四、致欢送词

入境旅游团队致欢送词可安排在末站离境赴机场、码头或车站的途中进行。国内旅游团队致欢送词应安排在返回当地后、团队散团以前。旅游者在一国或一地游览结束时,致欢送词是不可忽视的一个工作环节。不"辞"而别或随便收场都是一种不礼貌的行为。欢送词关系到全陪的工作成功与否。古人云,"行百里者半九十","结句如撞钟"。好的欢送词能给旅游者留下不尽的余味、难忘的印象。

欢送词的主要内容有以下几方面。

(1)表示惜别。欢送词应对分别表示惋惜之情、留恋之意。讲此内容时,面部表情应深沉,不可嬉皮笑脸,要给旅游者留下"人走茶更热"之感。

(2)感谢合作。感谢在旅游中旅游者给予的支持、合作、帮助、谅解,没有这一切,就难保证旅游的成功。

(3)回顾旅游。与旅游者一起回忆这段时间所游览的项目、参加的活动,给

旅游者一种归纳、总结之感，将许多感官的认识上升为理性的认识。

（4）征求意见。告诉旅游者我们知道有不足，经大家帮助，下一次接待会更好。

（5）期盼重逢。表达对旅游者的情谊和自己的热情，希望旅游者成为回头客。

例如下面这段欢送词。

**全陪欢送词**

> 各位团友：
>
> 　　时间过得太快，短短7天已经过去了。在此，我不得不为大家送行，心中真的有许多眷恋。无奈，天下没有不散的宴席，也没有永远在一起的朋友，但愿我们还有再见的机会。
>
> 　　各位朋友在大连期间游览了市容和海滨风光，参观了旅顺近代史遗迹，到了……并且品尝了大连海鲜，有的朋友还购买了不少大连的土特产，真可谓收获多多。相信在各位朋友的生命中，从此将增添一段新的记忆，那就是大连。但愿它留给大家的印象是美好的。
>
> 　　承蒙各位朋友支持，我感到此次接待工作非常顺利，心里也非常高兴，在此，我代表××旅行社向大家表示衷心的感谢！但不知大家的心情是否愉快，对我们的工作是否满意。好，如果是这样，我们就更高兴了！如果我们的服务有不周之处，一方面请大家多多包涵，另一方面还望大家提出来，现在也好，回去写信也好，以便我们不断改进，提高服务质量。有道是"千里有缘来相会"，既然我们是千里相会，就是缘分！所以，在即将分手之际，我们再次希望大家不要忘记我们。今后如果再来或有亲友、同事到大连，请提前打声招呼，我们一定热情接待。
>
> 　　最后，预祝各位朋友在今后的人生旅途中万事顺意，前程无量！

全陪可视时机请领队或旅游者填写"旅游服务质量意见反馈表"，填写完毕后如数收回、妥善保留。旅游服务质量意见反馈表见表4-2。

**表 4-2　旅游服务质量意见反馈表**

尊敬的旅游者：
　　欢迎您参加旅行社组成的团队出外旅游，希望此次旅程能给您留下难忘的印象。为不断提高我市旅游服务水平和质量，请您协助我们填写下表，在每栏其中一项里打"√"，并请留下宝贵的意见。谢谢您！希望下次旅游再见！

组团社：　　　　　　　全陪导游姓名：　　　　　　团号：
人数：　　　　　　　　游览线路：　　　　　　　　天数：
游客代表姓名：　　　　联系电话：
单位：　　　　　　　　填写时间：　　　　　　　　年　月　日

| 项　目 | 满意 | 较满意 | 一般 | 不满意 | |
|---|---|---|---|---|---|
| 咨询服务 | | | | | |
| 线路设计 | | | | | |
| 日程安排 | | | | | |
| 活动内容 | | | | | |
| 价格质量相符 | | | | | |
| 安全保障 | | | | | |
| 全陪导游服务技能 | | | | | 旅游者意见与建议 |
| 全陪导游服务态度 | | | | | |
| 地陪导游服务 | | | | | |
| 住宿 | | | | | |
| 餐饮 | | | | | |
| 交通 | | | | | |
| 娱乐 | | | | | |
| 履约程度 | | | | | |
| 整体服务质量评价 | | | | | |

## 第六节　善后工作

全陪送别旅游团，并不意味着工作结束，还要认真仔细总结该团接待过程中的各个环节，以便积累经验，不断提高接待工作质量。在旅行过程中，全陪一路与旅游者打交道，亲身经历自己旅行社出售的旅游产品食、宿、行、游、购、娱各环节，旅游者对产品的反映，产品设计中各环节的优、劣，全陪掌握着大量的信息，为旅行社了解顾客需求，改进产品和服务内容提供了最直接有效的渠道。所以全陪送走旅游者后，还有很多后续工作要做。

### 一、处理遗留问题

送团后，全陪应及时、妥善地处理好团队遗留下来的问题，按照规定认真完成并办理旅游者的委托事务。提供可能的延伸服务，对于重大情况，要向旅行社汇报。

旅游者在一定时间的行程中或多或少都会有一些遗留事项需要全陪帮助办理，至少也有一些合理化的意见和建议。全陪在与旅游者打交道的过程中，因为打交道频繁而且时间长，可以把握许多旅游者需求的重要信息。如关于市场需求，旅游者关注的产品动向等对旅行社的长远发展和新产品开发有重要意义的信息，就要进行专项汇报。20世纪80年代初，与长城齐名的古代伟大建筑工程古运河这一旅游资源尚未开发，中国国际旅行社无锡支社的一名全陪在接待旅游者时的汽车上随意向客人指点了一下，车上便骚动起来，纷纷要求下车拍照或安排游览。这个有心的导游便将此信息反馈给决策层，成为设计推出"古运河旅游"的直接动因。该产品因其知名度高、文化底蕴深厚而被欧美旅游者誉为"神奇的旅游"。

## 二、报账，归还所借物品

凭行程中的单据、票据、签单的数目、余下的现金到旅行社核销借支单；归还所借物品，如导游旗等。

## 三、总结，填写"全陪日志"

总结该次团队行程，若发现重大情况或团队操作隐患，及时向旅行社汇报；整理"全陪日志（表4-3）""旅游服务质量意见反馈表"等材料并上交；认真做好全陪总结，归纳得失、总结经验，才能自我提高，取得较大的进步。

表 4-3　全陪导游员日志

| 单位/部门 | | 团号 | |
|---|---|---|---|
| 全陪姓名 | | 组团社 | |
| 领队姓名 | | 国籍 | |
| 接待时间 | 年 月 日至 年 月 日 | 人数 | （含儿童 名） |
| 途经城市 | | | |
| 国内重要客人、特别情况及要求 | | | |
| 领队或旅游者的意见、建议和对旅游接待工作的评价 | | | |
| 该团发生问题和处理情况（意外事件、旅游者投诉、额外费用等） | | | |
| 全陪对全团服务的评价：合格　　　不合格 | | | |
| 行程状况 | 顺利 | 较顺利 | 一般 | 不顺利 |
| 客户评价 | 满意 | 较满意 | 一般 | 不满意 |
| 服务质量 | 优秀 | 良好 | 一般 | 比较差 |
| 全陪签字<br>部门经理签字 | | 质管部门签字 | |
| 日期 | 日期 | 日期 | |

## 四、旅游团的善后服务

偶尔与旅游者利用邮件或微信联系。如果是当地旅游者，行程结束后，全陪也可电话联系、上门回访，喝茶、聊天或看旅游时的相片，加深与旅游者的感情。

## 本章小结

全陪的工作与地陪的工作相比，要求导游员应具有一定的旅游业务知识，而且思维敏捷、处事果断，有强烈的责任心和正义感，积极维护旅游者的合法权益不受侵害。全陪的工作内容有准备工作、首站接团服务、各站服务、途中服务、末站送团服务和善后工作。对于全陪而言，做好各单位之间的衔接，相关工作人员的协调和组织工作是重点。通过对全陪工作规范程序的学习，对全陪的职责有更明确的认知，做好监督、协调、服务和导游等相关工作。

## 即测即练

## 复习思考题

1. 全陪上团前准备工作有哪些？
2. 全陪首站接团服务内容有哪些？
3. 全陪在办理入住手续时的服务有哪些？
4. 全陪与领队、地陪商定日程时出现不一致意见，应该怎么处理？
5. 全陪在各站中的服务要求有哪些？
6. 飞机团的途中服务，在航班正常的情况下，全陪的服务工作有哪些？
7. 全陪在末站提供的送团服务有哪些？

## 实践训练

1. 课堂布置实训任务，小组成员分别扮演全陪、领队、地陪、旅游者、司机和计调员，模拟演练全陪接到旅游团接待任务后所进行的准备工作和迎接工作，教师在旁指导评价。

2.课堂布置实训任务，小组成员作为全陪，轮流进行初次导游、游览讲解、用餐服务、住宿服务和返程服务的任务演练，教师在旁指导评价。

3.以小组为单位设计一份旅游服务质量意见反馈表，与旅游者沟通填写"旅游服务质量意见反馈表"。

# 第五章 领队导游服务程序与标准

## 学习目标
1. 了解引导文明旅游的基本要求。
2. 熟悉引导文明旅游的主要内容。
3. 掌握领队的职责及工作流程。

## 能力目标
1. 能处理特殊或突发情况和总结反馈。
2. 熟悉引导文明旅游的具体规范。
3. 掌握领队的职责及工作流程,引导并培养学生具备领队基本素质。

## 思政目标
1. 了解领队在发展国际旅游业中的重要作用,拓宽学生的国际视野。
2. 熟悉领队的职责,培养学生辩证唯物主义的求职观。
3. 掌握领队应具备的素质,提高学生引导文明旅游的道德修养。

## 思维导图

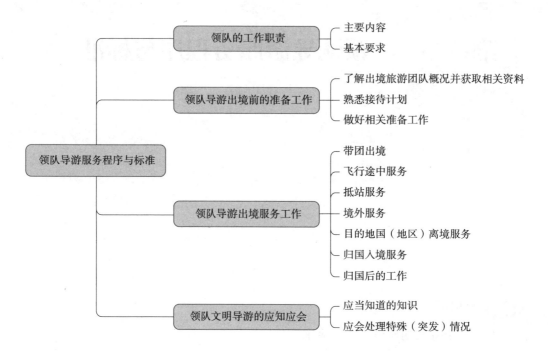

## 导入案例

# 第一节　领队的工作职责

随着我国人民生活水平的提高，利用闲暇时间外出观光、度假已成为大众化的生活方式。而随着中国公民越来越频繁地走出家门、国门，极少数旅游者表现出的一些诸如随地吐痰、不遵守公共秩序、大声喧哗、当众脱鞋等不文明行为，给目的地国家和地区的居民留下了不好的印象，极大地损害了中国作为文明古国的形象。提升公民旅游文明素质是一项长期而艰巨的任务，导游和领队的示范与及时的提醒、引导能有效提升旅游活动中的文明意识，进而对旅游行为产生积极影响。

## 一、主要内容

### （一）法律法规

领队应将我国及旅游目的地国家和地区文明旅游的有关法律规范与相关要求

向旅游者进行提示和说明，避免旅游者出现触犯法律的不文明行为。引导旅游者爱护公物、文物，遵守交通规则，尊重他人权益。

（二）风俗禁忌

入境而问禁，入国而问俗，领队应主动提醒旅游者尊重当地风俗习惯、宗教禁忌。例如，在有支付小费习惯的国家和地区，应引导旅游者以礼貌的方式主动向服务人员支付小费。

（三）绿色环保

领队应向旅游者倡导绿色出游、节能环保，宜将具体环保常识和方法向旅游者进行说明。引导旅游者爱护旅游目的地自然环境，保持旅游场所的环境卫生。

（四）礼仪规范

领队应提醒旅游者注意基本的礼仪规范：仪容整洁，遵序守时，言行得体。提醒旅游者不在公共场合大声喧哗、违规抽烟，提醒旅游者依序排队、不拥挤争抢。

（五）诚信善意

领队应引导旅游者在旅游过程中保持良好心态，尊重他人、遵守规则、恪守契约、包容礼让，展现良好形象，通过旅游提升文明素养。

## 二、基本要求

（一）一岗双责

（1）领队应兼具为旅游者提供服务与引导旅游者文明旅游两项职责。一方面不断提高为旅游者服务的水平，另一方面还要善于引导旅游者开展文明旅游活动。

（2）领队在引导旅游者文明旅游过程中应体现服务态度、坚持服务原则，在服务旅游者过程中应包含引导旅游者文明旅游的内容。

（二）掌握知识

（1）领队应具备从事导游领队工作的基本专业知识和业务技能。

（2）领队应掌握我国旅游法律、法规、政策以及有关规范性文件中关于文明旅游的规定和要求。

（3）领队应掌握基本的文明礼仪知识和规范。

（4）领队应熟悉旅游目的地的法律规范、宗教信仰、风俗禁忌、礼仪知识、社会公德等基本情况。

（5）领队应掌握必要的紧急情况处理技能。

### (三) 率先垂范

俗话说：榜样的力量是无穷的。领队的一言一行都会对旅游者产生示范效应，甚至一些旅游者初到异国他乡，因对当地风俗民情不太熟悉，为避免尴尬，会下意识地模仿领队的行为。因此，领队在工作期间应做到以下几点。

（1）以身作则、遵纪守法、恪守职责，体现良好的职业素养和职业道德，为旅游者树立榜样。

（2）注重仪容仪表、衣着得体，展现领队职业群体的良好形象。

（3）言行规范、举止文明，为旅游者做出良好示范。

### (四) 合理引导

（1）领队对旅游者文明旅游的引导应诚恳、得体。

（2）领队应有维护文明旅游的主动性和自觉性，关注旅游者的言行举止，在适当时机对旅游者进行相应提醒、警示、劝告。

（3）领队应积极主动地营造轻松和谐的旅游氛围，引导旅游者友善共处、互帮互助、相互督促，并适时地给予旅游者友善的提醒。

### (五) 正确沟通

（1）在引导时，领队应注意与旅游者充分沟通，秉持真诚友善原则，增加与旅游者之间的互信，增强引导效果。

（2）对旅游者的正确批评和合理意见，领队应认真听取、虚心接受。

### (六) 分类引导

#### 1. 针对不同旅游者的引导

在带团工作前，领队应熟悉团队成员、旅游产品、旅游目的地的基本情况，为恰当引导旅游者做好准备。

对未成年人较多的团队，应侧重对家长的引导，并需要特别关注未成年人的特点，避免损坏公物、喧哗吵闹等不文明现象发生。

对无出境记录的旅游者，应特别提醒其注意旅游目的地的风俗禁忌和礼仪习惯，以及出入海关、边防（移民局）的注意事项，做到提前告知和提醒。

旅游者生活环境与旅游目的地环境差异较大时，领队应提醒旅游者注意相关习惯、理念差异，避免言行举止不合时宜而导致的不文明现象。

#### 2. 针对不文明行为的处理

对于旅游者因无心之过而出现与旅游目的地风俗禁忌、礼仪规范不协调的行为，应及时提醒和劝阻，必要时协助旅游者赔礼道歉。

对于从事违法或违反社会公德活动的旅游者，以及从事严重影响其他旅游者权益的活动，不听劝阻、不能制止的旅游者，根据旅行社的指示，领队可代表旅行社与其解除旅游合同。

对于从事违法活动的旅游者，不听劝阻、无法制止、后果严重的，领队应主动向相关执法、管理机关报告，寻求帮助，依法处理。

拓展资料 5.1

## 第二节　领队导游出境前的准备工作

出境旅游领队是一个旅游团的核心人物，既是领导者，又是服务人员，还是旅游者合法权益的维护者和文明旅游的引导者，是派出方旅行社（组团社，即经国务院旅游行政管理部门批准，依法取得出境旅游经营资格的旅行社）和旅游目的地国家（地区）接待方旅行社之间以及旅游者与导游员之间的桥梁和纽带。根据《中国公民出国旅游管理办法》和《旅行社出境旅游服务规范》的规定，其工作程序如下。

**一、了解出境旅游团队概况并获取相关资料**

接到带领出境旅游团任务后，领队要做好有关出境带团准备工作，并对计调人员移交的该团资料进行认真核对查验（通常包括团队名单表、出入境登记卡、海关申报单、旅游证件、旅游签证/签注、交通票据、借贷计划书、联络通讯录等）。

（1）领队要认真听取所带出境旅游团的情况介绍，包括该团成员构成情况、团内重点成员情况、该团旅游行程、该团特殊安排与特殊要求、该团行前说明会的安排等。

（2）出境旅游团计调人员向领队移交该团的有关资料。如"出境旅游行程表""中国公民出国旅游团队名单表"以及团队名单表、出入境登记卡、海关申报单、旅游证件、旅游签证/签注、交通票据、接待计划书和联络通讯录等。

知识链接 5.1

## 二、熟悉接待计划

### （一）了解和熟悉旅游团的基本情况

旅游团的基本情况包括出游的国家或地区、入境口岸和旅游线路；掌握旅游目的地国家或地区接待社的社名称、联系人、联系电话和传真。

### （二）掌握旅游团有关详细资料

旅游团相关资料包括：团员名单、性别、职业、年龄、特殊成员和特殊要求，旅行日程、交通工具、下榻饭店和旅游团报价等信息。

### （三）做好核对工作

（1）认真查验和核实计调人员移交的出境旅游团资料，其中包括旅游签证/签注、团队名单表、出入境登记卡、海关申报单、旅游证件（即护照或来往港澳地区通行证）、接待计划书、联络通讯录等；检查旅游者护照机票，全团卫生防疫注射情况和旅游者交费情况。如发现名单与实际不符，应及时报告组团社。

（2）核对旅游目的地国家或地区接待社的日程安排是否与组团社旅游计划一致。若发现问题，应及时报告组团社，让组团社与有关接待社交涉。

## 三、做好相关准备工作

### （一）物质准备

领队出团前必需的物质准备包括以下几方面。

（1）护照、机票、已办妥手续的"中国公民出国旅游团队名单表"、团队计划、自费项目表、各国（地区）入出境卡、海关申报单、机场税款及团费。

（2）国（地区）内外重要联系电话、旅游者房间分配表、航班时刻表、旅游者胸牌、行李标签、旅行社社旗、社牌、名片、客人问卷表、领队日记簿、旅行包。

（3）随身日用品（充电器、充电宝、签字笔、剪刀、信封等）、常用药品（感冒药、镇痛剂、止泻药、胃肠药、消炎药、晕车药等）。

### （二）知识准备

领队需提前了解和熟悉旅游目的地国家或地区的基本情况，如当地的历史、地理、气候、国情、政情、有关法规、主要景点景观、风俗禁忌、宗教信仰、礼仪规范等内容以及接待设施、交通状况、通关手续和机场税款等。

### （三）开好出境前说明会

在办理好签证、机票、中国公民出国旅游团队名单表等出境手续后，要为本团队参游人员举行一次"出境旅游说明会"，其内容有：致欢迎词，领队自我介绍，目的地国家或地区风土民俗，感谢大家对本旅行社的信任，选择参加我们的团队，并表明为大家服务的工作态度，并请大家对领队的工作予以配合和监督。对每位旅游者提出要求，注意统一活动，强化时间观念及相互之间团结友爱。

行程说明：按行程表逐一介绍，必须强调行程表上的游览顺序有可能出于交通等原因发生变化。同时说明哪些活动属于自费项目。通知集合时间及地点：通常要比航班离港时刻提前 3 小时，在机场或港口指定位置集合；如乘火车或汽车，也要在发车时间 1 小时前到达指定集合地点；提醒旅游者带好有关物品：如洗漱用品和拖鞋（在境外最好不要用酒店提供的）、衣物、常用药品等。强调人身及财物安全：告诫旅游者在境外要注意安全，特别是在海滨或自由活动时；告诫旅游者不要把财物放在旅游车上，并向旅游者讲解在酒店客房如何保管贵重物品、如何使用酒店提供的保险箱，以及在旅途中托运行李时，如何保管贵重和易损物品等基本旅游知识。

领队应向旅游者讲解《中国公民国内旅游文明行为公约》或《中国公民出境旅游文明行为指南》，提示基本的文明旅游规范，并将旅游目的地的法律法规、宗教信仰、风俗禁忌、礼仪规范等内容系统、详细地告知旅游者，使旅游者在出行前具备相应知识，为文明旅游做好准备。

另外还要告知旅游者出境时的注意事项：有关国家的法律和海关规定，过关程序及有关手续。如有首次出境旅游的旅游者，最好将旅游中的其他有关事项逐一介绍，包括以下几点。

衣：气候与衣物，穿休闲装；食：吃自助餐时应勤拿少取；住：酒店设备的使用与爱护，注意说明收费电视问题；行：飞机上耳机的使用，用餐的可选择性；游：服从指挥，听清集合时间，先听介绍、后拍照；娱：自费项目，自由活动时需结伴而行；购：自行考虑，为防假冒，烟、酒等最好多带，境外价格比境内略贵。

拓展资料 5.2

如果不便举行行前说明会或领队不参加行前说明会，领队宜向旅游者发送电子邮件、传真，或通过电话、微信等方式沟通，将文明旅游的相关注意事项和规范要求进行说明和告知。

## 第三节　领队导游出境服务工作

旅游团出境时，领队需告知并向旅游者发放通关时应向口岸的边检/移民机关出示/提交的旅游证件和通关资料（如出入境登记卡、海关申报单等），引导团队旅游者依次通关。

### 一、带团出境

#### （一）核对证件，宣讲注意事项

出境前再次仔细核对旅游者的证件和签证，向其宣讲出境注意事项，提醒大家要严格遵守我国和旅游目的地国家或地区的法律法规。

#### （二）告知我国海关有关规定

（1）旅行自用物品：限照相机、便携式收录机、小型摄影机、手提式摄录机、手提式文字处理机每种一件，超出范围的，需向海关如实申报，并办理有关手续。此外，出境人员携出金额在等值5 000美元以内，不需申领《携带外汇出境许可证》，5 000美元至1万美元应有《携带外汇出境许可证》。人民币限2万元，超过2万元不准携带出境；中药材、中成药前往国外的总值限300元，前往港澳地区的总值限150元，超过限值则不准出境。

（2）我国海关禁止出境的物品有：内容涉及国家秘密的手稿、印刷品、照片胶卷、影片、录音（像）带、CD（激光唱盘）、VCD（激光压缩视盘），计算机存储介质及其他物品；珍贵文物；有禁止进境的物品；濒危、珍贵动物、植物及其标本，种子和繁殖材料等。

#### （三）向出境口岸的边检/移民机关提交必要的团队资料

向出境口岸的边检/移民机关提交必要的团队资料如团队名单、团队签证、出入境登记卡等，告知并指导旅游者填写"中华人民共和国海关进出境旅客行李物品申报单"，携带有申报单9~15项物品的旅游者选择"申报通道"（又称红色通道）通关，其他旅游者可选择"无申报通道"（又称绿色通道）通关。

#### （四）带领旅游者办理海关申报

（1）请无须向海关申报物品的旅游者从绿色通道通过海关柜台后等候。

（2）带领须向海关申报物品的旅游者从红色通道走到海关柜台前办理手续，交验本人护照，由海关人员对申报物品查验后盖章，并告知旅游者保存好"申报单",以便回国入境时海关查验。

### (五) 协助旅游者办理乘机手续和行李托运手续

(1) 告知旅游者航空公司关于旅客行李的规定,如水果刀、小剪刀等不能放在手提行李中,而贵重物品则应随身携带。

(2) 将旅游团全部旅游者的护照、机票,交所乘航空公司值机柜台办理乘机手续。

(3) 办理托运手续。在办理行李托运前,领队应对全团托运行李件数进行清点,在航空公司柜台人员对托运行李系上行李牌后要再次清点。如旅游团中途需乘坐转机航班,应将行李直接托运到最终目的地。办完乘机手续后,领队要认真清点航空公司值机人员交回的所有物品,包括护照、机票、登机牌以及全部托运行李票据。将通过边检、登机所需护照、机票、登机卡分别发给每一位旅游者,领队则保管好行李托运票据。

### (六) 通过卫生检疫

带领旅游者到卫生检疫柜台前接受卫生检疫人员对黄皮书的查验。如有旅游者未办黄皮书,应在现场补办手续。

### (七) 通过边防检查

(1) 指导旅游者填写"边防检查出境登记卡"。

(2) 告知旅游者出示本人护照(含有效签证)、国际机票、登机牌和"边防检查出境登记卡"排队按顺序接受检查。检查完毕后,边防人员将"边防检查出境登记卡"留下,并在旅游者护照上盖上出入境验讫章,连同机票、登机牌交还旅游者。注意旅游者有无物品遗忘在边防检查处。

(3) 如旅游团办理的是团体签证,或到免签国家旅游,领队应出示"中国公民出国旅游团队名单表"及领队证和团体签证,让旅游者按"名单表"上的顺序排队,领队站在最前面,逐一通过边防检查并告知旅游者应该到几号候机厅候机。

### (八) 通过登机前的安全检查

过安检之前,领队应提前及时告知旅游者准备好登机牌、机票、有效护照并交安全检查员查验。

## 二、飞行途中服务

出境游的空中飞行少则 1~2 小时、多则 10 多个小时,甚至更长时间。在这段时间里,领队除了要熟悉机上救生设备和继续熟悉旅游团情况外,还应协助空乘人员向旅游者提供必要的帮助。其主要工作有以下几点。

（1）由于航空公司通常按旅客姓氏字母顺序发放登机牌，旅游者一家人往往坐不到一起，因此领队应在旅游团成员之间或同其他乘客帮助调整座位，尽可能使团中家庭成员坐在一起。

（2）根据在出发前所掌握的旅游者特殊要求，领队应在空乘人员送上餐食之前，将旅游者的特殊饮餐要求转告给工作人员。有的旅游者在空乘人员送上饮料时，不知道点什么为好，这时领队也需提供必要的帮助。

（3）回答旅游者的问询，如本次航班飞行多少时间才能到达目的地、当地的气候情况、有哪些最值得看的景观等。

（4）在飞机上帮助旅游者填写目的地国家或地区的入境卡和海关申报单。

### 三、抵站服务

旅游团抵达目的地国家或地区机场后，须办理一系列入境手续，其顺序大致与我国出境时的检查顺序相反。在带领全团办理入境手续之前，领队要清点一下旅游团人数，叮嘱旅游者集中等待，不要走散。

#### （一）通过卫生检疫

请旅游者拿出黄皮书接受检查。有一些国家或地区还要求入境者填写一份健康申报单，此时领队应给予旅游者必要的帮助。

#### （二）办理入境手续

带领旅游者在移民局入境检查柜台前排队等候，告诫旅游者不要对检查人员拍照，不要大声喧哗。接受检查时，向入境检查人员交上护照、签证、机票和入境卡（有的入境官还要求出示目的地国家或地区的旅行社的接待计划或行程表），入境官审验无误后，在护照上盖上入境章，并将护照、机票退还。这时应向入境官道谢。如果旅游团持的是团体签证，则需到指定的柜台办理入境手续。此时，领队应走在旅游团的最前面，以便将团体签证交上，并准备回答入境官的提问，领队应如实回答。

#### （三）认领托运行李

入境手续办完后，领队应带头并引领旅游者到航空公司托运行李领取处（传送带上）认领各自的行李。如果旅游者发现自己托运的行李被摔坏或遗失，领队要协助其持行李牌与机场行李部门交涉。如确认遗失，须填写行李报失单，交由航空公司解决。领队应记下机场服务人员的姓名与电话，以便日后查询。如果行李被摔坏或遗失，领队要协助旅游者请机场行李部门或航空公司代表开具书面证明，证明行李损坏或遗失是航空公司的原因引起的，以便日后向保险公司索赔。行李领出后，领队应清点行李件数无误后，再带领旅游团前往海关处通关。

### （四）办理入境海关手续

由于世界各国的海关对入境旅客所携物品、货币、烟酒等及其限量有不同的规定，领队带团出境需从有关国家驻华使馆网站查询清楚，并告知旅游者，以免入境时出现麻烦。在带领旅游者通关之前，领队应告知旅游者逐一通关后在海关等候，不要走散，因为国外机场很复杂，一旦迷失难以寻找。协助旅游者填写好海关申报单，然后持申报单接受海关检查。一般情况下，海关人员只口头询问旅客带了什么东西，但也有海关人员要对行李进行开箱检查，甚至搜身。领队要告诫旅游者立即配合检查，不要与之争执。当海关人员示意通过时，应立即带着自己的行李离开检查柜台。

当所有旅游者通关后，领队应立即收取他们的护照，由自己统一保管。

### （五）与接待方旅行社的导游员接洽

在办完上述手续后，领队应举起组团社社旗，带领旅游者到候机楼出口与前来迎接的境外接待社导游员接洽。首先向对方做自我介绍，互换名片，确认对方的手机号码并立即将其输入自己的手机中备用，然后向对方通报旅游团实到人数和旅游团概况，转达旅游者的要求、意见和建议，并与对方约定旅游团整个行程的商谈时间。在带领旅游团离开机场、上车之前，领队要清点旅游团人数和行李件数，并请旅游者带好托运行李和随身行李，然后带全团成员跟随目的地接待社导游上车。

## 四、境外服务

旅游者初次踏上异国他乡的土地，一切都感到非常新鲜，具有强烈的好奇心和求知欲，期望旅游活动丰富多彩、出游的目标能够圆满实现。领队作为客源国（地区）组团社的代表和旅游团的代言人，要切实地维护旅游者的合法权益，协助和监督目的地接待社履行旅游计划。与此同时，领队还应积极协助当地导游为旅游者提供必要的帮助和服务。

### （一）商定旅游日程

入住饭店时，领队应向当地导游员提供旅游团旅游者住房分配方案，并协助其办好入店手续。旅游团旅游者安排好后，领队要尽快与当地导游员商量计划行程。商讨时，首先要把组团社的意图、特别提及的问题，如团中老年人多、个别旅游者用餐要求等告知当地导游员，以便其提前做好安排。在商讨活动日程时，领队要仔细核对双方手中计划行程的内容。除了活动项目安排上的前后顺序有出入属正常情况外，如果发现有较大出入，尤其是减少了某一项目，领队应请其立即与接待社联系，及时调整。如争议得不到解决，应与国内组团社联系。当目的地旅游日程安排商定后，领队应通知全团成员并提醒他们记住下榻饭店的名称、特征等，以防走失。

**（二）督促接待社履行旅游合同**

在目的地旅游期间，领队应按照组团社与旅游者所签旅游合同约定的内容和标准提供服务。在注意保持与接待社导游员良好关系的同时，有责任和义务协助与督促接待社及其导游员履行旅游合同，并转达旅游者的意见、要求和建议。若发现接待社或当地导游员存在不履行合同的情况，要代表旅游团进行交涉，维护旅游者的合法权益。

**（三）维护旅游团内部团结，协调旅游者之间以及同当地接待人员之间的交涉，维护旅游者的合法权益**

如果有的司机刁难旅游者，领队要向当地导游员反映情况；如果旅游团成员同当地导游员发生了矛盾，领队应出面协调，努力消除矛盾；若当地全陪和地陪之间产生矛盾，影响旅游活动的顺利进行，领队可做适当的调解工作，切忌厚此薄彼，更不应联合一方、反对另一方，若有的导游员不合作，私自增加自费项目或减少计划的旅游项目，领队首先要进行劝说，若劝说无效，可直接向当地接待社经理反映，必要时还可直接向国内组团社反映；若旅游团成员之间出现了矛盾，领队要做好双方的工作，不能视而不见，更不得在团员中间搬弄是非，做到出现问题能及时妥善处理。

**（四）维护旅游者生命和财物安全**

在目的地旅游期间，领队要经常提醒全团成员注意自身及财物安全，做好有关防护工作，预防事故的发生。

**（五）对严重突发事件的处理**

（1）对于旅游者在境外滞留不归的事件，领队应当及时向组团社和我国驻所在国使、领馆报告，以寻求帮助。

（2）对于发生旅游者在境外伤亡、病故事件，领队必须及时报告我国驻所在国（地区）使、领馆（办事处）和组团社，并通知死者家属前来处理。在处理（抢救经过报告、死亡诊断证明书、死亡公证、遗物和遗嘱的处理、遗体火化等）时，必须有死者亲属、我国驻所在国（地区）使、领馆（办事处）人员、领队、接待社人员、当地导游员、当地有关部门代表在场。

### （六）做好以下具体事项

（1）协助接待方导游员清点旅游团行李、分配住房、火车铺位、登机牌等。

（2）在境外旅游期间，对旅游者入住饭店、用餐、观看演出、购物等提供的服务应遵照《导游服务规范》的要求。

（3）保管好旅游团集体签证、团员护照、机票、行李卡、各国（地区）入境卡、海关申报单。

（4）尊重旅游团成员的人格尊严、宗教信仰、民族风俗和生活习惯。

（5）在带领旅游者在境外旅行、游览过程中，领队应当就可能危及旅游者人身安全的情况，向旅游者作出真实的说明和明确的警示，并按照组团社的要求采取有效措施，以防止危害的发生。

（6）领队不得与境外接待社、导游及为旅游者提供商品或者服务的其他经营者串通欺骗、胁迫旅游者消费，不得向境外接待社、导游及其他为旅游者提供商品或服务的经营者索要回扣、提成或者收受其财物。

（7）领队应当要求境外接待社不得组织旅游者参与涉及色情、赌博、毒品内容的活动或者危险性活动。

（8）领队要将每天接触和经历的接待社、导游员、入住的饭店、用餐的餐厅、游览景点等进行简要记录和作出公正评价。

（9）在一地旅游结束时，领队要以组团社的代表和旅游团代言人双重身份向当地导游、司机等工作人员一并表示感谢，并当着全体旅游者的面将小费分发给导游和司机。

## 五、目的地国（地区）离境服务

领队的服务要有始有终，在旅游团结束境外旅游活动后离开目的地国家（地区）时，应做好如下工作。

### （一）离店前的工作

（1）按照国际航空惯例，对于往返和联程机票，须提前至少72小时对机位进行再确认。如旅游团离境的机票是往返和联程机票，要在旅游团离开目的地国家（地区）前亲自或请当地导游或接待社打电话至航空公司确认。在离境前一天或前两天，与当地导游员逐项核对离境机票的内容，如旅游团名称、团号、前往目的地、航班等。

（2）如旅游团乘早班飞机离境，领队要同当地导游员商定叫早时间、出行李时间以及早餐安排，要考虑到旅游团成员的具体情况，在时间上要留有余地。离店前，要提醒全团旅游者结清饭店账目；告知旅游者叫早时间、出行李时间和早餐时间，提前整理好自己的行李物品并协助他们捆扎好行李；提醒旅游者将护照、身份证、机票、钱包等物品随身携带，不要放在托运行李中；对托运行李进行集中清点，与当地导游员及接待社行李员一起办好交接手续；帮助旅游者办理离店手续并提醒其将房间钥匙交送饭店前台。

（3）离店上车后，领队要再次提示旅游者检查自己的随身物品是否都带齐、房间钥匙是否交到前台。离开目的地国家（地区）前，领队应代表组团社和旅游团向接待社的导游员表示感谢。如对方有需要配合填写的表格（如服务质量反馈表），领队应积极协助填写。

### （二）办理离境乘机手续

在旅游车往机场行驶途中，领队要将全团护照和机票收齐，以备到机场办理乘机手续，或根据旅行社的协议交给目的地国家（地区）导游员办理。

1. 进行行李托运

领队带领旅游者将托运行李放在传送带上进行检查，在安检人员贴上"安检"封口贴纸后，再带领旅游者及其行李到航空公司柜台前办理乘机手续，并对行李件数进行清点，待机场行李员对托运行李系上行李牌后，需再次清点并与行李员核实，随即将小费付给行李员。

2. 领取登机牌

在航空公司柜台前，领队应主动报告乘机人数，将全团护照和机票送上并领取登机牌。拿回航空公司工作人员递交的护照、机票和登机牌后，领队要一一清点，无误后带领旅游者离开柜台。

3. 分发护照、机票和登机牌

在分发之前，领队要向全团旅游者介绍离境手续的办理，讲清所乘航班、登机时间和登机门，以避免旅游者在办完出境手续进行自由购物时忘记时间而导致误机，提醒旅游者注意人身及财产安全。讲完注意事项后，再将护照、机票和登机牌分发给旅游者。

4. 购买出境机场税

通常机场税包含在所购机票中，但是有些国家（地区）的国际机场税不包含在机票中，此时领队需要代旅游者购买机场税，购好后再将机场税凭据发给旅游者。

### （三）办理移民局离境手续

1. 补填出境卡

许多国家（地区）的入境卡与出境卡都是一张纸，入境时移民局官员把入境卡撕下而把出境卡订在或夹在护照里交给旅客，出境时若旅客遗失了出境卡，就需补填一份。持团体签证的旅游团则无须填写出境卡。

2. 与目的地国（地区）导游员告别

在进入离境区域前，领队应率领全团旅游者向目的地国家（地区）导游员告别，对其工作表示感谢。

3. 办理离境手续

领队带领全团旅游者到出境检查柜台前排队，依次递上护照、机票和登机牌接受检查。如查验无误，移民检查官将在护照上盖上离境印章或在签证处盖上"已使用"字样，然后将所有物品交还旅游者，离境手续即告办完。

4. 办理海关手续

由于各国（地区）对旅游者出境时所携物品有不同的限制，在旅游团离境前，领队应在目的地国家（地区）使、领馆（办事处）网站查询，或询问当地导游员，了解该国（地区）旅客出境所携物品的规定，并告知旅游者，以便出境时申报。

接受海关检查时，如旅游者携带了目的地国（地区）海关规定限制的物品离境，领队应协助其填写海关申报单，并同海关官员交涉。无申报物品的旅游者则直接通过海关柜台即可。

5. 办理购物退税手续

欧洲、澳洲的许多国家，都对旅游者购物有退税规定，但是不同国家的机场在办理退税手续的程序上不全相同。有的是先办理乘机手续，有的是先办理海关退税。对此,领队必须先向机场查询弄清楚后再转告旅游者。

带领购物退税的旅游者到海关退税处需出示申请退税的商品和发票,待海关人员在免税购物支票上盖章后,再持该支票到离境处的退税柜台取回退还的美元。

6. 引领旅游者登机

领队要认真收听机场广播,或向机场咨询台询问,或从电脑屏幕上查询所乘航班的登机口是否改变,然后告知旅游者,带领他们到登机口等候。对于要在机场商店购物的旅游者要叮嘱他们一定注意收听机场广播中提示的登机时间,尽早赶至登机口,以免造成误机。登机前,领队应赶到登机口,清点人数,对未到旅游者要及早联系,使之赶上登机时间。

## 六、归国入境服务

### (一)接受检验检疫

领队带领旅游者至"中国检验检疫"柜台前,交上在返程飞机上填好的"入境健康检疫申明卡",如无例外,即通过检验检疫。

### (二)接受入境边防检查

领队带领旅游者在边检柜台前排队,逐一将护照和登机牌交给边检人员。经其核准后在护照上盖上入境验讫章,并退还给旅游者后,旅游者方可入境。

### (三)领取托运行李

领队在带领旅游者至行李转盘处之前,应将行李牌发给每位旅游者,由其各自认领自己的行李,以便走出行李厅时交服务人员进行查验。若有旅游者行李遗失,领队应协助其与机场行李值班室联系寻找或办理赔偿事宜。

### (四)接受海关检查

(1)领队应事先向旅游者说明我国海关禁止携带入境的物品和允许入境但须申报检疫的物品,以便旅游者心中有数。

(2)由旅游者自行将行李推至海关柜台前,交上返程飞机上已填好的海关报单和出示出境时填有带出境旅行自用物品名称和数量的申报单,接受X光检测机检查。

(3)领队要待旅游团全体旅游者出海关后,向他们挥手告别。如果旅行社安排旅行车接送旅游者到某一地点,领队则需陪同旅游者到指定地点后再与他们挥手告别。

## 七、归国后的工作

（1）带领旅游团回到出发地后，领队应代表组团社举行告别宴会向旅游者致欢送词，感谢其在整个旅游行程中对自己工作的支持和配合，并诚恳征求旅游者的意见和建议。按行程安排做好后续工作。

（2）处理好送别旅游团后的遗留问题，如旅游者委托事项、可能的投诉等。

（3）做好出境陪团记录和详细填写"领队日志"，整理反映材料。陪团记录是领队陪同旅游团的原始记录，回国后领队要按要求整理好，以备有关部门查询了解。"领队日志"是领队带团出境旅游的总结报告。它对组团社了解旅游者需求、发现接待问题、了解接待国（地区）旅游发展水平和境外接待社合作情况，从而总结经验、提高服务水平具有重要意义。

"领队日志"包括的主要内容有以下几方面。

（1）旅游过程概况：旅游团名称、出入境时间、旅游者人数、目的地国家（地区）和途经国家（地区）各站点、接待社名称及全陪和地陪导游员姓名，以及领队所做的主要工作。

（2）旅游者概况：旅游者性别、年龄、职业、来自何地等，旅游中的表现，对旅游活动（包括组团社、接待社和其导游员）的意见和建议。

（3）接待方情况：全陪、地陪导游员的素质和服务水平，落实旅游合同情况，接待设施情况，接待中存在的主要问题。

（4）我方与接待方的合作情况。

（5）旅游过程中发生的主要事故与问题：产生原因、处理经过、处理结果、旅游者反映、应吸取的教训等。

（6）总结与建议。

## 第四节　领队文明导游的应知应会

### 一、应当知道的知识

#### （一）应知手续

首先应当掌握护照、签证、体检、黄皮书，以及如何办理这些手续的知识。

另外，如何接受出入境检查，如何办理住店，如何在海外办理机票、船票、火车票，这些手续和知识均应当掌握。

### （二）应知交通

乘飞机应当注意对号入座，让自己所带团的旅游者按登机牌上所示位置坐好，不可抢座。抵达后，飞机没停稳便抢着站起来，对旅游者的这些毛病要及时提醒。还应当了解乘船和火车的知识。要把这些知识常讲给旅游者听，以免出差错。

### （三）应知食住

应当具有国（地区）外饭店、餐馆的知识，否则，有时会吃亏。例如，国际上饭店计算房费的办法基本相同：过夜到第二天12时之前，按住宿一天收费；如果超过12点，则按住宿两天收费。所以，若下午离开城市，最好中午以前退房，将行李集中在饭店行李处，这样就可以少交一天房费了。另外，学会看饭店服务指南，看会后教给各位旅游者。

安排食、宿最好让懂外文的和不懂外文的旅游者相伴，以便相互照料。作为学习知识来讲，切忌不懂装懂。多问多学，不是丢脸事。

### （四）应知习俗

了解习俗，是旅游畅通无阻、避免麻烦最为行之有效的方法，也是避免唐突、失礼的必备条件。

例如，中国人用双手为客人上茶，以表示尊重。我们用双手与人握手，表示热情、友好、敬佩、尊重。但是，我们若到印度和中东地区的伊斯兰国家，可千万别这样，因为这些国家双手是严格分工的。右手通常做高雅之事，如上饭菜、递交物品、握手等；左手只能干"不洁之事"，如淋浴、上洗手间，甚至在宴会上左手不能上桌子。如两手的"职责"分不清，在当地人看来，是失礼之举。

### （五）应知特情

应当知道一些国家（地区）的特殊情况。在荷兰人面前讲勤俭会引起好感，但美国人会认为你"不会享受生活"。听到别人的赞扬，美国人和中国人的回答不同，美国人非常高兴地表示接受赞扬，中国人非常谦虚，一般表示受之有愧。

应知特殊情况，更应知对其如何处理。如到泰国的旅游者，要看"人妖表演"，领队应向旅游者讲清"人妖"这种我们不熟悉的事情，我们勿多议论，也不要嘲笑，以免引起不必要的麻烦。

## 二、应会处理特殊（突发）情况

（1）旅游过程中遭遇特殊（突发）情况，如财物被抢被盗、感染重大传染性疾病、遭受自然灾害、交通工具延误等，领队应沉着应对，冷静处理。

（2）需要旅游者配合相关部门处理的，领队应及时向旅游者说明，进行安抚劝慰，并积极协助有关部门进行处理。在突发紧急情况下，领队应立即采取应急措施，避免损失扩大和事态升级。

（3）领队应在旅游者与相关机构和人员发生纠纷时，及时处理、正确疏导，引导旅游者理性维权、化解矛盾。

（4）遇旅游者采取拒绝上下机（车、船）、滞留等方式非理性维权的，领队应与旅游者进行沟通，晓以利害。必要时应向使、领馆（办事处）或当地警方等机构报告，寻求帮助。

## 本章小结

本章介绍了领队引导文明旅游的基本要求、主要内容以及领队导游的服务程序，叙述了引导文明旅游的具体规范，还有遇到特殊或突发情况的处理和总结反馈。

## 即测即练

## 复习思考题

1. 领队出团前要做好哪些准备工作？
2. 简述领队的作用。
3. 简述领队导游的服务程序。
4. 出境旅游团抵站服务包括哪些内容？
5. 出境旅游团归国入境服务包括哪些内容？
6. 简述领队导游的工作职责。

7. 简述领队导游的工作要求。

8. 简述领队文明导游的必要性。

## 实践训练

1. 课堂布置任务，小组成员分别扮演领队、计调员、旅游者，轮流进行熟悉旅游行程计划、出境准备工作和开出国说明会的演练，教师在旁指导评价。

2. 课堂布置任务，小组成员分别扮演领队、旅游者、航空公司值班人员、边防检查人员、海关检查人员，轮流进行集合送别旅游者、办理登机、通过卫生检疫、边防检查、海关检查的演练，教师在旁指导评价。

3. 课堂布置任务，小组成员分别扮演领队、计调员和财务人员，轮流进行资料汇总、报账和遗留问题处理的任务演练，教师在旁指导评价。

# 第六章 散客导游服务程序与标准

## 学习目标

1. 了解散客旅游的概念及特点，散客旅游的发展趋势。
2. 熟悉散客旅游的服务项目及类型。
3. 掌握散客导游服务的特点和要求，散客导游服务程序与规范。

## 能力目标

1. 了解散客旅游的概念和特点，能够为散客旅游提供旅游服务。
2. 熟悉散客旅游与团队旅游的区别，能够处理不同类型的散客业务。
3. 掌握散客导游服务程序与标准，能够根据散客旅游服务特点有针对性地提供服务。

## 思政目标

1. 了解散客旅游迅速发展的原因，培养学生的职业忠诚度。
2. 熟悉散客旅游与团队旅游的区别，培养学生主动思辨的职业能力。
3. 掌握散客导游服务程序与标准，培养学生的爱国主义情怀和工匠精神。

## 思维导图

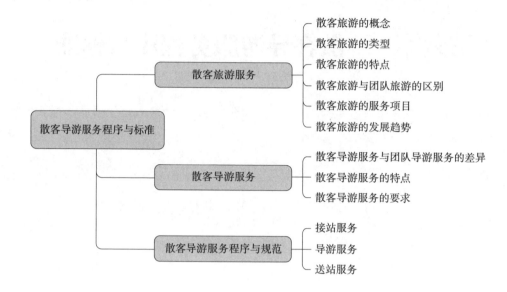

## 导入案例

# 第一节 散客旅游服务

由于交通事业的发展、交通工具的多样化以及预订制度的发展和完善，当今世界上的个体旅游者越来越多。个体旅游者的服务要求有提供交通、住宿、导游（主要是地陪）等。因此，我国的很多旅行社组建了散客部，招徕和接待个体旅游者，也有不少旅行社在各大饭店设立营业点，为散客服务，或为其订购机（车、船）票，或临时组团在本地游览或去外地旅游。个体旅游者常常是一两人、一家人或几个人一起活动，无领队和全陪。有些散客是预先委托的，大部分则是临时到旅行社委托的，而且往往时间紧、准备时间短、接待难度很大，所以开展散客旅游服务前必须全面了解散客旅游的类型、特点，提供有的放矢的服务。

对散客旅游及散客旅游服务知识的了解将直接影响旅游服务质量。与此同时，将团队旅游与散客旅游进行区别，有助于更好地提供针对性服务。散客旅游团队作为较特殊的一类旅游团队，其团员皆为散客组成，成员复杂，接待标准不一，服务内容庞杂。作为一名导游员，想要带好散客旅游团队，也必须掌握相关知识。

## 一、散客旅游的概念

散客旅游又称自助或半自助旅游。它是旅游者自行安排旅游行程、零星支付各项旅游费用的旅游形式。

散客旅游并不意味着全部旅游事务都由旅游者自己办理而完全不依靠旅行社。实际上，不少散客的旅游活动均借助旅行社的帮助，如出游前的旅游咨询、交通票据和饭店客房的代订、委托旅行社派遣人员的途中接送、参加旅行社组织的菜单式旅游等。

近年来，从国际旅游的统计数据来看，散客旅游发展迅速，已成为当今旅游的主要方式。从国内市场来看，人们外出旅游已从观光旅游逐步向体验型旅游发展。国内散客市场也日益扩大，散客旅游之所以受到旅游者的青睐，发展迅速的原因如下。

### （一）旅游者自主意识增强

随着我国国内旅游的发展，旅游者的旅游经验得到积累，他们的自主意识、消费者权益保护意识不断增强。因此，他们更愿意根据个人喜好自主出游或结伴出游。

### （二）旅游者内在结构改变

随着我国经济的发展，社会发生了变化，一部分人先富裕起来，中产阶级逐渐形成，改变了旅游者的经济结构。大量的青年旅游者增多，他们往往性格大胆，富有冒险精神，旅游过程中带有明显的个人爱好，不愿受团队旅游的束缚和限制，在旅游产品的选择度方面，个性化需求逐渐展现并日趋强烈。

### （三）交通和通信的发展

现代交通和通信工具的迅速发展，为散客旅游提供了便利的技术条件。随着我国汽车进入家庭步伐的加快，人们驾驶自己的汽车或租车出游十分盛行。现代通信网络技术的发展，也使得旅游者无须通过旅行社来安排自己的行程，他们越来越多地借助网上预订和电话预订。通过去哪儿网、携程旅行、飞猪等网站，可以便捷高效地安排旅游行程中的食、住、行、游、购、娱等活动。许多大型景点有专门的官方网站和旅游者攻略，为散客旅游者的出行提供大大的方便。

### （四）散客接待条件改善

世界各国（地区）为发展散客旅游都在努力调整其接待机制，增加或改善散客接待设施，它们通过旅游咨询电话、计算机导游显示屏等为散客提供服务。我国不少旅行社已经在着手建立完善的散客服务网站，并运用网络等现代化促销手段为旅游者提供详尽、迅捷的信息服务，还有旅行社设立专门的接待散客部门以适应这种发展的趋势。各地机场、车站、码头等设立旅游者服务咨询中心，免费发放周边游览景点和酒店预订的宣传单，为散客便利出行改善条件。

## 二、散客旅游的类型

由于散客旅游灵活自由，人们可以根据心情、爱好、兴趣及需要自由组合，从而使其类型复杂多样。本节将主要介绍国内外最为普遍的三种类型：个体旅游、结伴旅游、家庭旅游。这是根据旅游规模划分的。

### （一）个体旅游

参与这类旅游的旅游者是独自一人的，他们往往是那些自主意识和个性都比较强的旅游者。这类旅游者一般都自备旅游必需的行李和物品，甚至准备了帐篷露宿野外，但这类旅游者的数量相对较少，其需要委托旅行社办理的服务较少，主要是代订机票和客房，只有极少数人要求导游陪同。

### （二）结伴旅游

结伴旅游是由两个或两个以上的旅游者结伴而行的旅游形式，这是当前国内外散客旅游中最常见的旅游形式。相对来说，结伴旅游的旅游者要求旅行社提供的服务是最不稳定的，有的是把整个旅游活动的安排接待都委托给旅行社来操作，有的则像个体旅游一样几乎不需要旅行社为其提供旅游服务，这类旅游者的旅游消费水平也有很大差别。

### （三）家庭旅游

家庭旅游是介于前两者之间的一种旅游形式，多是单个或几个家庭一起活动，这类旅游要求旅行社提供的旅游服务是最多的。他们会在决定旅游之前向旅行社咨询旅游线路、活动项目及日程安排，出游时会委托旅行社代办大部分或所有的服务项目，如订房、订机（车、船）票、市内旅游用车、导游服务等。

## 三、散客旅游的特点

### （一）批量小

散客旅游多为个人单独出游或小家庭、亲友结伴而行，和团队旅游相比，其批量较小。

### （二）批次多

虽然散客旅游的规模小、批量小，但由于散客旅游发展迅速，采用散客旅游形式的旅游者人数大大超过团队旅游者人数，各地都在积极发展散客旅游业务，为其发展提供了各种便利条件，散客旅游更得到长足的发展。旅行社在向散客提供旅游服务时，由于其批量小、总人数多的特征，从而形成了批次多的特点。

### （三）预订期短

散客旅游的决策时间较短，相应地使散客旅游形成了预订期短的特点。散客通常要求旅行社在短期内为其安排安全、舒适、丰富多彩的旅游线路，并快速地办妥多种旅游手续。

### （四）要求多

散客中商务、公务旅游者占有大量比例，他们是在大量的交际应酬和商务、公务活动之余忙中"偷闲"进行旅游，因此他们的旅游消费水平高且对旅游服务的要求也较多。

### （五）变化多

散客在旅游前常缺少周密的安排，在旅游过程中会临时变更旅游计划、提出各种新的要求或在旅游前突然由于某种原因而临时决定取消旅游计划。

### （六）自由度大

散客由于没有团队集体行动的限制，一切都根据自己的需要和意愿来行动，想走就走，想歇就歇，因而自由度较大。

## 四、散客旅游与团队旅游的区别

散客旅游与团队旅游的目的是相同的，即外出参观游览，但在旅游方式、旅游者人数、服务内容、付款方式和价格及服务难度等方面存在一定的差别。

### （一）旅游方式

团队旅游的食、住、行、游、购、娱一般都由旅行社或旅游服务中介机构提前安排。而散客旅游则不同，其外出旅游的计划和行程都是自己安排，当然，这并不意味着散客进行的旅游活动完全由自己安排，而是散客在出游前曾经向旅行社咨询，所需要的服务项目也是委托旅行社办理的。

### （二）旅游者人数

团队旅游一般都由10人（包括10人）以上的旅游者组成。而散客旅游以人数少为特点,一般由10人(不包括10人)以下的旅游者组成。可以是单个的旅游者,也可以是一个家庭,还可以由几位好友组成。

### (三)服务内容

团队旅游是有组织的,按预定的行程、计划进行旅游。而散客旅游的随意性很强,变化多,服务项目不固定,而且自由度大。

### (四)付款方式和价格

团队旅游是通过旅行社或旅游服务中介机构,采取支付综合包价的形式,即全部或部分旅游服务费用由旅游者在出游前一次性支付或者是支付大部分。而散客旅游的付款方式有时是零星现付,即购买什么、购买多少,按零售价格当场现付。

由于团队旅游的人数多、购买量大,在价格上有一定的优惠。而散客旅游则是零星购买,相对而言,数量较少。所以,散客旅游服务项目的价格比团队旅游服务项目的价格就会贵一些。另外,每个服务项目散客都按零售价格支付,而团队旅游在某些服务项目(如机票、住宿等)上可以享受折扣或优惠,因而相对较为便宜。

### (五)服务难度

散客旅游常常没有领队和全陪,有些散客服务是预先委托的,但大部分人则是临时到旅行社委托安排其旅游活动,旅游者之间可能也互不相识,而且往往时间紧迫,导游员没有时间做准备。因此,与团队旅游相比,散客旅游服务的难度要大得多。

## 五、散客旅游的服务项目

"散客旅游"作为一种旅游形式不意味着旅游者不与旅行社打交道,散客旅游在一定意义上也是一种旅游产品。购买散客旅游产品的旅游者可以委托旅行社订购全部或部分旅游服务。实际上,不少散客旅游活动都会借助旅行社,如出游前的旅游咨询、交通票据、酒店预订等。散客旅游体现了新时代旅游者个性化消费的倾向。

散客旅游服务,就是旅行社根据散客的要求提供各项旅游服务,主要有单项委托服务、旅游咨询服务和选择性旅游服务。

### (一)单项委托服务

单项委托服务是指旅行社为散客提供的各种按单项计价的可供选择的服务。这类服务主要有:抵离接送、行李提取、保管和托运,代订机、车票和饭店,代租汽车、代办出入境、过境临时居住和旅游签证、代向海关办理申报检验手续、代办国内旅游委托、导游服务等。

根据委托者的所属地不同，单项委托服务可分为受理散客来本地旅游的委托、代办散客赴外地旅游的委托和受理散客在本地旅游的各种单项服务委托。

1. 受理散客来本地旅游的委托

记录有关内容，受理散客到本地旅游委托时应记录散客的姓名、国（地区）籍、人数、性别、抵达日期、所乘交通工具抵达时间、需提供的服务项目、付款方式等。如要代办在本地出境的交通票据，则要记录下散客护照上准确的姓名拼写、护照或身份证号码、出生年月、交通工具档次，以及外地委托社名称、通话人姓名、通话时间等。

认真填写任务通知书并及时送达有关部门及个人，如导游、司机、票务人员等。通知外地旅行社，如果旅行社无法提供散客委托的服务项目，应在24小时内通知外地委托旅行社。

2. 代办散客赴外地旅游的委托

旅行社为散客代办赴外地旅游的委托应在其离开本地前3天受理，若代办当天或次日赴外地旅游的委托，需加收加急长途通信费。如委托人在境外，旅行社可告知该国（地区）与其有业务关系的外国（地区）旅行社，通过该旅行社办理；如委托人在我国境内，可让其直接到旅行社相关部门办理。接受此项委托业务时，必须耐心询问散客要求，认真检验其身份证件。根据散客各项服务要求，逐项计价，现场收取委托服务费用，出具发票或收据。如果散客委托他人代办委托手续，受委托人在办理委托时，必须出示委托人的委托书和委托人身份证件，然后再按上述程序进行。

3. 受理散客在本地旅游的各种单项服务委托

受理散客在本地旅游的各种单项服务委托操作与代办散客赴外地旅游的委托相同。

**（二）旅游咨询服务**

散客出游前往往会向旅行社咨询有关旅游的食、住、行、游、购、娱等方面的情况，以及旅行社的产品种类、旅游项目价格等。旅行社则要及时开展咨询服务，向前来咨询的散客提供相关的建议、旅游方案和信息等。

旅游咨询服务即是旅行社散客部或门市柜台工作人员向前来问询的潜在旅游

者提供各种与旅游有关的信息和建议的服务。根据咨询人员采用的不同形式，旅游咨询服务可分为电话咨询服务、网络咨询服务和人员咨询服务三种。

1. 电话咨询服务

电话咨询服务是指旅行社散客部门人员通过电话回答旅游者关于旅行社散客旅游及其他旅游服务信息的问题，并向其推荐旅行社有关旅游产品。电话咨询服务是最主要的咨询方式，在进行电话咨询服务时，散客部咨询人员要做到三点：一是尊重旅游者，认真倾听其提出的问题并给予耐心而准确的回答；二是主动推荐，旅行社的工作人员要在圆满回答旅游者提出的各种问题时，积极主动地向旅游者提出各种合理的建议，不失时机地向旅游者推荐本旅行社的各种旅游产品；三是做好咨询记录，通过旅游者咨询的内容往往可以洞悉潜在旅游者的旅游需求和偏好，可以为旅行社开拓市场、扩大业务提供重要信息。

2. 网络咨询服务

网络咨询服务是指旅行社散客部人员通过电子邮件或网络信息平台回答旅游者提出的有关散客旅游和旅行社旅游产品的各种问题，并提供各种旅游建议的服务方式。网络通信时代，社会生活节奏加快，旅游者往往也要求快速得到旅行社的回应，这就要求旅行社散客部工作人员及时、快速地回复，回答问题时做到语言明确、简练规范、条理清晰。

3. 人员咨询服务

人员咨询服务是指旅行社散客部或门市柜台工作人员接待前来进行旅游咨询的潜在旅游者，回答咨询者提出的有关散客旅游方面的问题。在向旅游者面对面地提供旅游咨询服务时，旅行社工作人员要做到三点：一是接待热情、得体。二是宣传主动、有针对性；针对旅游者提出的问题向其提出各种可行的建议，以便旅游者作出选择。同时可以向旅游者提供旅行社散客旅游产品的宣传资料，加深旅游者对旅行社及旅游产品的印象，努力为旅行社争取客源。三是积极促成交易。旅游者亲自到旅行社散客部或门市柜台进行咨询，表明其出游动机相当明显，所以接待人员在回答问题和提出建议时，要尽力促成交易。如果旅游者提出特殊要求，也要立即与有关业务人员联系，尽可能及时落实。

（三）选择性旅游服务

这是一种由旅行社为散客组织的短期旅游活动。其形式灵活多样，诸如小包价旅游的可选择部分、散客的市内游览、晚间文娱活动、风味品尝、到近郊及邻近城市旅游景点的"一日游""半日游"等项目。国际旅游市场的发展趋势表明，选择性旅游是一个大有潜力的新市场，我国实行双休日制度后出现的周末远足旅游热潮也证明了这一点。不少旅行社已将目光投向选择性旅游这一市场，纷纷推出各种各样的选择性旅游产品，以增加旅行社的经济效益和社会效益，扩大知名度。我国有些地区甚至出现了专营选择性旅游产品的旅行社。

### 六、散客旅游的发展趋势

随着经济和交通的快速发展，人们出游的机会增多，出游的频率也大大增加。旅游者的出游动机呈多元化，自主意识和能力也进一步增强。这使得散客旅游迅速发展，成为国际旅游业的主要形式。

散客旅游的发展较团队旅游而言，受到外部环境因素约束较多，对旅游保障机制要求更为严格，但这些并不能阻碍散客旅游的快速发展。散客旅游的发展趋势表现在以下方面。

#### （一）散客旅游仍将迅速发展

随着信息、资源的全球化，旅游者获得信息的途径、信息量较以往更多，旅游者追求个性化、自由化等因素都将促进散客旅游迅速发展。

#### （二）互动性将成为散客旅游所追求的目标

散客旅游与团队旅游一个重要的区别就是散客旅游给旅游者提供了更为自由的活动空间，这就为散客追求互动性提供了较大的可能。旅游者的参与、社区的参与、与自然界人文的交流互动的程度，成为今后旅游产品的重要品质，这一品质将最先体现于散客旅游。散客旅游也将在今后的发展中对旅游产品的互动性提出更高的要求，这就要求旅游目的地对所提供的旅游产品进行革新，使旅游产品从纯观赏性向互动性转变。当然，这也将是团队旅游发展的目标和方向。

#### （三）散客旅游在中远程长线旅游方面将进一步发展

新的交通工具的出现将极大地缩短旅游者与旅游目的地之间的旅游距离，以及旅游者的旅游时间。随着安全、快捷、舒适、经济的新型客机与高铁的运营，全球性的大规模中远程旅游将成为可能。散客旅游在中远程长线旅游方面将进一步发展。

#### （四）散客旅游对旅游安全将更为重视

在具备资金、时间和旅游欲望的旅游者中，唯一使旅游者能够放弃旅游计划的原因就是安全因素。就旅游安全来说，旅游者考虑的因素主要有：局部战争与冲突，恐怖主义活动，旅游目的地政局的稳定性，传染性疾病流行等。因此，不管是旅游客源地还是旅游目的地，只有加强旅游安全的保障工作，才能对散客旅游起到良好的保护和促进作用。

**（五）中国将是重要的散客旅游目的地**

随着中国国际影响力的提升，境外旅游者对于中国有了全新的认识。国内旅游业快速发展，旅游接待设施日益完善，旅游从业人员在数量与质量上有所提升，旅游产品日益丰富，这些都促使我国散客入境旅游和国内散客旅游快速发展。

## 第二节 散客导游服务

散客导游服务主要是针对选择性旅游服务而提供的导游服务，由于散客的选择性旅游服务较为复杂和自由，因此所提供的导游服务存在较大差异，对导游员也提出了更高的要求。

### 一、散客导游服务与团队导游服务的差异

**（一）服务对象组合形式不同**

团队旅游是旅游者到达目的地前或出发时已组合成团队形式，通常一个旅游团队的旅游者来自同一旅游客源国或客源地。入境旅游团人数一般来说都在9人以上，国内旅游团通常是16人以上。

**（二）服务"集体"组合不同**

团队导游服务通常由导游服务集体完成，入境旅游团一般由领队、全陪、地陪组成，国内旅游团的导游服务集体一般由全陪、地陪组成。而散客的导游服务工作只有地陪负责。

**（三）服务程序有差异**

在接待团队过程中，没有特殊原因，旅游团队的全陪和地陪是不能中途更换的，从迎接到最后的送行都是按计划由同一导游员完成。

接待散客的情况则不同，散客小包价旅游团通常就由同一地陪负责。而其他形式，则按照旅游者的购买选择来完成。如果旅游者只选择迎接或送行，则导游

员的服务工作仅为迎接或送行。有的旅游者没有选择迎接，而只是购买了旅行社的选择性旅游产品，如"一日游""半日游"等，则导游员所提供的就只是游览为主的服务，迎接和送行则免除。

### （四）导游讲解方法和讲解内容有区别

团队导游服务要照顾大多数旅游者，因此在导游讲解的方法和内容上都选择大众化的方法与内容；而散客导游服务除人数较多的选择性旅游组合团队外，在导游讲解方法和讲解内容上都要求有极强的针对性。一般情况下，散客的个性化都较强，因此在导游讲解方法和讲解内容上需要满足旅游者的个性化要求。

### （五）行程的主导者不同

团队旅游活动有事先预订和安排好的行程，导游和旅游者都不得随意更改，导游往往是整个行程的主导者；而散客游览的行程主要是由旅游者自己确定和安排的，旅游者作为主导者，有权利提出变更行程的要求，在旅游活动的安排时，导游要听从旅游者的意见，导游员可以提建议，但最终决定权在旅游者。

## 二、散客导游服务的特点

虽然散客导游服务在内容和程序上与团队包价旅游有相同之处，但自身的特点也很明显。

### （一）服务项目少

由于散客导游服务的服务项目是由旅游者自主选择而定的，所以除散客包价旅游外，其他形式的导游服务在服务项目上相对比团队少，有的只提供单项服务，如接站服务、景点游览讲解、送站服务等。

### （二）服务周期短

散客导游服务由于服务项目少而单一，所需服务时间短，人员周转较快，同一导游为旅游者服务的频率较高，即同一导游在同一时期内接待的旅游者数量多，这样导游更容易感觉到单调、疲劳。

### （三）服务相对复杂

散客导游服务由于服务周期短、周转快，几乎每天甚至每小时就要面对面孔陌生、性格各异又短时间难以揣度的旅游者，服务时需倍加谨慎。接待那些参加"一日游"或"数日游"的选择性旅游团，他们可能来自不同的国家或地区，旅游目的各不相同，只是在去往同一个游览地时为了方便旅行或节约开支而临时组合成一个团队，由于不像团队包价旅游那样有领队和全陪，旅游者之间可能互不相识。这种旅游团因是临时组成而缺乏团体意识，因而导游要在较短时间内组织和带领好，其难度也是较大的。对这种临时组成的旅游团和进行委托的散客，导游的服务程序也较为复杂。如出发时间、地点方面，导游要事先一一通知确认，如果旅游者分住不同的饭店，还需计算好时间，逐个饭店进行接送。同样，接站、送站的散客服务也是如此，如果接送的散客分别下榻不同的饭店，导游就要安排好时间，以免造成延误。

因此，散客导游服务的对象较为复杂：有零散旅游者，有小包价团队，还有临时组合的选择性旅游团队，人数也经常不定，数量相对较少，导游的服务程序也较为复杂。

**（四）旅游者自由度高**

选择散客旅游方式出行的旅游者自主意识相对较强，兴趣、爱好差异较大，在接受导游服务时，一方面不愿导游员过多地干预其自由，另一方面又经常向导游员提出一些要求。选择散客旅游方式出行的旅游者往往根据各自的喜好，如提前或推迟游览时间、知识咨询等，向导游员提出一些变动的要求。

**三、散客导游服务的要求**

人的本性是追求自由的，是希望心灵放松、处于自然和谐的状态之中，希望冲破、摆脱种种束缚，尽量回归自由原始的生活状态。随着人们旅游经验的积累，社会提供给人们旅游消费学习资料的丰富与完善，旅游消费日趋成熟和个性化，这种自主意识更是日趋增强。这正是散客旅游兴起的动因。旅游者兴趣、爱好、职业、地位、性格、所处阶层的差异，使之有的喜欢欣赏历史文化名胜，以期从中获得知识、开阔视野；有的喜欢投身大自然，领略自然的美景、休养身心；有的喜欢游览宗教圣地，去体会一份神秘与神圣的感觉；还有的喜欢探幽趋险，挑战生命极限，让自己痛并快乐着。面对这些散客旅游的新趋势、新特点，导游以怎样的服务满足这些要求较高的旅游者需求，是值得思考的问题。针对散客导游服务的要求，主要表现在以下几方面。

**（一）高效率导游服务**

选择散客旅游方式出行的旅游者自主意识相对较强，往往要求导游有较强的时间观念，能够在较短的时间内为其提供快速有效的服务。

如在接送站时要准时、适时，不浪费时间，让旅游者在有限的时间内享受到最大限度的服务。如某商务旅游者夏初到兰州开会，会议期间没有时间游览，会议结束已是下午4点，而且会议组已为其订好了第二天早晨8点的返程机票，在下午4点30分，他到一家旅行社要求为其派一名导游带他在兰州市观光游览，使他这个广州人不枉一次西部行。导游张×在接到社里的委派后与旅游者简单交谈了10分钟，了解到该旅游者的导游服务要求是了解兰州市容市貌、百姓生活、风味餐，体会"兰州的味道"，他便干脆利落地告诉旅游者："时间已不允许我们讨论行程和游览路线，我根据您的要求为您做了如下安排，我们现在出发首先乘车绕行兰州主干道和南北滨河路——走马观花看兰州，这段行程需要40~60分钟，行程中有兰州的主要建筑和特色景点集中分布的东起雁滩、西至秀川的黄河40里风情线，让您对兰州的主街道、市容市貌和城市建筑有一个总体印象，路上我会给您介绍甘肃和兰州概况。然后，坐缆车登上海拔2 192米的兰州最高峰——皋兰山巅，俯瞰兰州，这个狭长而美丽的城市的全貌。行程约需1小时。等下了山，我带您去夜市观看兰州的'百姓生活图'，在那里你可以根据自己的喜好选择兰州的风味小吃——牛肉面、酿皮、灰豆等，到了那里我会一一介绍给您。咱们就晚餐、宵夜合二为一啦！"当旅游者晚上近11点被张导送到住处时，旅游者兴奋且愉快地道谢：你的安排太好了，你使我尝到了兰州的"好滋味"！

（二）高质量的导游服务

散客的兴趣、爱好相似，往往是由于共同兴趣而组合出游，而且文化基础较好。旅游者往往旅游经验较为丰富，希望导游的讲解更能突出文化内涵和地方特色，能圆满回答他们提出的问题，以满足其个性化、多样化的需求。旅游者对导游的服务技能和讲解要求很高，有一定的专业要求。

（三）极强的独立工作能力和责任感

在接待散客的过程中，只有地陪一人提供服务，遇事不可能与全陪、领队商议，导游必须有极强的独立工作能力，才能接待好散客旅游者。

散客旅游的主导者是旅游者自己，但旅游者对当地情况不可能如导游一样熟悉。因此，在游览过程中，导游应该多为旅游者着想，但不能主导旅游者，这就要求导游有较强的责任感。在为散客提供导游服务的过程中，导游不能因为行程由旅游者自己做主，就在服务中敷衍了事。

### （四）较强的公关能力

散客的自主意识强，人数不多，能很快形成统一意见，但是导游在接待散客的时候必须和每一位旅游者保持良好的关系，建立良好的人际关系才能保障旅游的顺利进行。

### （五）语言能力强

对于普通散客和小包价旅游团的旅游者，由于人数少，旅游者之间的交流多用方言，为了能听懂旅游者的话，让旅游者有亲近感，导游最好能用旅游者最熟悉的语言，如当地方言与旅游者进行交流。对于参加选择性旅游的散客，在同一个临时团队中，可能会出现多种语言要求，这就要求导游有较强的语言能力，才能适应选择性旅游活动的导游服务工作。

散客旅游由于没有领队和全陪，各项工作都由导游一个人承担，这便要求导游用很强的亲和力把散客的各项活动组织好。尤其是带选择性旅游团时，由于散客间彼此不相识，个性各异，在某些问题上容易发生意见分歧，甚至是激烈的争执，导游要善于运用语言艺术和人际技巧进行有效的调解。如一个选择性的散客旅游团共由相对独立的三个小团体组成，就A、B、C三条线路的选择问题出现了三种意见而产生争执。导游如何处理这个问题呢？首先导游在让大家决策时要通过商量谋求意见一致，其次以恰当的方式提出问题，最后坚持按"公认原则"来决定方案的取舍。

"我们有三个不同的方案，现在让我们商量一下，按哪个方案办更好一点？"这就是以恰当的方式来提出问题的。其之所以恰当，是因为这种提法避开了哪一个方案是"我的"、哪一个方案是"你的"、哪一个方案是"他的"；提出的问题是按"哪一个"方案办，而不是按"谁的"方案办，是哪一个方案更好，而不是"谁的"方案更好。如果强调"你的""他的"，那就很容易把对某一方案的取舍变成对提出方案的"那些人"的肯定或否定。

在对不同的方案作出取舍之前，一定要找到或确定一个大家都认可的"公认原则"。无论谁提出的方案，都要按照这一"公认原则"来决定取舍。如果大家都认为"节省时间"是最重要的，就选择最节省时间的线路；如果大家都认为"有代表意义和富于特色"最为重要，则依此选择线路；如果公认的原则是"大多数没去过"，那么就选择这条线路。这就既不是你服从我也不是我服从你的问题，而是大家共同服从"公认原则"，是"最佳"的方案。

## 第三节　散客导游服务程序与规范

旅行社一般设有专门的散客部操作散客业务。通常散客门市工作人员在接到散客委托后，先通知散客部计调人员，请其按要求配备地陪和服务车辆，并填写"旅游委托书"，导游员按照"旅游委托书"的内容准备相关事宜。

### 一、接站服务

接站服务是散客到达旅游目的地之前向旅行社办理的单项委托服务以及各项工作的准备和对接联系，导游员的主要任务是按散客委托要求将其从接站地接送到旅游者预订的饭店。

#### （一）服务准备

导游员接受旅行社派发的迎接散客的任务后，应认真做好迎接的准备工作，它是接待好旅游者的前提。

1. 认真阅读接待计划

导游员接到任务后，要认真阅读接待计划，明确相关信息。其具体内容包括：接站地（机场、车站、码头）的情况及从接站点到旅游者下榻饭店的线路情况；散客的类型是小包价、单项委托还是选择性服务；明确到达的日期、航班或车次的抵达时间；散客姓名及人数、所下榻的饭店情况、有无与其他旅游者合乘一辆旅游车至下榻的饭店等；旅游者选择的服务项目内容及标准等。

2. 做好出发前的准备

导游员要准备好写有散客姓名或散客旅游团的欢迎标志的接站牌；随身携带导游证、导游旗；旅游行程单；交通票据及现金等。

3. 联系交通工具

导游员要与散客部计调人员确认司机姓名、电话并与司机联系了解相关交通工具信息。如果没有专门车辆，需要乘坐出租车的话，导游员应该提前熟悉周围地形，设计合理的行车路线，防止出现差错。

#### （二）接站服务

1. 提前到接站点等候

导游迎接乘飞机而来的散客或散客旅游团，应提前20分钟到达机场；迎接乘火车而来的散客或散客旅游团，应提前30分钟进车站站台等候。

2. 迎接服务

在航班、火车、轮船抵达时刻，导游员应该站在醒目的位置举接站牌等候，以便散客前来联系。导游员也可根据散客的特征上前询问。确认接到应接的旅游者后，导游员应主动问候，对其表示欢迎；询问散客在机场或车站还需办理的事情，并给予必要的协助；询问散客的行李数并进行清点，帮助散客上车。如是散客旅游团，且配备了行李车和行李员，则要将行李清点后交行李员运送。

如未接到应接的旅游者，导游员应该做到如下几点。

首先，联系机场（车站、码头）的工作人员，确认本次航班（列车、轮船）抵达情况，确认本次航班是否准时抵达，且旅游者确已全部进港和已在隔离区内没有出港的旅游者。导游要与司机配合，在尽可能的范围内寻找（至少20分钟）。

其次，若确实找不到应接的旅游者，导游员应跟计调部或散客部联系，报告迎接情况，核实该散客或旅游团抵达的日期或航班（车次、船次）有无变化。当确认迎接无望时，经旅行社计调部门同意，方可离开机场（车站、码头）。

最后，导游员回到市区后，应到旅游者下榻的饭店前台，询问该旅游者是否已自行到达入住饭店。如果已入住，必须主动与其联系，并表示歉意。要按接待计划安排好散客停留期间的有关委托服务，然后向散客计调部门报告全过程。

（三）沿途导游服务

在从机场（车站、码头）至下榻饭店的途中，导游员对散客或散客旅游团应像包价旅游团一样致欢迎词、进行沿途导游、介绍所在城市的概况、下榻饭店的地理位置和设施，以及沿途景物和有关注意事项等。对散客沿途导游服务可采取对话的形式进行。例如下面这段导游李小姐和布朗先生对话式的沿途导游讲解。

**导游李小姐和布朗先生对话式的沿途导游讲解**

> 李小姐：布朗先生您好！听说您今晚要我陪您去广场看舞龙表演，是吗？
>
> 布朗：是的，我早就听说中国的图腾是龙，特别想在晚上看一下魔鬼跳舞的情景，一定有点可怕！
>
> 李小姐：（笑）您误会了。中国传统中的龙和西方神话中的魔鬼是全然不同的。它是温和而威严、能给人带来好运的吉祥物。
>
> 布朗：是吗？

> 李小姐：是的。远古时，人们就相信龙会在干旱时给大地带来雨露，灾难中让人遇难成祥。因此中国人在传统节日里，尤其是春节，舞龙便成了最受欢迎的祈求吉祥的文化娱乐形式。
>
> 布朗：这一定有很长时间的历史了吧？
>
> 李小姐：说得对。舞龙的习俗可以追溯到公元前206年至公元220年的汉朝。不过如今舞龙已不再含有迷信的意义，它已成为婚庆、节庆、开业庆典上进行表演的一种艺术形式。
>
> 布朗：太好了，我一定要好好感受一下。
>
> 李小姐：您一定不会失望的，真的很热闹精彩。

### （四）入住饭店服务

到达住宿的饭店后，导游应尽快完成散客或散客旅游团的住宿登记手续，向散客介绍饭店的主要服务项目及住店注意事项，与旅游者确认日程安排与离店的有关事宜。

#### 1. 协助办理住店手续

到达饭店后，导游员应帮助旅游者办理入住手续，向其介绍饭店的主要服务项目及住店注意事项。按接待计划向其明确饭店将为其提供的服务项目，并告知其离店时需要支付的费用和项目等。还应记下旅游者的房间号码。如果是散客旅游团，当行李运抵饭店后，导游员还应负责核对行李，并把旅游者的房间号告诉行李员，督促行李进房。

#### 2. 确认日程安排

与旅游者确认日程安排和相关事宜。当旅游者确认后，将填好的安排表、游览券及赴下一站的飞机（火车、轮船）票交与旅游者，并让其签字确认。如散客参加的是选择性旅游，导游员应根据日程安排和旅游者的兴趣，向旅游者推荐旅游项目。在推荐旅游项目时，一定要耐心讲清项目的内容、时间安排、地点和价格等内容。如散客乘坐大型旅游车游览，应详细说明各种票据的使用、集合时间及离店的时间与送站安排。

#### 3. 协助散客确认机票

如散客将乘飞机赴下一站，而又不需要旅行社为其代买机票，导游员应叮嘱散客提前预订和确认机座。如果散客持的是Open票，导游员要叮嘱其抓紧时间确认并告知办理机票确认单位的电话号码。如果用打电话的方式不能确认机票,散客愿意将机票交与导游员帮助确认,而接待计划上又未注明需协助确认机票,导游员可向散客收取确认机票票务费,并开具收据。

导游员帮助散客确认机票后,应向散客计调部门报告核实确认的航班时间,以便及时派人派车,提供送机服务,并将收取的费用上交旅行社。

4. 推销旅游服务项目

导游员在迎接散客的过程中,应积极询问该散客在本地停留期间、还需要旅行社为其代办何种事项,并表示愿竭诚为其提供服务。

(五)接站反馈工作

迎接服务完毕后,导游员应及时将同接待计划有出入的信息上报散客部。如果发生费用方面的问题,查明原因分清责任后,按有关规定处理。

## 二、导游服务

散客导游服务是旅行社接受散客至某一旅游线路、旅游区或旅游景点的委托后,派遣导游为其提供的导游服务。这种服务一般随附交通工具,而旅游者未委托的内容则由散客自理。

散客导游的对象特殊,服务的个性化、特异化要求明显,对待他们要有高度的责任感,注意多倾听他们的意见,多用协商的办法向他们提出一些合理化建议。同时多做提醒工作,以使旅游者的参观游览活动安全、愉快、顺利。散客的导游服务工作应遵循下列规程。

(一)出发前的准备

准备好工作必需品及个人日常生活用品。提前与旅游车司机联系好,督促司机做好有关准备工作,使旅游车内保持较为舒适的温度。

导游员应提前15分钟抵达集合地点,等候旅游者的到达。旅游者到达后引导旅游者上车,清点人数。如是选择性旅游团,旅游者分住不同的饭店,导游员应同司机驱车按时到各饭店接运旅游者。

(二)沿途导游服务

散客的沿途导游服务与团队服务基本相同。如果接待的是参加选择性旅游的旅游者,初次与旅游者见面时,导游应代表旅行社、司机向旅游者致以热烈的欢迎,表示愿竭诚为旅游者服务,希望旅游者予以合作,多提宝贵意见和建议,并祝旅游者游览愉快、顺利。导游员除做好沿途导游之外，应特别向旅游者强调在游览中的注意事项，提醒旅游者注意安全。

注意区分个体、少数散客和临时组合起来的选择性旅游团，采用适合他们特点的导游技巧和方法。在接待散客时，导游应沿途多讲解，以多取胜。遇到一座塔、一架桥、一池水、一间屋，导游应有声有色地触景生情，把有关知识、典故、传说、逸事向旅游者进行讲解，这样能减少临时成团的散客因陌生而产生的焦虑，对个体和少数旅游者来讲也是打破僵局、激发高昂游兴的好办法。导游除做好沿途导游之外，应特别关照旅游者在游览中注意安全。

### （三）现场导游讲解

（1）抵达前。在游览景点前，导游员应告知旅游者游览完景点后的上车时间、地点和车号。

（2）景点游览。进入景点游览前，导游员应向旅游者简要介绍景点的大概游览情况；在景点游览中，导游员应对景点的历史背景、特色等进行讲解，语言要生动，有声有色，引导旅游者观赏。如是个体散客，导游员可采用对话或问答形式进行讲解，更显亲切、自然。如是散客组合的旅游团，导游员应陪同旅游团边游览边讲解，随时回答旅游者的提问，由于旅游者彼此之间不认识，团队缺乏凝聚力，导游员在带领旅游者参观游览过程中要密切注意旅游者动向和周围的情况，提醒旅游者彼此照应、紧跟队伍，以防旅游者走失或发生意外事故。

（3）游览后。按照接待计划规定的景点游览结束后，导游员要用车将他们一一送回各自下榻的饭店。

### （四）其他服务

一些特定项目的单项服务类旅游者，如购物者、游博物馆者、风光摄影（像）爱好者、农村经济考察者等散客，和导游面对面接触的机会多，容易使一些话题变得深入，形成共同探讨某一领域问题的局面，这对导游就提出了更高的要求，导游不仅是面面俱到的万事通，并且在一些领域要有独到的见解，能成为旅游者的参谋和顾问。因此，散客回到饭店后，导游员可协助其安排晚间娱乐活动，把可观赏的文艺演出、体育比赛等各类健康项目告知旅游者，由旅游者自由选择。

1. 共同审美

旅游者的旅游活动是一项悦耳悦目、悦心悦意、悦志悦神的有层次的综合性审美活动。"凡山川之明媚者，能使游者欣然而乐""一切景语皆情语"，旅游者愿意领悟这些多姿多彩的审美价值。所以团队游中旅游者每到一处彼此交流审美感受，一句唏嘘赞叹得到队友的"真的太美了！真的很奇妙！"的回应，便让这种美的感受和体验变得更深刻而悠远。在回到家乡的多年之后还会回想起曾有一行人如何在一起对着那些建筑或风景评说与观赏。而散客团中要么是个体旅游者，要么人数很少，要么临时组团，彼此陌生，很难主动沟通，更谈不上去主动共鸣。所以散客团的旅游者要求导游同时扮演三种角色：一是自身做旅游者的直接审美对象；二是审美信息的传递者和引导者；三是审美的交换与分享者。所谓直接审美对象集中体现在导游自身展现出的仪表、风度、心灵美。而审美信息的传递者和引导者则是把旅游者审美对象的自然景观与人文景观用艺术化的形式——主要是导游词表达出来，并在观赏位置、观赏时机的把握和观赏节奏控制等方面引导旅游者进入佳境，获得最大的审美满足。当然在游览的过程中，更要不失时机地接受旅游者发出的要求分享与交换审美感受的信号，适时夸赞旅游者的独特审美视角和审美品位，"投其所好"让旅游者游得其所。

2. 心理服务

导游为旅游者提供服务的过程，也是与旅游者交往的过程。帮助旅游者解决他要求的某项或某些服务，只属于"功能性服务"和"工作"的范围，你用近乎程式化的规范服务能完成工作，却未必能让旅游者满意。只有在提供功能化服务的同时，让旅游者经历愉快，让他们感到亲切和自豪的人际交往，才会让旅游者感到你的服务是优质服务。因为，对旅游者来说，与导游之间的交往，不论是愉快的还是不愉快的，都是他们的经历的重要组成部分。这便是"心理服务"。有心理服务的导游服务工作，要求导游不仅是以"导游"的身份与服务对象"谈工作"，还要善于以西方服务行业的服务语言"I（We）always care[我（我们）时刻关心着]"这一良好的人际态度去和旅游者交往，多征求、探寻他们的意图，尊重他们，多用请教式的提问方法代替质问辩解，甚至批驳，让对方从他自己的嘴里说出你想要说的话和要宣布的决定。例如，请您说得更具体、详尽一点；您要延长在这个景点的游览时间，晚饭就得推后，行吗？这个博物馆共开放5个馆，全部看完需2个小时，我们只有1小时的参观时间，咱们怎么办呢？如果您遇到这种情况，该怎么办呢？

3. 购物顾问

旅游者购物时，导游应当好顾问，主要是提供当地特产、工艺品、纪念品的名称、样式、功能、大致价格以及一般的真假优劣的判别方法等旅游商品信息。

提醒旅游者购物的注意事项，诸如索取并保管如购物凭证等。在旅游者要求参谋服装款式、所购物品的外观、颜色等方面时，尽量让旅游者按自己的兴趣爱好购买。或问：您的先生（太太）更喜欢什么样（颜色）呢？旅游者购物时切莫充当推销高额回扣产品的"导购"，致使旅游者对旅游购物产生因噎废食的行为。例如下面这段导游对夜光杯的介绍。

> 一个到敦煌旅游的散客在导游带他去鸣沙山月牙泉和莫高窟游览结束后告诉导游："我想买几套夜光杯带给朋友，可我印象中夜光杯都是墨绿色的，而敦煌很多工艺品店里卖的黄色、白色、翠绿色的酒具，店主都跟我说是夜光杯，我不太懂就没敢买，您能否为我介绍一下夜光杯呢？"
>
> 导游便为他做了如下的介绍：
>
> "夜光杯传统意义上是用祁连玉精制而成的酒具，是甘肃省久负盛名、历史悠久的传统工艺品，近年来也有用甘肃天水武山蛇纹玉加工而成的夜光杯。夜光杯很早就被人们当作名贵饮酒器皿，早在汉代以前就名扬四海。盛唐时期，诗人王翰《凉州词》'葡萄美酒夜光杯，欲饮琵琶马上催。醉卧沙场君莫笑，古来征战几人回。'的诗句更使夜光杯古今闻名，盛誉海内外，是夜光杯最好的'商品广告'词。"
>
> "夜光杯所用材料是祁连山中的老山玉、新山玉、黑水河玉等玉料，颜色有墨、绿、黄、白多种。其质地细腻，纹样奇妙，软硬适度，可以随意雕琢，造型别致、风格独特、制作工艺精细。有的壁薄如纸，玲珑精巧；有的雕工精细，俏丽别致；有的古色古香，似出土文物；有的新颖大方，具有时代色彩。白的似羊脂，黄的如鹅绒，绿的赛翡翠，墨的似苍叶，五光十色，光亮照人。造型中有喇叭口形、仿古式齐口平底形、西洋式高脚形、中西式喇叭高脚形。还有各种雕花杯、金丝边杯、银丝边杯等二十多个造型规格，夜光杯最突出的特色就是耐高温、抗严寒、斟烫酒不爆不裂，寒冬时不冻不炸，盛酒后色不变、味更浓。"
>
> 经过导游的介绍，旅游者对购物产品有了更加明确的认识。

4.文娱活动服务

散客往往希望其游览期间的娱乐活动富于地方特色，以补充和完善其游览活动。

如一家人以散客身份到敦煌后委托当地旅行社提供导游并第二天送站服务，他们住在敦煌宾馆，计划中包括晚上在酒店观看"敦煌之夏"文艺表演，这是敦煌市为旅游者提供的一项大型歌舞表演活动，在敦煌宾馆举办，是反映丝绸之路上回、藏、维吾尔等多民族风情的歌舞艺术。歌舞多以莫高窟壁画中的素材为原型，以敦煌舞为主题，再现了丝绸之路各民族的舞姿、服饰与音乐。到演出大厅坐定后，导游便找来节目单和曲目介绍等资料指导旅游者阅读，并简要介绍了演出的内容和特点。节目开始后，旅游者将白天在莫高窟看到的壁画和导游的讲解与舞剧——对照并提出各种问题，导游——作答。

爸爸："白天在千佛洞你介绍的叫作天书的乐谱全称是什么？"

导游："唐五代敦煌乐谱。"

爸爸："那位叫席臻贯的敦煌学学者根据什么破译了天书？"

导游："根据唐代诗歌、音乐、舞蹈三者合为一体的观点，解决了音乐和舞蹈共有的节拍问题。我们现在听到的舞曲仔细品味一下，是否有唐诗中所描写的'绝伦''盈耳''入神''婉转'的效果呢？"

爸爸："是复活了那些描写！"

爸爸："这不是敦煌莫高窟'经变画'中讲的礼佛、娱佛时的乐舞形象和场面吗？"

导游："您的眼力真好，正是画中的场景！"

女儿："妈妈，这些飞天是不是与西方的安琪儿很相似？"

妈妈："你们不觉得这些飘带萦绕、翱翔自如的'飞天'更让人遐想无限吗？""这个舞蹈中的少数民族是维吾尔族吧！"

导游："是的，这个是维吾尔族、乌孜别克族的民间舞蹈。"

妈妈："在莫高窟似乎没看到这些原型？"

导游："当然，这是根据丝绸之路上的另外一个重镇，新疆库车一带少数民族的舞蹈编排的，叫作龟兹乐舞，这些舞蹈的原型绘制于那里的克孜尔千佛洞。那里分别绘有'步、弹指、拧腰、翻腕'等基本舞姿和俏皮、活泼的舞蹈神态。这正是当地人民生活场景的再现。辨认一下台上表演者的基本舞姿怎么样？"

妈妈："噢，那灵活柔软的腰肢动作就是拧腰吧，嘿，这个动作是不是'步'？"

> 女儿:"爸爸、妈妈,我们什么时候去克孜尔千佛洞看看?"
> 妈妈:"一定得去!"
> 你不觉得这样一场乐舞观赏之后会余音绕梁、久久不绝吗?果真如此,导游将功不可没。

### (五)后续工作

接待任务结束后,导游员应及时将有关情况反馈给散客部,或填写"散客旅游者登记表"。如在接待过程中有突发事件,应该写出书面报告,上交旅行社。

## 三、送站服务

送站服务是指散客在结束当地活动之后,委托旅行社派遣导游员专门将其送至离站地点。这是散客导游服务过程中的最后一个接待环节。为了使整个接待工作善始善终、顺利安全,送站的导游员要做好每一个环节的工作。

### (一)服务准备

1. 详细阅读送站计划

明确所送散客的姓名、人数、离开本地的日期、所乘航班(车次、船次)以及散客下榻的饭店;了解计划中有无航班(车次、船次)与人数的变更;了解是否需要与其他旅游者合乘一辆车去机场(车站、码头)。

根据旅行社提供的司机电话,提前与司机联系,确定送站车辆的车型、车号。与司机商定送站当天的集合时间、地点。

2. 做好送站准备

提前一天与散客约定离开饭店赴机场或车站、码头的时间,如是散客拼团,应告知托运行李的时间,并通知饭店安排行李员按时到房间取行李,送上行李车托运。根据我国民航及铁路部门的有关规定,根据各地具体情况,导游员一定要提前把旅游者送到离站点。送散客抵达离站点的时间:若旅游者乘坐国际航班离境,应在飞机起飞前3小时抵达机场;旅游者乘国内航班应在飞机起飞前2小时把旅游者送到机场;乘火车则应在列车出发前1小时抵达车站。导游员要认真准备,分析交通情况,按时把旅游者送到机场或车站。

### (二)到饭店接运旅游者

按照与旅游者约定的时间,导游员必须提前20分钟到达旅游者下榻的饭店。

协助旅游者办理离店手续，付清账款，清点行李。提醒旅游者随身携带好自己的相关证件、贵重物品等。然后照顾旅游者上车离店。

如散客团内旅游者分住不同的酒店，则应按预先约定的时间准时抵达各饭店接运旅游者。导游员到达客人下榻的饭店后，未找到需送站的旅游者，应到饭店前台了解旅游者是否已离店，并与司机共同寻找。若超过约定时间20分钟仍未找到旅游者，应向旅行社散客部计调人员报告，请计调人员协助查询，并随时与其保持联系。当确认无法找到旅游者后，经计调人员或有关负责人同意后，方可停止寻找，离开饭店。

若导游送站的散客与住在其他饭店的旅游者合乘一辆车去机场或车站、码头，要严格按约定的时间顺序抵达各饭店。

如遇严重交通堵塞或其他特殊情况，需调整原约定的时间顺序和行车路线，导游应及时向散客部计调部门报告，请计调人员将时间的变化通知其他饭店的旅游者，或请其采取其他措施。

### （三）到站送客

1. 致欢送词

在送旅游者赴机场（车站或码头）途中，导游员应致欢送词，征求旅游者的意见和建议，代表旅行社向旅游者表示感谢，欢迎下次再来。

2. 征求意见

根据旅行社的要求，向旅游者分发"旅游服务质量评价表"，请旅游者填写并收回。

3. 办理登机手续

旅游者到达机场或车站后，导游员应提醒和帮助旅游者带好行李物品，协助旅游者办理登机牌及行李托运手续，并当面核对登机牌及行李牌，交给旅游者，送火车的原则上要把旅游者送上火车，帮忙摆放好行李，提醒注意事项。

4. 与旅游者告别

导游员在同散客告别前，应向机场人员确认航班是否准时起飞，若航班延时起飞，应主动为旅游者提供力所能及的帮助。若确认航班准时起飞，对于乘坐航班离站的旅游者，导游员应将其送至隔离区入口处同其告别。若旅游者乘坐列车或汽车离站，导游员要待交通工具启动后方可离开。若有旅游者还需要再次返回本地，导游员要同旅游者约好返回等候地点。

## （四）结束工作

散客顺利送走后，导游员还要完成接待收尾工作。导游应将散客填写的"旅游服务质量评价表"如数交回散客部门，向部门报告旅游者游览情况及对各项服务的意见、建议，汇报对各协作单位工作质量的看法，必要时应写出书面报告，以利于改进工作，总结带团经验，不断增强带团技能，提高服务质量。若旅游过程中发生重大事故，导游员应写出详细的书面报告，交回接待社。填写有关散客接待表格及结账单，如果出团前向散客部门预领过现金，凭发票报销，退回余款，归还所借物品等。送别散客后，导游员应及时将有关情况反馈给散客计调部门记录在册。

## 本章小结

本章主要介绍了散客旅游、散客旅游与团队旅游的区别，散客旅游的特点及其将来的发展趋势；介绍散客旅游服务的三种类型：旅游咨询服务、单项委托服务和选择性旅游服务。

散客导游服务与团队导游服务也是有所差异的，它们的服务对象、服务集体组合、服务程序、讲解方式和行程的主导者均不相同，散客导游服务相对团队导游服务有自己的特点和要求。散客导游服务的程序与规范和团队导游服务程序与规范也存在较大差异。散客导游服务程序主要包括接站服务、导游服务和送站服务三个步骤。在旅游业快速发展的今天，散客旅游群体在旅游群体中所占有的比例越来越大，做好散客旅游服务对旅游业的持续发展至关重要。

## 即测即练

## 复习思考题

1. 简述散客旅游的概念和特点。
2. 简述散客旅游的类型。
3. 简述散客旅游的项目。

4. 简述散客旅游和团队旅游的区别。

5. 简述散客导游服务的特点。

6. 简述散客导游服务的要求。

7. 简述散客导游服务和团队导游服务的区别。

8. 简述散客接站服务程序。

9. 简述散客导游服务程序。

10. 简述散客送站服务程序。

## 实践训练

1. 课堂布置实训任务，小组成员分别扮演导游员及散客，轮流进行迎接服务的演练，教师在旁指导评价。

2. 课堂布置实训任务，小组成员分别扮演导游员及散客，轮流进行散客导游沿途讲解演练，教师在旁指导评价。

3. 课堂布置实训任务，小组成员分别扮演导游员及散客，轮流进行散客导游送站服务并致欢送词演练，教师在旁指导评价。

# 第三篇　技能篇

# 第七章 常见问题与事故的处理

## 🔍 学习目标

1. 了解旅游事故的类型、特点和处理原则。
2. 熟悉导游员带团过程中常见的各类事故的发生原因。
3. 掌握各类事故的预防措施和处理方法。

## 🔍 能力目标

1. 了解旅游事故的类型和处理原则,形成对旅游事故的正确认识。
2. 熟悉常见事故的发生原因,培养学生分析和解决问题的思辨能力。
3. 掌握各类事故的处理方法,培养学生根据实际情境解决问题的能力。

## 🔍 思政目标

1. 了解旅游事故的特点和处理原则,培养学生的职业意识。
2. 熟悉常见事故的发生原因,增强责任意识。
3. 掌握各类事故的处理方法,培养学生的大局观和使命感。

第七章 常见问题与事故的处理　　145

## 思维导图

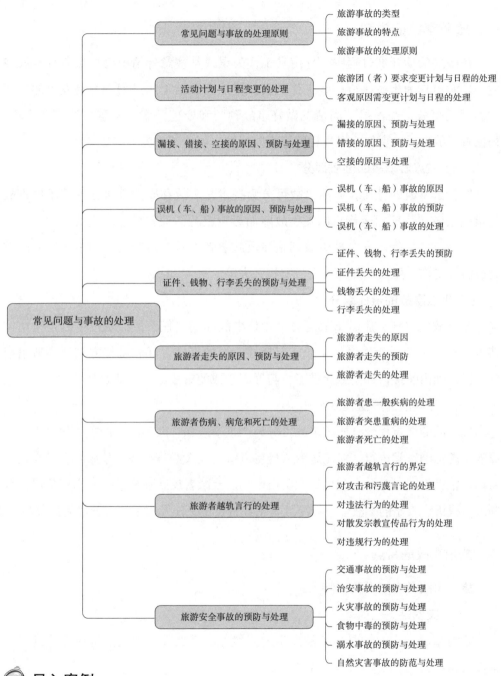

导入案例

# 第一节　常见问题与事故的处理原则

## 一、旅游事故的类型

在旅游活动开展过程中，导游员工作失误或某些意外情况会导致各种事故发生。导游员作为旅游接待一线工作人员，应注意总结工作过程中容易发生的问题和出现的事故，并根据不同情况做好事故预防和处理预案。旅游事故复杂多样，根据事故的性质、责任、严重程度等不同标准，可将其分为不同的类型。

### （一）按旅游事故的性质划分

按旅游事故的性质，旅游事故可分为技术性事故和安全性事故。技术性事故是指因旅游接待部门运行机制发生故障而影响旅游活动安排、落实的事故。如漏接、错接、空接等。安全性事故则是涉及旅游者人身、财产安全的事故。如旅游者患病、受伤、死亡、证件丢失、财物丢失等。

### （二）按事故的责任划分

按事故的责任，旅游事故可分为责任事故和非责任事故。责任事故是指由接待方工作出现差错而造成的事故，包括导游员的直接责任和接待方其他环节出现的差错。而由非接待部门或旅游者自身原因造成的事故则属于非责任事故。

### （三）按事故的严重程度划分

按事故的严重程度，旅游事故可分为严重事故和一般事故。严重事故是指严重影响旅游活动正常进行，对旅游者或接待方造成较大经济损失，给旅游者带来较大身体、精神伤害，对社会产生较大负面影响，旅游者反映强烈甚至提出解除旅游合同进行投诉、索赔的事故。一般事故是指经常发生又能及时采取补救措施的事故。

## 二、旅游事故的特点

旅游事故具有以下几个特点。

### （一）突发性

旅游事故的突发性是指事故发生的偶然性和突然性。如旅游者在游览过程中证件或财物丢失，气候原因导致日程变更等。

### （二）危害性

大多数旅游事故的发生对旅游者、旅游接待方的利益会造成一定程度的损害，严重的还会危及旅游者生命财产安全，并对旅游接待地、旅游企业的形象和声誉产生负面影响。

### （三）复杂性

引发旅游事故的原因多样，处理并消除其影响涉及面广、环节多而复杂。

## 三、旅游事故的处理原则

在旅游接待过程中，无论发生何种事故，导游员身处事故处理的第一线，在处理事故时要敢于承担责任，及时安抚旅游者情绪，尽力缩小影响范围，减少事故造成的损失。常见旅游事故的处理原则如下。

### （一）损失最小化

在事故将要发生或已经发生后，导游员应本着尽可能将双方损失降至最低的原则，积极了解真实情况，迅速与有关部门联络及时进行处理。对接待方的工作失误，要及时向旅游者道歉并予以解决，必要时可给予补偿，以避免引发旅游者强烈不满，而使双方利益进一步受损。

### （二）确保旅游活动正常进行

在处理事故过程中，导游员要确保旅游活动的正常进行。在采取必要措施安抚、稳定旅游者情绪的同时，注重保护旅游者的权益，尽快使事故得到妥善处理。另外，在处理只涉及个别或少数旅游者的事故时，导游员要确保其余多数旅游者的旅游活动不受影响，能够正常进行。

### （三）按照法律、法规处理

导游员在处理旅游事故时，应以我国相关法律、法规和旅游合同为依据，按章办事。在尊重客观事实、厘清责任的同时，积极协商处理，保护当事各方的合法权益。

# 第二节　活动计划与日程变更的处理

旅游活动计划是旅行社根据与旅游者签订的旅游合同制订的游览计划，由于其权威性，无论是导游员还是旅游者，都不能随意更改旅游计划安排。但是在旅游过程中，旅游者或领队会出于某些原因提出变更计划的要求，旅游团有时也会因某些客观因素被迫更改活动计划和日程安排。

## 一、旅游团（者）要求变更计划与日程的处理

在旅游过程中，当旅游团（者）提出变更路线或日程的要求时，导游员原则上应按照合同约定的计划和日程安排旅游团参观游览，一般不随意更改计划和日程安排。但如因特殊情况或由领队提出时，导游员应上报旅行社，并按照旅行社指示和具体要求做好变更的落实工作。

## 二、客观原因需变更计划与日程的处理

在旅游过程中，天气、自然灾害、交通等客观因素和不可预料的情况，迫使旅游团变更活动计划和活动日程的情况时有发生。一般会出现三种情况：①缩短或取消在某地的游览时间；②延长在某地的游览时间；③逗留时间不变但被迫改变部分活动计划。

### （一）缩短或取消在某地的游览时间

旅游团（者）推迟抵达或提前离开，都会缩短在一地的旅游时间，此时地陪应积极做好如下工作。

（1）立即调整活动时间，尽量抓紧时间将计划内的游览行程安排完成。若确有困难，无法完成计划内所有项目，应有应变计划，并选择本地最有代表性、最具特色的重点旅游景点，让旅游者对本地的旅游景观有个基本了解。

（2）如系旅游团（者）提前离开，要及时通知下一站，也可提醒旅行社与下一站取得联系，落实后续事宜。

（3）向旅行社领导及有关部门报告，与饭店、餐厅、车队联系，及时办理退房、退餐、退车等事宜。

### （二）延长在某地的游览时间

旅游团（者）提前抵达或推迟离开都会延长在一地的游览时间，此时地陪应采取相应措施。

（1）与旅行社有关部门或有关人员联系重新落实该团用房、用餐、用车安排。

（2）迅速调整活动日程，适当延长在主要景点的游览时间。经旅行社同意后，可酌情增加游览景点或在晚上安排适当的文体活动，努力使活动内容充实起来。

（3）如系旅游团（者）推迟离开本站，要及时通知下一站，也可请旅行社有关部门或有关人员代为联系下一站。

### （三）逗留时间不变但被迫改变部分活动计划

出于客观原因被迫取消某一活动而由另一活动代替时，导游员要以精彩的讲解、新奇的内容和热情的服务激起旅游者的兴趣，使新的安排得到旅游者的认可。当出现减少（超过半天）或取消一地的游览项目情况时，地陪应与全陪和领队及时沟通，待取得一致意见后由全陪报告组团社，由组团社作出决定并通知有关地方接待旅行社。

## 第三节 漏接、错接、空接的原因、预防与处理

### 一、漏接的原因、预防与处理

#### （一）漏接的原因

漏接是指旅游团（者）抵达后，无导游员迎接的现象。

1. 主观原因

（1）工作不够细致，没有认真阅读接待计划，把旅游团（者）抵达的日期、时间、地点弄错。

（2）迟到，未能按规定时间提前抵达接站地点。

（3）没看变更通知。某些原因使旅游团（者）原定车次、班次出现变更，团队提前到达，但导游员只阅读接待计划，没阅读变更通知，仍按原计划接站。

（4）没查对新的航班时刻表。新、旧时刻表交替时，导游员仍按旧时刻表时间接站。

2. 客观原因

（1）旅游团因原定的班次或车次变更而提前抵达，但上一站接待社漏发变更通知。

（2）接待社已接到变更通知，但有关人员没能及时通知该团地陪。

#### （二）漏接的预防

1. 认真阅读计划

导游员接到任务后，应了解旅游团抵达的日期、时间、接站地点并认真核对清楚，做好接团准备。

2. 核实交通工具到达的准确时间

旅游团抵达的当天，导游员应与旅行社有关部门联系，了解旅游团行程是否

出现变更，并及时与机场（车站、码头）联系，核实抵达的确切时间。

3. 提前抵达接站地点

导游员应与司机商定好出发时间，保证按规定至少提前半小时到达接站地点。

（三）漏接的处理

对自身原因造成的漏接，导游员应实事求是地向旅游者说明情况，诚恳地赔礼道歉，提供更加热情周到的服务，高质量地完成计划内的全部活动内容，以求尽快消除漏接给旅游者带来的不愉快情绪，求得旅游者谅解。

对客观原因造成的漏接，导游员应立即与接待社联系，告知现状，查明原因。同时耐心向旅游者做好安抚和解释工作，消除误解。尽量采取弥补措施，将旅游者的损失降到最低限度。必要时可请接待社领导出面赔礼道歉或酌情给旅游者一定的物质补偿。

## 二、错接的原因、预防与处理

（一）错接的原因

错接是指导游员在接站时未认真核实接待计划，接了不该由其接的旅游团（者）。

错接属于责任事故，主要是因为导游员责任心不强，在接团时没有认真核实旅游团团名、组团社名称、旅游团人数、全陪或领队姓名等相关信息。

（二）错接的预防

1. 提前抵达接站地点

导游员应提前到达接站地点，并按操作规程持接站牌迎接旅游团。

2. 认真核实团队信息

导游员应在接团时认真核实旅游团团名、组团社名称、旅游团人数、全陪或领队姓名、下榻饭店等相关信息。

3. 提高警惕

导游员在接团时要提高警惕，严防其他人员非法接走旅游团。

（三）错接的处理

错接事故一旦发生，要及时向旅行社领导及有关人员报告，查明错接情况，再进行具体处理。若错接发生在同一家旅行社的两个旅游团之间，经领导同意，地陪可不再交换旅游团，按接待计划为旅游者提供热情周到的服务；如是全陪则应尽快交换旅游团并向旅游者致歉。若错接的是其他旅行社的团队，应设法尽快交换旅游团，并向旅游者实事求是地说明情况，诚恳致歉。若旅游团被社会人员非法接走或骗走，要及时报告旅行社和有关主管部门，对不法分子严加惩处。

### 三、空接的原因与处理

#### （一）空接的原因

空接是指导游员按原计划预订的班次或车次接站，但旅游团由于某种原因未能如期抵达而出现导游员没有接到旅游团的情况。

由于天气原因或某种故障，旅游团仍滞留在上一站或途中，下一站旅行社并不知道这种临时变化，而全陪或领队又无法及时通知地方接待社。班次变更后，旅游团推迟到达，接待旅行社有关部门由于没有接到上一站旅行社的通知，或接到了上一站的通知但有关人员忘记通知该团导游员，都有可能造成空接。

#### （二）空接的处理

导游员应立即与本社有关部门联系查明原因。如团队推迟抵达时间不长，可留在接站地点继续等候，迎接旅游团的到来；如推迟时间较长，导游员要按本社有关部门的安排，重新落实接团事宜。

## 第四节 误机（车、船）事故的原因、预防与处理

误机（车、船）事故是指由于某些原因或旅行社相关工作人员的失误，旅游团未能乘坐原定航班（车次、船次）离开本站而暂时滞留。误机（车、船）会直接影响旅游团后续行程，不仅会对旅游者和旅行社造成诸多麻烦及巨大的经济损失，还会严重影响旅行社声誉。因此，这类事故属重大事故，导游员必须保持高度的责任感，严防此类事故发生。

### 一、误机（车、船）事故的原因

#### （一）客观原因造成的非责任事故

由于旅游者自身原因，如未按时集合、走失、重病或途中遭遇交通事故、严重堵车、车辆出现故障等突发状况，造成延误。

### （二）主观原因造成的责任事故

导游员或旅行社其他人员工作上的差错造成延误，如导游员安排日程不当或过紧，致使旅游团未能按规定时间提前到达机场（车站、码头）；导游员没有认真核实交通票据，将离站的时间、地点弄错；航班（车次、船次）出现变更，但旅行社有关人员没有及时通知地陪等。

## 二、误机（车、船）事故的预防

地陪、全陪要提前做好旅游团离站交通票据的落实工作，并认真核对班次、日期、时间、离站地点、目的地等信息。如果票据尚未落实，带团期间应随时与旅行社有关人员保持联系，了解班次（车次、船次）有无变化。

离开本站当天，不安排旅游团到地域复杂、交通不便的景点参观游览；不安排旅游团到人员拥挤、难以集合的地方购物或自由活动。

要考虑到交通堵塞或突发事件等因素，预留充足的时间去机场（车站、码头），保证按规定的时间到达离站地点。其中乘国内航班，提前120分钟到达机场；乘国际航班出境，提前180分钟到达机场；乘火车或轮船，提前60分钟到达火车站或码头。

## 三、误机（车、船）事故的处理

一旦发生误机（车、船）事故，导游员应按以下程序及时进行事故处理：立即向旅行社领导及有关部门报告并请求协助。地陪和接待社尽快与机场（车站、码头）联系，争取推迟起飞（开车、船）时间或让旅游者改乘最近班次（车次、船次）的交通工具离开本站，必要时可采取包机（车厢、船）或改乘其他交通工具赶往下一站。稳定旅游团的情绪，安排好团队滞留期间的相关事宜。及时通知下一站，请其对日程做相应调整。向旅游团（者）赔礼道歉，求得谅解。写出事故报告，查清事故的原因和责任，相关责任人应承担经济损失并接受处分。

# 第五节 证件、钱物、行李丢失的预防与处理

## 一、证件、钱物、行李丢失的预防

旅游活动期间，旅游者丢失证件、钱物、行李的情况时有发生，不仅对旅游

者造成诸多不便和一定的经济损失，也会给导游员的工作带来困难。导游员应经常关注旅游者这些方面的安全隐患，采取各类措施预防此类问题发生。

（1）多做提醒工作。在参观游览过程中，导游员要反复提醒旅游者带好随身物品；在热闹、拥挤的场所和购物时及时提醒旅游者保管好自己的财物；离开饭店时提醒旅游者带好随身行李物品并带齐证件；下车时提醒旅游者不要将贵重物品留在车上。

（2）不要代为保管旅游者证件。导游员在工作中需要使用旅游者的证件时，要经由领队收取，用后立即归还，不代为保管，并且经常提醒旅游者保管好自己的证件。

（3）切实做好每次行李的清点、交接工作。

（4）每次旅游者下车后，导游员都要提醒司机清车、关窗并锁好车门。

## 二、证件丢失的处理

若旅游者证件丢失，导游员应先请失主冷静回忆，详细了解丢失情况，找出线索，尽量协助寻找。如确已丢失，马上报告接待社或组团社，根据旅行社的安排，协助旅游者办理补办手续，所需费用由旅游者自理。

### （一）丢失中华人民共和国居民身份证

由当地接待社核实情况后开具证明，失主本人持证明到当地公安局报失，经核实后开具身份证明或办理临时身份证，旅游者可凭证办理入住登记、购买机票，机场安检人员核准予以放行。

### （二）丢失中国护照和签证

1. 华侨丢失中国护照和签证

由接待社开具证明，失主准备照片。失主本人持遗失证明和照片到省、自治区、直辖市公安机关出入境管理处报失并申请办理新护照。持新护照去其侨居国驻华使、领馆办理入境签证手续。

2. 中国公民出境旅游时丢失护照、签证

请接待地的导游员协助失主在接待社开具遗失证明。持遗失证明到当地警察机构报案，并取得警察机构开具的报失证明。持当地警察机构的报失证明、失主照片和有关护照资料到我国驻该国使、领馆领取中华人民共和国旅行证。回国后，可凭中华人民共和国旅行证和境外警方的报失证明，申请补发新护照。

### （三）丢失外国护照和签证

由旅行社出具证明，请失主准备照片。失主本人持证明去当地公安机关或外国人出入境管理处报失，由其出具证明。失主持公安机关的证明到所在国驻华使、领馆申请补办新护照；领到新护照后返回公安机关办理签证手续。

### （四）丢失团队签证

旅游团团队签证丢失后，应立即到当地公安机关出入境管理处申请补办。首先，准备原团队签证复印件（副本），重新打印与原团队签证格式、内容相同的该团成员名单；然后由接待社开具遗失公函；收齐该团全体成员护照；持以上证明材料到公安机关出入境管理处报失，并填写有关申请表（可由一名旅游者填写，其他成员署名）。

### （五）丢失港澳居民来往内地通行证

失主持当地接待旅行社的证明向遗失地的公安机关报失，经查实后由公安机关的出入境管理部门签发一次性有效的"中华人民共和国出境通行证"。

### （六）丢失台湾居民来往大陆通行证

失主向遗失地的公安机关报失，经调查属实后，可重新申领相应的旅行证件，或发给一次性有效的出境通行证和签注。

### （七）内地（大陆）居民赴港澳台旅游丢失有效证件的处理

内地（大陆）居民所持往来港澳通行证在香港或澳门遗失，可通过香港或澳门中国旅行社向广东省公安厅深圳或珠海出入境签证办事处申请入境通行证返回内地。

大陆居民在台湾遗失"大陆居民往来台湾通行证"，可通过民间机构或委托其大陆亲属，向公安部出入境管理局或原受理申请的公安机关出入境管理部门提出申请，并提交拟入境的具体时间、所乘交通工具信息和入境口岸。经核实后，由公安部出入境管理局通知申请人拟入境口岸所在地的公安机关出入境管理部门签发一次入出境有效的"中华人民共和国入出境通行证"，并通知拟入境口岸的边防检查机关准予入境。入境后由原受理申请的公安机关出入境管理部门补发证明及签注。

## 三、钱物丢失的处理

### （一）外国旅游者钱物丢失的处理

遇到外国旅游者丢失钱物，导游员应首先安抚失主，待其情绪稳定后详细了解物品丢失的经过，物品的数量、形状、特征、价值。仔细分析物品丢失的原因、时间、地点，并迅速判断丢失的性质是不慎丢失还是被盗。若不慎丢失，导游员应积极帮忙寻找；若是被盗，特别是贵重物品被盗，则属于治安事故，导游员应立即向公安机关和保险公司报案，并协助有关人员查清线索，力争破案，找回被窃财物，挽回不良影响。此外，导游员还应及时向接待社领导汇报，听取领导指示，并由接待社出具遗失证明。若丢失的是贵重物品，失主需持证明、本人护照或有效身份证件到公安机关出入境管理处填写失物经过说明，列出遗失物品清单；若失主遗失的是入境时向海关申报的物品，要出示"中国海关行李申报单"；若将"中国海关行李申报单"遗失，要在公安机关出入境管理处申请办理"中国海关行李申报单报失证明"；若遗失物品已在国外办理财产保险，领取保险时需要证明，可向公安机关出入境管理处申请办理"财物报失证明"；若遗失物品是旅行支票、信用卡等票证，在向公安机关报失的同时也要及时向有关银行挂失。失主持上述由公安机关开具的证明，可供出海关时查验或向保险公司索赔。

### （二）国内旅游者钱物丢失的处理

国内旅游者钱物丢失处理程序与外国旅游者基本相同，导游员应立即向公安机关和保险公司报案；及时向接待社领导汇报；若旅游团结束时仍未破案，可根据失主丢失钱物的时间、地点、责任方等具体情况做善后处理。

## 四、行李丢失的处理

旅游者行李丢失多发生在运输或搬运过程中，尽管不是导游员的责任，但行李丢失会给旅游者的旅途生活带来诸多不便，还会影响旅游者情绪，因此导游员也应认真对待，积极协助寻找，帮助旅游者解决问题。

### （一）来华途中丢失行李

海外旅游者来华途中丢失行李，其责任多半在所乘飞机的航空公司，此时导游员的主要责任是帮助旅游者追回行李。导游员首先要带领失主到机场失物登记处办理行李丢失和认领手续。失主需要出示机票及行李牌，详细说明始发站、中转站、行李件数及丢失行李的具体特征，并将其填入失物登记表。然后将失主下榻饭店的名称、房号、联系电话告知登记处并记下登记处的电话和联系人，记下航空公司办事处的地址、电话，以便联系。

旅游者在当地游览期间，导游员要协助失主购买必要的生活用品。若在离开本地前行李仍未找到，导游员要帮助失主将接待社名称、全程旅游线路以及各地可能下榻的饭店名称转告有关航空公司，以便寻回行李后及时运至适宜地点交还失主。

如行李确系丢失，失主可向有关航空公司索赔或按国际惯例赔偿。

### （二）在中国境内丢失行李

旅游者在中国境内丢失行李的责任一般在交通运输部门或行李员。导游员可帮助失主仔细分析出现差错的环节并设法帮其寻找。如果旅游者是在出站领取行李时找不到托运的行李，则有可能是上一站行李交接或行李托运过程中出现了差错，导游员可协助失主凭相关票据至机场（车站、码头）行李查询处登记办理行李丢失手续并填写"行李丢失登记表"；如果是抵达饭店后旅游者告知未拿到行李，导游员可先与全陪、领队一起在本团内寻找，看是否是本团其他成员误拿；如未找到，应及时报告接待社和饭店礼宾部，请其联系相关行李员了解情况并设法寻找。

在行李未找到时，导游员应主动关心、安慰失主，帮助其解决生活方面的困难；经常与有关方面联系、沟通，询问行李查找进展情况；若行李寻回，要及时归还失主。

若确定行李遗失，责任方负责人需出面向失主说明情况并表示歉意。导游员可协助失主根据惯例向有关部门索赔并将行李丢失事故全过程以书面报告形式上报旅行社。

## 第六节　旅游者走失的原因、预防与处理

### 一、旅游者走失的原因

在参观游览或自由活动过程中，旅游团中旅游者走失情况时有发生。造成旅游者走失的原因主要有以下三种：一是导游员照顾不周或安排不当，如没有讲清车牌号、停车位置、集合时间及景点的游览路线。二是旅游者在游览过程中不听从导游员指挥，独自行动导致脱离团队。三是旅游者在自由活动、外出购物时未记清饭店地址和回程路线。

### 二、旅游者走失的预防

无论基于何种原因，发生此类事故都会影响旅游者情绪、有损带团质量。导

游员需增强责任意识，防患于未然。

#### （一）做好提醒工作

提醒旅游者牢记接待社名称、旅游车的车号和标志、导游员的联系方式、下榻饭店的名称和联系电话。团队游览时，提醒旅游者跟住队伍，不要走散；自由活动时，讲明返回路线，提醒旅游者不要走得太远；提醒旅游者不要太晚返回饭店，不要独自前往秩序混乱、热闹拥挤的场所。

#### （二）做好各项活动安排的预报

在每天游览活动开始前，导游员要向旅游者告知当天行程安排，各游览点、用餐点的名称和地址，抵达和停留时间；到游览点后，导游员要在景点示意图前向旅游者讲明游览线路，告知旅游车的停车位置，强调集合时间和地点，并再次提醒旅游者记清旅游车的特征和车号。

#### （三）导游员各司其职加强配合

带团过程中，地陪、全陪、领队要通力合作、密切配合，时刻关注旅游者动向，经常清点人数。地陪负责以高超的讲解技巧和丰富的讲解内容吸引旅游者，全陪和领队则应主动负责做好旅游团的断后工作，以防旅游者走失。

### 三、旅游者走失的处理

#### （一）旅游者在游览过程中走失

1. 了解情况，迅速寻找

在参观游览中，一旦发现有旅游者走失，导游员应即刻拨打该旅游者电话与其取得联系。若无法取得联系，导游员要立即向其他旅游者了解走失旅游者情况，向景区工作人员了解景区情况，并请全陪、领队迅速分头寻找，地陪带领其他旅游者放慢速度继续游览。

2. 向有关部门寻求帮助

在经过认真寻找仍旧找不到走失者时，应立即向游览地的派出所和管理部门求助，特别是在面积大、范围广、进出口多的游览点，可请管理部门通过广播形式寻人或在各进出口协助寻找。

3. 与饭店联系

导游员在寻找过程中可与下榻饭店取得联系，请其帮忙留意旅游者是否已自行返回饭店。

#### 4. 向旅行社报告

如采取了以上措施仍未找到走失的旅游者，导游员应及时向旅行社报告并请求帮助，必要时请示领导，向公安机关报案。

#### 5. 做好善后工作

找到走失的旅游者后，导游员要做好善后工作，分析走失的原因。如责任在导游员，导游员应向旅游者赔礼道歉；如属旅游者责任，导游员在对其进行安慰的同时应讲清利害关系，提醒以后注意，但切忌语气生硬，更不可指责或训斥旅游者。

#### 6. 写出事故报告

若发生严重走失事故，导游员应以书面报告形式，详细记录旅游者走失原因、走失经过、寻找过程、善后处理情况及旅游者反映等。

### （二）旅游者在自由活动时走失

导游员得知旅游者在自由活动时走失后，应立即报告旅行社，请求指示和帮助；通过旅行社向公安局、辖区派出所报案，并向公安机关提供走失者姓名及具体特征；找到走失旅游者后，导游员要问清详细情况并对其进行安抚，必要时可提出善意批评，避免此类事故再次发生；若旅游者走失后出现其他情况，则应视具体情况作为治安事故或其他事故进一步进行处理。

## 第七节　旅游者伤病、病危和死亡的处理

旅游者从常住地到旅游目的地，舟车劳顿加之气候变化、水土不服等原因，部分旅游者难免在旅途中突发疾病或旧病复发。导游员应多关心旅游者身体状况，注意劳逸结合，做好提醒、预防工作，避免人为原因致使旅游者患病。

### 一、旅游者患一般疾病的处理

#### （一）一般疾病的处理

在旅游活动中，旅游者出现感冒、呕吐、腹泻等一般疾病时，导游员应劝其及早就医，多多休息，不要勉强自己参加游览。

如果旅游者选择留在饭店休息，导游员应前去询问身体状况并安排好用餐，必要时通知餐厅为其提供送餐服务。如有需要，导游员可陪同患者前往医院就医，

但应向其讲明医疗费用自理，并提醒患者留好诊断证明和收据。无论发生何种情况，导游员都不要擅自给患者服用自备药，也不要为患者提供用药建议。

### （二）晕动症预防与处理

晕动症是指乘坐交通工具时摇摆、颠簸、旋转、加速运动等各种因素，致内耳前庭平衡感受器受到过度运动刺激，而出现的出冷汗、恶心、呕吐、头晕等症状群，是晕车、晕船、晕机等的总称。晕动症的症状因人而异，轻者头昏、头痛、唾液增多、恶心、呕吐；中度症状者除轻度表现外，还会出现面色苍白、出冷汗、血压下降、呼吸深而慢等症状；严重者剧烈呕吐而导致脱水、电解质紊乱、困倦和认知功能下降、眩晕甚至造成短期作业能力的丧失。为了保证旅游者的旅游质量，导游员应做好晕动症的预防和处理工作。

1. 预防常识

（1）提醒旅游者保持充足的睡眠，避免在旅途中过度疲劳，因为疲劳是晕动症的主要诱因之一。

（2）提醒有晕动症的旅游者在搭乘交通工具之前不要饮酒，建议饮食清淡，避免过度饱食，尽量不要吃油腻食品，以免诱发恶心、呕吐。

（3）照顾有晕动症的旅游者在交通工具前排较平稳的位置就座，座位方向应与行驶方向一致。

（4）提醒有晕动症的旅游者，不要在搭乘交通工具时阅读书籍，也不要直视某个近物或看窗外快速移动的景物，最好闭目养神，也可选择让视觉固定于稳定不动的环境或某一目标上。

（5）建议晕动症严重的旅游者，在搭乘交通工具前 0.5~1 小时服用抗组胺类和抗胆碱类药物，避免症状发生或减轻症状。

2. 处理常识

（1）如有晕动症旅游者开始出现反应，导游员应立即关心旅游者身体状况，及时将其调整到合适的位置。

（2）将风油精或清凉油涂抹于旅游者的太阳穴或风池穴上。

（3）提醒旅游者将腰带束紧，防止身体过度晃动，减少腹腔内脏的震荡，缓解不适。

（4）准备好食品袋和纸巾，尽快清除呕吐物。

（5）如晕动症旅游者症状严重，及时联系乘务人员，当旅游者出现出冷汗、四肢发凉的症状时，应立即就医。

### （三）中暑预防与处理

中暑是指在高温和热辐射的长时间作用下，人体内热量不能及时散发，引起机体体温调节障碍，水、电解质代谢紊乱及神经系统功能损害的症状的总称。中暑的程度可分为先兆中暑、轻度中暑、重度中暑三级。先兆中暑，高温环境中大量出汗、口渴、头昏、耳鸣、胸闷、心悸、恶心、四肢无力、注意力不集中，体温不超过37.5 ℃；轻度中暑具有先兆中暑的症状，同时体温在38.5 ℃以上，并伴有面色潮红、胸闷、皮肤灼热等现象，或者出现皮肤湿冷、呕吐、血压下降、脉搏细而快的情况；重度中暑除以上症状外，发生昏厥或痉挛，皮肤干燥，体温在40 ℃以上。

1. 预防常识

（1）做好防护工作。导游员应提醒旅游者做好防暑工作，如打遮阳伞、戴遮阳帽、戴太阳镜、涂抹防晒霜，外出时衣着尽量轻薄透气，建议穿着棉、麻、丝等材质的白色、浅色或素色衣服，少穿深色的化纤品类服装。

（2）避免在烈日下活动。带团参观游览时要注意劳逸结合，尽量避免旅游者长时间在强烈日光下活动，特别是在正午阳光最强烈时。另外，在气温高且无风的地方也不建议逗留过久。

（3）多喝淡盐开水。夏季旅游出汗多，体内盐分减少，可少量多次饮水或多吃些消暑清热的瓜果饮料、多喝清淡盐水。

（4）准备防暑用品。在夏季出游前，应准备好预防和治疗中暑的药物，如藿香正气水、十滴水、人丹、清凉油、风油精等。

2. 处理常识

（1）迅速将中暑旅游者抬到通风、阴凉、干爽处休息，使其仰卧并解开衣扣，松开或脱去衣服，如衣服被汗水湿透，最好能更换干衣服。同时可用扇子轻扇，帮助散热。

（2）面部发红的患者可将头部稍垫高，面部发白者头部略放低，使其周身血液流通。

（3）最好在患者头部捂上一块冷毛巾，可用浓度50%的酒精、冰水、冷水进行全身擦浴，使末梢血管扩张，促进血液循环，然后用扇子或电扇吹风，促进散热。

（4）若患者已失去知觉，可让其嗅一些有刺激气味的东西或掐其人中，刺激其苏醒，醒后可喂一些清凉饮料或淡盐水。

（5）轻症患者经上述处理后，待体温降至 38 ℃后，生命体征平稳可送其回饭店休息；重症中暑患者应该迅速与医院联系，送医救治。

## 二、旅游者突患重病的处理

### （一）旅游者突患重病时

若旅游者在乘车前往景点途中患重病，在征得患者、患者亲友或领队同意后，立即将其送往就近的医院，必要时可暂时中止行程，用旅游车将患者送往医院；同时应及时将情况通知旅行社，请求指示并派人协助；一般情况由全陪、领队或患者亲友陪同就医，地陪需继续带领其他旅游者前往景点参观游览。若旅游者在景点参观游览时突患重病，一般不要搬动患病旅游者，让其就地坐下或躺下，可以进行简单急救并拨打急救电话，同时请求景点工作人员协助，并及时将情况报知旅行社领导或有关人员。若旅游者在饭店患重病时，先请饭店医务人员抢救，然后将患病旅游者送往医院，并及时将情况报告旅行社。若旅游者在旅途中突发重病，全陪应请求乘务员在飞机、火车或轮船上寻找医生，采取措施就地抢救，并通知下一站急救中心和旅行社做好抢救准备。

### （二）旅游者病危时

旅游者病危时，导游员应立即协助领队、患者家属陪同患者前往急救中心或医院抢救。若患者是国际急救组织的投保者，导游员还应提醒其亲属或领队及时与该组织代理机构联系。若患者病危，但亲属又不在身边，导游员应提醒领队及时通知患者亲属。如果患者亲属系外国人，导游员要提醒领队联系患者所在国使、领馆，敦促其亲属迅速来华。患者亲属到后，导游员要协助其解决生活方面的问题；若找不到亲属，一切按使、领馆的书面意见处理。

### （三）旅游者急救时

在抢救过程中，导游员应要求领队或患者亲属在场，并详细记录患者患病前后的症状和治疗情况，并请接待社领导到现场或与接待社保持联系，随时汇报患者情况。如需进行手术或签字，应征得患者亲属同意并请其签字，如亲属不在，需由领队同意并代为签字。有关诊疗、抢救或手术的书面材料，由主治医生签字并由医院妥善保管，以备查验。

### （四）后续工作

患病旅游者转危为安但仍需住院治疗时，接待社领导和导游员（主要是地陪）应不时去医院探望，帮助患者及亲属解决生活困难。若患病旅游者不能继续随团旅游或离境，要帮助其办理分离签证、延期签证及出院、回国手续和交通票证等善后事宜。通常患病旅游者住院及医疗费用自理，离团住院期间未享受的综合服务费由旅行社之间结算后，按协议规定退还本人，患病旅游者的亲属在华期间的一切费用自理。

## 三、旅游者死亡的处理

当出现旅游者死亡的情况时，导游员应沉着冷静，立即向接待社领导和有关人员汇报，请领导出面按有关规定办理善后事宜，导游员不可单独行事。

如果死者亲属不在身边，应立即通知亲属前来处理后事；若死者系外籍旅游者，应通过领队迅速与死者所属国的驻华使、领馆联系，通知其亲属来华。

如是因病死亡，须经医院开具"抢救工作报告""死亡诊断证明书"，由主治医生签字盖章，复印后交给死者亲属、领队或旅行社。

一般情况下对死者不做尸体解剖，如要求解剖尸体，应有死者亲属或领队或其所在国使、领馆有关官员签字的书面请求，经医院和有关部门同意后方可进行。

如属非正常死亡，导游员应保护好现场，立即向公安机关和旅行社报告，协助有关部门查明旅游者死因。如需解剖尸体，要征得死者亲属，所在国驻华使、领馆人员或领队的同意和签字认可，并由公安、司法机关按有关规定办理，解剖后出具"尸体解剖报告"。死因确定后，导游在与死者亲属、领队协商一致后，请领队向全团宣布死亡原因及抢救过程。

遗体处理一般以在当地火化为宜，遗体火化前，应由死者亲属或领队或所在国家驻华使、领馆提出"火化申请书"并签字。死者遗体由死者亲属、领队护送火化后，火葬场将死者的火化证明书交给死者亲属或领队；我国民政部门发给对方携带骨灰出境证明。在办理各有关事项时，我方应提供必要的协助。

死者如在生前已办理人寿保险，我方应协助死者亲属办理人寿保险索赔、医疗费报销等有关证明。

若死者亲属要求将遗体运送回国，除需办理上述手续外，还应由医院对尸体进行防腐处理，并办理"尸体防腐证明书""装殓证明书""外国人运送灵柩（骨灰）许可证"和"尸体灵柩进出境许可证"等文件，且灵柩要按有关规定包装运输，方可将遗体运送出境。同时须由死者所在国驻华使、领馆办理一张经由国的通行证，此证随灵柩同行。

遗物由导游员协助死者亲属、领队或所在国驻华使、领馆有关官员共同清点造册，开列清单，各方签字确认后，交由死者亲属或死者所在国驻华使、领馆有关人员带回国。接收遗物者应在收据上签字，收据上应注明接收时间、地点、在场人员等。

有关抢救死者的医疗、火化、尸体运送、交通等各项费用，一律由死者亲属或该团队支付。

事故处理后，将全部报告、证明文件、清单及有关材料存档备案。

## 第八节　旅游者越轨言行的处理

### 一、旅游者越轨言行的界定

越轨言行一般是指旅游者侵犯一个主权国家的法律和世界公认的国际准则的言行。这类问题的出现，轻者会带来矛盾冲突，重者会违犯法律。虽然这属于旅游者的个人问题，但处理不当也会产生不良后果。因此，处理这类问题应非常慎重，事前要认真调查核实，分清越轨行为和非越轨行为的界限、有意和无意的界限、无故和有因的界限、言论和行为的界限、正常交往和非正常交往的界限。导游员必须具备很强的政治和法治观念，才能正确区别上述界限并处理此类问题，才能团结朋友、增进友谊、维护国家的主权和尊严。

### 二、对攻击和污蔑言论的处理

导游员对于外国旅游者因社会制度、政治观点或风俗习惯不同而产生的误解、曲解或认知差异，应正面、友好地回应，自觉宣传我国国情，认真回答旅游者的问题，阐明我国对某些问题的立场、观点，多做工作，消除误解，求同存异。

对于站在敌对立场恶意攻击我国、蓄意诬蔑挑衅的旅游者，导游员应严正表明我国立场并据理驳斥。若对方一意孤行，影响面大或有违法行为，导游员应立即向有关部门报告，查明后依法依规严肃处理。

### 三、对违法行为的处理

对于外国旅游者的违法行为，首先要分清是由于对我国的法规缺乏了解，还是明知故犯。对前者，导游员应讲清道理，指出错误之处，并根据其违法行为的性质、危害程度确定是否报有关部门处理。对明知故犯者，导游员要提出严正警告，明确指出其行为是中国法律法规所不允许的，并报告有关部门严肃处理。

导游员若发现旅游者有窃取我国机密和经济情报行为，从事走私、贩毒、偷盗文物、嫖娼、卖淫等犯罪活动，应立即汇报，并配合司法部门查明罪责，严肃处理。

### 四、对散发宗教宣传品行为的处理

虽然我国法律规定，公民享有宗教信仰自由的权利，但未经我国宗教团体邀请和允许，外国旅游者不得在我国布道、主持宗教活动和在非完备活动场合散发宗教宣传品。导游员如发现外国旅游者有上述行为，一定要予以劝阻，并向其宣传我国宗教政策。处理这类事件要注意政策界限和方式方法，但对不听劝告并有明显破坏活动者，应迅速报告，交由公安机关处理。

### 五、对违规行为的处理

#### （一）对异性越轨行为的处理

当发生旅游者对异性行为不轨时，导游员应予以阻止，并告知中国人的道德观念和异性间的行为准则。对于旅游者中举止不端、行为猥亵的任何表现，都应郑重指出其行为的严重性，令其立即改正。对于不顾劝阻、情节严重者应及时报告有关部门依法处理。

#### （二）对酗酒闹事者的处理

如遇旅游者随团过程中酗酒，导游员应先规劝并向其说明可能产生的严重后果，尽力阻止其过量饮酒。对不听劝告、酗酒闹事、扰乱社会秩序、侵犯他人、造成人身伤害或财产损失的肇事者，导游员应配合公安机关追究其法律责任。

## 第九节　旅游安全事故的预防与处理

根据《旅游安全管理办法》的规定：凡是突然发生，造成或者可能造成旅游者人身伤亡、财产损失，需要采取应急处置措施予以应对的自然灾害、事故灾难、公共卫生事件和社会安全事件，均称旅游突发事件。

根据旅游突发事件的性质、危害程度、可控性以及造成或者可能造成的影响，旅游突发事件一般分为特别重大、重大、较大和一般四级。

特别重大旅游突发事件是指：第一，造成或者可能造成人员死亡（含失踪）30人以上或者重伤100人以上；第二，旅游者500人以上滞留超过24小时，并对当地生产生活秩序造成严重影响；第三，其他在境内外产生特别重大影响，并对旅游者人身、财产安全造成特别重大威胁的事件。

重大旅游突发事件是指：第一，造成或者可能造成人员死亡（含失踪）10人以上、30人以下或者重伤50人以上、100人以下；第二，旅游者200人以上滞留超过24小时，对当地生产生活秩序造成较严重影响；第三，其他在境内外产生重大影响，并对旅游者人身、财产安全造成重大威胁的事件。

较大旅游突发事件是指：第一，造成或者可能造成人员死亡（含失踪）3人以上、10人以下或者重伤10人以上、50人以下；第二，旅游者50人以上、200人以下滞留超过24小时，并对当地生产生活秩序造成较大影响；第三，其他在境内外产生较大影响，并对旅游者人身、财产安全造成较大威胁的事件。

一般旅游突发事件是指：第一，造成或者可能造成人员死亡（含失踪）3人以下或者重伤10人以下；第二，旅游者50人以下滞留超过24小时，并对当地生产生活秩序造成一定影响；第三，其他在境内外产生一定影响，并对旅游者人身、财产安全造成一定威胁的事件。

旅行社接待过程中可能发生的涉及旅游者人身、财产安全的事故均为旅游安全事故，主要包括交通事故、治安事故、火灾事故、食物中毒等。

## 一、交通事故的预防与处理

### （一）交通事故的预防

交通事故中最常见的是汽车事故。因此，在车辆行驶过程中，一定要保证司机注意力高度集中，不要与司机聊天，以免分散其注意力。同时，导游员要增强安全责任意识，提醒司机不要疲劳驾驶，提醒司机经常检查车辆，协助司机做好安全行车工作。在安排游览日程时，需预留出一定的空余时间，避免司机因赶时间而违章超速行驶，车辆行驶中不催促司机开快车。如遇雨雪天气、交通堵塞、路况不好等情况，或在狭窄道路、山区行车时，导游员要主动提醒司机注意安全，谨慎驾驶。

如遇有道路不安全的情况，可以调整行程，必须把安全放在首位。此外，导游员应阻止非本车司机开车，提醒司机在工作期间不要饮酒。如遇司机酒后驾车，决不姑息迁就，导游员要立即阻止并向旅行社领导汇报，请其改派其他车辆或更换司机。

**（二）交通事故的处理**

1. 立即组织抢救

发生交通事故时，导游员应立即组织人员迅速抢救受伤的旅游者。让旅游者离开事故车辆的同时，对伤员特别是重伤员进行止血、包扎等初步处理；对轻伤者就地进行基本处置。打电话呼叫救护车或立即拦车将伤员送往距出事地点最近的医院抢救。

2. 报案并保护事发现场

事故发生后，导游员要尽快通知交通、公安部门，请求派人来现场调查处理，并设法保护现场肇事痕迹，尽量不在忙乱中破坏现场。同时迅速向旅行社汇报事故情况，请求其派人前来指挥事故处理，并安排车辆把未受伤或轻伤者接送至下榻饭店。

3. 做好安抚工作，处理善后事宜

交通事故发生后，导游员应做好团内其他旅游者的安抚工作，如条件允许，应争取继续按计划进行参观游览活动。事故原因查清后，由领队或旅行社领导出面向全团旅游者说明事故原因及处理情况，同时落实保险等相关事宜。

4. 提交书面报告

交通事故处理结束后，导游员要写出书面事故报告。详细记录事故发生时间、地点、性质、原因；抢救经过及治疗情况；事故责任划分及处理结果；受伤者及其他旅游者对处理的反应等。报告最好和领队联合署名，力求客观、详细、实事求是。

## 二、治安事故的预防与处理

治安事故是指在旅游过程中，坏人骚扰、行凶、诈骗、盗窃、抢劫等导致旅游者身心健康和财物受到不同程度损害的事故。

**（一）治安事故的预防**

导游员在带团过程中要提高警惕，采取以下措施防止发生治安事故。

（1）入住饭店时，建议旅游者将贵重物品存入饭店保险柜，不要随身携带大量现金或将其放在客房内。

（2）提醒旅游者不要把房号随便告诉陌生人，不要让陌生人或自称饭店工作人员的人随便进入房间，出入房间要锁好门；夜晚要锁好房门，不要贸然开门。

（3）向旅游者介绍我国外汇管理规定，提醒旅游者不要与私人兑换外币，以免被骗。

（4）下车时提醒旅游者不要将证件和贵重物品放在车内。旅游者离车后提醒司机关好车窗、锁好车门，尽量不要走远。行车过程中，不得让无关人员上车、搭车，若遇不明身份者拦车，要提醒司机不要停车。

（5）在旅游景点参观游览时，导游员自始至终都应与旅游者在一起，并随时注意观察周围的环境，发现可疑的人或在人多拥挤时，提醒旅游者看管好自己的财物，并随时清点人数，避免旅游者走失。

（二）治安事故的处理

1. 全力保护旅游者

发生治安事故，导游员绝不能置身事外，更不能临阵脱逃，必须挺身而出，在保护旅游者人身安全的同时也要注意自身安全。不可鲁莽行事，以保护旅游者安全为重。

2. 迅速抢救

如有旅游者受伤，应立即进行止血、包扎等初步处理并将伤者送去医院治疗。

3. 立即报警

治安事故发生后，导游员应立即向当地公安机关报案并配合破案。报案时客观描述事故发生的时间、地点和案情经过，提供犯罪嫌疑人特征，告之受害者姓名、性别、国籍、伤势及损失物品的名称、数量、型号、特征等。

4. 及时向接待社领导报告

导游员向公安机关报案的同时也要及时将治安事故发生的情况汇报给旅行社领导并请求指示，情况严重时可请领导前来指挥处理。

5. 做好善后工作

治安事故发生后，导游员应注意做好旅游者情绪的安抚，并努力使旅游活动能够按计划顺利落实。导游员应在有关领导指挥下，准备好必要的证明资料，处理好各项善后工作。

6. 写出书面报告

事故处理后，导游员应按要求写出内容翔实的书面报告，报告内容应涉及案件的性质、采取的应急措施、侦破情况、受害者和旅游团其他成员的情绪及有何反应、要求等。

### 三、火灾事故的预防与处理

#### （一）火灾事故的预防

饭店、景点、娱乐购物场所发生火灾会严重威胁旅游者的生命、财产安全。为了防止火灾事故发生，导游员应提醒旅游者不要携带易燃易爆危险品，不要乱扔烟头和火种，不要在客房内尤其是躺在床上吸烟。导游员在日常工作中应熟悉饭店等相关场所的防火设施，了解安全出口、安全楼梯的位置，掌握安全转移路线和火灾避难、救护的基本常识。此外，导游员还应牢记火警电话并掌握领队和全体旅游者的房间号码，一旦发生火灾，能够迅速通知全团进行紧急疏散。

#### （二）火灾事故的处理

一旦发生火灾，导游员应保持冷静，立即拨打火警电话。导游员要迅速通知领队和全团旅游者，听从工作人员指挥通过安全出口进行紧急疏散。如果情况危急，无法马上离开火灾现场或被困，导游员应引导旅游者采取措施自救，千万不能让旅游者搭乘电梯或慌乱跳楼。可用湿毛巾捂住口、鼻，尽量将身体重心下移，使面部贴近墙壁、墙根或地面；必须穿过浓烟时，可用水浇湿全身或用浸湿的衣被包裹身体、捂住口鼻，贴近地面沿墙壁蹲行或爬行；身上着火时，可就地打滚将火苗压灭，或用厚重衣物扑灭火苗；大火封门无法逃离时，可用浸湿的衣物、被褥将门封堵塞严，并泼水降温等待救援；当消防队员前来救援时，可在窗口摇动色彩鲜艳的衣物或大声呼喊，争取尽早得到救援。获救后，导游员应立刻组织抢救受伤者，若有受伤者，应尽快送往医院治疗。若有旅游者死亡，可按旅游者死亡相关程序进行处理。此外，导游员还要安抚旅游者情绪，并帮其解决生活上的困难，如条件允许也可尝试继续完成未完成的旅游活动。导游员应在旅行社有关领导指挥下，处理好各项善后工作，并提交详细的书面报告。

### 四、食物中毒的预防与处理

旅游者在食用变质或不干净的食物后常会发生食物中毒。其特点是潜伏期短、发病快，且极易集体发病，若抢救不及时，还会危及生命。

### （一）食物中毒的预防

为防止食物中毒事故发生，导游员应严格执行在旅游定点餐厅就餐的规定；用餐时，若发现食物、饮料不卫生，或有异味变质的情况，导游员应立即要求更换，并要求餐厅负责人出面道歉，必要时可向旅行社领导汇报。同时应提醒旅游者不要在小摊上购买食物，不随意采摘、食用景点内的野果，并讲清"水土"问题，即本地人能吃的食物，外地人并不一定能吃。

### （二）食物中毒的处理

发现旅游者食物中毒，导游员应设法帮其催吐，让食物中毒者多喝水以加速排泄，缓解毒性；立即将患者送医院抢救，请医生开具诊断证明；迅速报告旅行社并追究供餐单位的责任。

## 五、溺水事故的预防与处理

溺水又称淹溺，是指人淹没于水中，水充满呼吸道和肺泡，引起换气障碍而窒息。也可因反射性喉、气管、支气管痉挛和水中污泥、杂草堵塞呼吸道而发生窒息。

### （一）溺水事故的预防

为了防止溺水事故发生，导游员应做到以下几点。

（1）劝阻旅游者，请他们不要前往水情不明或偏僻的非游泳区游泳。

（2）提醒旅游者在游泳前要做适当的准备活动，以防抽筋。劝阻不会游泳者，使其不要游到深水区，即使带着救生圈也不安全。

（3）在河边、湖边、海边观光时，导游员要提醒旅游者（特别是老人和小孩），不要过于靠近水边行走，以防不慎落水。

（4）进行水上漂流活动的组织时，导游员应要求旅游者将救生衣穿戴整齐，并详细说明注意事项。

（5）在进行旅游者乘船游览活动的组织时，导游员要注意船只超载问题，掌握救生设备的存放位置和使用方法。

（6）在水面封冻初期或解冻期，导游员应及时提醒和制止旅游者在冰上滑冰或行走，以防不慎落水。

### （二）溺水事故的处理

1. 及时救援

旅游者发生溺水事故时，导游员应保持镇静，如果熟悉水性，应尽快脱去衣物，尤其要脱去鞋、靴。迅速游至溺水者附近准备施救。对筋疲力尽的溺水者可从头部接近；对神志清醒的溺水者应从背后接近，用一只手从背后抱住溺水者的头颈，另一只手抓住溺水者的手臂游向岸边。如导游员游泳技术不熟练或不识水性，则最好携带救生圈、木板或用小船进行救护，或投下绳索、竹竿等，使溺水者握住再拖带上岸。同时，请求同伴或周围人打110、120电话。及时将溺水者情况报告接待社。

救援时要注意防止被溺水者紧抱缠身而双双发生危险。如被抱住，不要相互拖拉，应放手自沉，使溺水者手松开，再进行救护。

2. 紧急施救

溺水者救上岸后，如已昏迷、心跳停止、呼吸停止，应立即采取措施进行现场急救。方法正确、及时的急救措施有时甚至可以使几乎毫无生机的溺水者转危为安。岸上急救最主要的目的是迅速恢复严重溺水者的呼吸和心跳。

通常采取的操作程序如下。

（1）判断有无意识。迅速将溺水者放置于仰卧体位，使其头部与躯干成一条直线，头部不能高于心脏位置，双手置于躯干两侧（一定要在坚实的平面上），同时轻拍并呼唤溺水者。

（2）如无反应，立即呼救，拨打120急救电话。

（3）用仰头抬颌法打开气道。在抢救过程中，须事先清除溺水者口、鼻中的污泥、杂草及分泌物，始终保持呼吸道通畅。

（4）通过看、听，感觉、观察并判断溺水者有无呼吸活动。如呼吸和意识恢复，则不用吹气，注意检测，并使其恢复体位。

（5）如无呼吸，应立即进行口对口人工呼吸。吹两口气，吹气量在700~1 000毫升为宜。

（6）检查溺水者颈动脉有无脉搏。如无脉搏，立即进行胸外心脏按压。按压频率100次/分；按压深度成人4~5厘米，儿童2~3厘米。

（7）按压30次，吹气2次，为一个循环。两分钟内连续完成五个循环后再判断溺水者情况，检查脉搏、呼吸、瞳孔有无变化。不得随意终止抢救，直至医务人员接手。

3. 善后处理

溺水旅游者送医后，导游员应继续按计划落实旅游团的参观游览活动，并对其进行安抚，提醒今后多加注意。

同时，导游员应将整个事故过程和救治情况写出书面报告，内容包括溺水原因、救援经过、救治情况、救治结果和其他旅游者反应等。

**六、自然灾害事故的防范与处理**

在旅游活动中，无论如何精心计划，都难免遇到意想不到的自然灾害，如地震、台风、洪水、泥石流、海啸等。为减少自然灾害引发的旅游事故，导游员应多学习一些关于各种避险、救护的知识，有备无患，在关键时刻进行应急处理，组织旅游者自救。

**（一）地震**

地震发生时，若在室内，应就地避险，躲在桌、床等结实的家具下；或躲进窄小空间内，如卫生间或内墙角，并利用衣物、被褥、枕头等保护头部；可能时，在两次震动之间迅速撤至室外。不要乘坐电梯，不要在楼道停留躲避，更不要为取财物折返房中。若在室外，尽量避开高大建筑物、狭窄街道、玻璃幕墙、高压线、变压器等危险物；注意保护头部，防止砸伤。若旅游团正在游览中，导游员应迅速引导旅游者自救，然后带领旅游者跑至空旷场地蹲下避险。若地震发生时团队在野外游览，导游员要带领旅游者避开山脚、陡崖，以防止滚石和滑坡；如遇到山崩，要带领旅游者向滚石前进方向两侧躲避。若在行车途中遭遇地震，应立即让司机将车开往空旷处停车，并提醒旅游者抓牢座位，降低重心，不要跳车，待地震后有序撤离。

**（二）台风**

导游员在季节性台风地区带团时，要关注天气情况，每天收听天气预报，做好应急准备工作。如果气象台发出台风警报，导游员应与地接社和组团社联系，对旅游活动日程做适当的变更。若带团在野外游览时听到台风预报，应带团迅速返回。若在海边或低洼地区遇到台风，应尽快带领旅游者远离海岸，到台风避难所躲避。若旅游团正在旅游车内，应马上提醒司机将车开到地下停车场或其他坚固的隐蔽处。若旅游团宿住在帐篷里，应迅速转移到坚固的房屋中避险并将门窗紧闭。

**（三）洪水**

导游员应在出发前收听天气预报，有红色预警（3小时内降雨量将达100毫米以上，或者已达 100 毫米以上且降雨可能持续）或橙色预警（3 小时内降雨量将达 50 毫米以上，或者已达 50 毫米以上且可能持续），应对计划的山区、河湖或低洼地区的游览行程采取相应措施，与旅游者协商，适当调整旅游项目。若游览中遭遇洪水侵袭，应带领旅游者迅速离开低洼地带，选择有利地形，将旅游者转移至地势较高的地方躲避洪水。若没来得及完全转移，应带领旅游者选择安全的位置等待救援，并向外界发出求救信号。

### （四）泥石流

导游员在带团过程中若经过泥石流多发区，应密切关注当地的天气预报，对在大雨天或连续阴雨天的山区旅游项目，要同旅行社联系变更日程安排，并注意不要在暴雨刚停时带团赴山区或经过山区旅游。泥石流发生时，导游员要迅速组织旅游者逃离危险地带，带领旅游团向山坡上坚固的高处或连片的岩石区快跑，不要停留在山坡下的房屋、电线杆、河沟边和低洼处，也不要上树躲避。逃离时要尽量与泥石流的流向成垂直的方向奔跑，切勿与泥石流同向奔跑。不要带领旅游者停留在泥石流附近的土质松软处或土体不稳定的斜坡上。组织旅游者快跑时，要提醒他们扔掉一切妨碍速度的物品。到达安全地带后，要立即与旅行社或当地有关部门联系，汇报情况请求救援。

### （五）海啸

海啸是一种灾难性的海浪，通常由震源在海底 50 千米以内、里氏 6.5 级以上的海底地震引起。海啸发生的最早信号是地面强烈震动，但地震波与海啸的到达有一个时间差，可利用这个时间快速撤离避险。如感到强烈地震或长时间的震动，需要立即离开海岸，快速到高地等安全处避难，全团尽量集中。如果收到海啸警报，即使没有感觉到震动，也要立即离开海岸，快速撤离到安全处避险。通过当地媒体或导游随时掌握信息，在没有解除海啸警报前，切勿靠近海岸。

## 本章小结

本章主要介绍了旅游活动中可能发生的事故类型、事故原因、事故预防措施及处理方法。强调了导游员在带团过程中要增强责任意识，高度重视团队的安全问题，具备足够的事故处理能力和应变能力，才能尽量避免或减少事故发生。若事故已经发生，导游员应沉着冷静，积极采取必要措施，妥善解决，力争将事故的影响和损失降至最低。

### 即测即练

### 复习思考题

1. 常见旅游事故的处理原则有哪些？
2. 造成漏接的原因有哪些？怎样预防和处理？
3. 旅游者在中国境内丢失行李该如何处理？
4. 旅游者在游览过程中走失该如何处理？
5. 旅游者在游览途中突患重病应该如何处理？
6. 旅途中发生交通事故应如何处理？

### 实践训练

1. 教师分发实训案例材料，学生阅读案例资料，分析造成误机事故的原因。学生分组进行角色扮演，模拟演练误机事故处理。

2. 学生分组，以小组汇报形式提交误机案例分析记录。教师点评、组间互评相结合。归纳总结任务要点，分析处理方案合理性并纠正情境模拟中存在的问题，提出改进意见。

# 第八章 旅游者个别要求的处理

## 🔍 学习目标

1. 了解处理旅游者个别要求的基本原则。

2. 熟悉旅游者意见、建议、投诉的处理程序和在探亲访友、转递物品等方面个别要求的处理方法。

3. 掌握旅游者在餐饮、住宿、购物、娱乐、交通、游览等方面个别要求的处理方法。

## 🔍 能力目标

1. 了解处理旅游者个别要求的基本原则，树立学生服务意识。

2. 熟悉旅游者意见、建议、投诉的处理程序和在探亲访友、转递物品等方面个别要求的处理方法，培养学生柔性沟通方法与技巧。

3. 掌握旅游者在食、住、行、游、购、娱等方面个别要求的处理方法，培养学生处理相关问题的能力并强化导游职业素养。

## 🔍 思政目标

1. 了解处理旅游者个别要求的基本原则，培养学生处理个别问题时的契约精神和人文关怀。

2. 熟悉旅游者意见、建议、投诉的处理程序和在探亲访友、转递物品等方面个别要求的处理方法，培养学生的职业素养和敬业精神。

3. 掌握旅游者在食、住、行、游、购、娱等方面个别要求的处理方法，培养正确的价值观和职业观。

## 思维导图

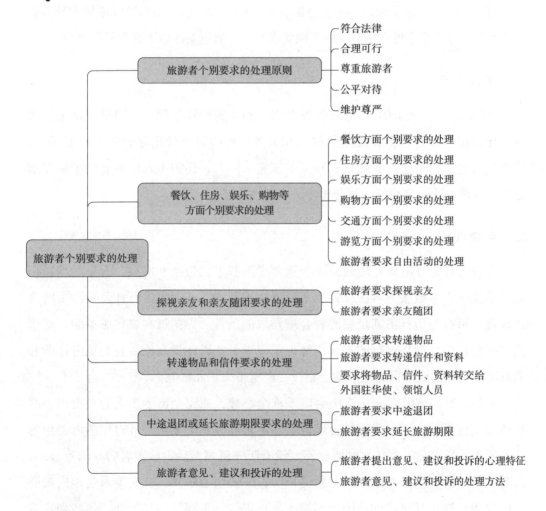

## 导入案例

## 第一节 旅游者个别要求的处理原则

旅游者的个别要求是指参加团体旅游的旅游者提出的各种计划外的特殊要求。导游员在旅游服务过程中除了要按照合同约定的内容开展工作外，还经常会面对旅游者提出的各种特殊要求。旅游者提出的个别要求通常有四种情况：①合理且经过导游员的努力可以满足的要求；②具有合理性但现实难以满足的要求；③不合理的，经过努力可以满足的要求；④不合理的，无法满足的要求。根据国际惯例和导游服务的经验，导游员在处理旅游者的个别要求时，一般应遵循以下五个基本原则。

### 一、符合法律

《导游人员管理条例》《导游管理办法》和《旅行社条例》中明确规定了旅游者、导游员、旅行社三者之间的权利和义务，导游员在处理旅游者个别要求时，应首先符合法律对这三者的权利和义务规定。同时，还需考虑旅游者的个别要求是否与其他法律法规相悖，如若相悖，应断然拒绝。

### 二、合理可行

合理可行是导游员处理旅游者个别要求最基本的依据和准绳。合理的判断标准是不影响大多数旅游者的权益、不损害国家利益、不损害旅行社及导游员的合法权益。可行是指具备满足旅游者合理要求的条件。导游员在提供服务时，对于旅游者提出的合理且可行的需求应努力予以满足，以此提高旅游者的旅游体验和满意度，进而给旅游目的地形象、旅行社声誉带来正面影响。

但是，有些旅游者在旅途中会出于求全心理，或完全出于个人利益提出一些虽然合理但无法办到，或看似合理但实际不可能办到的要求。针对旅游者提出的这些要求，导游员一要认真倾听，不要没有听完就贸然斥责旅游者的要求不合理；二要微笑对待，切勿面露不悦、恶语相向；三要耐心解释，要实事求是地向旅游者解释无法满足其要求的原因，不能生硬地以"办不到"一口拒绝。须特别注意的是，一定不要和旅游者正面冲突，以免影响旅游活动开展。

### 三、尊重旅游者

旅游者提出的要求，大多数是合情合理的，但也会有旅游者提出一些苛刻甚至无理取闹的要求，让导游员为难。对待这种情况，导游员一定要记住自己的职责，要保持热情好客的态度，尊重旅游者，对旅游者要礼让三分。旅游者可以挑剔、恶语相加，但导游员要保持冷静，始终有礼、有理、有节，不卑不亢。对于一味苛求和无理取闹者，导游员仍要一如既往为其提供热情服务，对他们提出的合理且可以办到的要求，仍要尽量予以满足。

### 四、公平对待

导游员应平等对待所有旅游者。不论旅游者是何种国籍、民族、肤色、宗教信仰，不管其社会经济地位高低、年长年幼、男性女性，也不管其身体是否残疾，都应一视同仁地为其提供周到热情的旅游服务。导游员要尊重旅游者人格，维护其合法权益，满足其合理可行要求，切忌厚此薄彼、亲疏偏颇。

### 五、维护尊严

根据《导游人员管理条例》第 11 条和第 12 条的规定，导游员在执业过程中，要自觉维护国家利益和民族尊严，不得有损害国家利益和民族尊严的言行；在进行导游活动时，应当遵守职业道德，礼貌待人，尊重旅游者的宗教信仰、民族风俗和生活习惯；讲解旅游地点的人文和自然情况，介绍风土人情和习俗时不得迎合个别旅游者的低级趣味，在讲解、介绍中掺杂庸俗下流的内容。因此，遇到旅游者提出的有损国家利益、民族尊严的要求时，导游员要断然拒绝、依法依规严正驳斥；对旅游者提出的侮辱自身人格尊严或违反导游员职业道德的不合理要求，有权拒绝。

## 第二节　餐饮、住房、娱乐、购物等方面个别要求的处理

食宿需求是旅游者在旅途中的最基本需求，历来受到广泛关注。交通作为旅游行程的衔接纽带，串联着整个游览行程。游览是旅游者出行的主要目的，娱乐和购物在此期间起着锦上添花的作用，相关要求同样不容忽视。因此，导游员应高度重视旅游者这些方面的个别要求，予以妥善解决。

## 一、餐饮方面个别要求的处理

### （一）特殊饮食要求

旅游者出于宗教信仰、地域差异、生活习惯、身体状况等原因，在饮食方面会有特殊要求，对旅游者提出的特殊要求，要区别对待。

1. 事先有约定

若所提要求在旅游合同中有明确约定，接待旅行社须早做安排，导游员在接团前应检查落实情况，按约定一一兑现。

2. 抵达后提出

如果是在旅游团抵达或到定点餐厅后临时提出要求，则需视情况而定。一般情况下导游员应立即与餐厅联系，在可能的情况下尽量满足其要求；如确有困难无法满足其特殊要求，导游员应耐心向旅游者说明情况，协助其自行解决。例如：对因宗教信仰和生活习惯提出要求的旅游者，导游员可建议其到零点餐厅点菜或带其去附近餐厅用餐，餐费由旅游者自理。

### （二）要求换餐

当旅游者提出换餐时，导游员首先要考虑是否有充足的时间换餐。如果旅游团在用餐前3个小时提出换餐要求，导游员应尽量与餐厅联系，只要餐厅同意，即可应允旅游者要求，但要事先向旅游者说明，如出现差价，需由其自行承担。如果旅游者是在接近用餐时间或是到餐厅后提出换餐要求，应视情况而定：若就餐的餐厅有该项服务，导游员应协助解决；若情况复杂，餐厅又不提供此项服务，一般不予接受，但应向旅游者做好解释工作。若旅游者仍坚持换餐，导游员可建议其自己点菜，费用自理并告知原餐费不退。如果旅游者要求加菜、加饮料，导游员可以满足，但相关费用需旅游者自理。

### （三）要求单独用餐

若旅游者是因团队内部矛盾而要求单独用餐，导游员应先耐心劝阻，并请领队、全陪调解，尽量化解矛盾。若旅游者仍坚持单独用餐，导游员可协助其与餐厅联系，但所需费用自理且原餐费不退。

若旅游者出于外出自由活动、访友、疲劳等原因不随团用餐，导游员应同意其要求，但要说明原餐费不予退还。

### （四）要求在客房内用餐

若旅游者因病不能到餐厅就餐，导游员要主动安排送餐服务；非伤病原因要求送餐，可视情况而定，如餐厅能提供该项服务，可满足旅游者要求，但必须告知相关费用自理。

### （五）要求自费品尝风味

旅游团要求外出自费品尝风味，导游员应予以协助，可由旅行社出面订餐，也可由旅游者自行与风味餐厅联系，导游员告知餐厅营业时间、特色菜式、前往路线等；若风味餐厅订妥后旅游团又临时决定不去，导游员应劝他们按照约定时间前往，并说明临时取消预约要赔偿餐厅的损失。如有旅游合同中未产生消费的餐食，应记录清楚，以便后续双方旅行社结算。

### （六）要求推迟用餐时间

由于旅游者的生活习惯不同，或由于在某旅游地游兴未尽等原因要求推迟用餐时间。导游员可与餐厅联系，视餐厅的具体情况处理。一般情况下，导游员要向旅游团说明餐厅有固定的供餐时间，过时用餐需另付服务费。若旅游团同意付费，可满足其要求。

## 二、住房方面个别要求的处理

### （一）要求调换饭店

通常旅游合同中会明确标注旅游团到一地旅游时，享受的住宿标准或住宿饭店。若接待社未经旅游者同意更换饭店、提供的客房标准低于合同约定或按合同约定提供的饭店存在卫生、安全等问题，旅游者提出调换饭店，导游员应立刻与接待社联系，接待社应负责予以调换。如接待社确有困难，应向旅游者进行耐心解释说明，求得旅游者谅解并提出补偿条件。

### （二）要求调换房间

若房间内设施设备出现故障无法维修或维修时间较长，有老鼠、蟑螂、臭虫等，旅游者提出换房要求应立即满足。若饭店此种情况严重，旅游者反映强烈，导游员可向旅行社请示调换饭店。

若客房卫生未达到清洁标准，应立即联系饭店进行打扫、消毒，如旅游者仍不满意，坚持调换房间，应与饭店有关部门联系予以满足。

若旅游者要求调换不同朝向客房或其他楼层同一标准客房，如不涉及价格且饭店有空房，可适当予以满足，或请领队在团队内部进行调整。如无法满足，应向旅游者耐心解释并致歉。

### （三）要求住更高标准客房

若旅游者要求住高于合同约定标准的客房，如有，可予以满足，但要向旅游者讲清需要其支付房费差价。要求落实后，要将变化情况向旅行社相关人员报备。如果入住饭店没有符合旅游者要求的客房，导游员要向其耐心解释。

### （四）要求住单间

旅游者因生活习惯不同或与同室旅游者闹矛盾，而要求住单间，导游员应先请领队调解或在团队内部调整，若调解不成，饭店如有空房，可满足其要求。但导游员必须事先向旅游者说明，由此产生的房费需由提出方独自承担。

### （五）要求延长住店时间

由于特殊原因（生病、探亲访友、改变旅游日程等）中途退团的旅游者提出需延长在本地的住店时间，导游员可先与饭店联系，若饭店有空房，可满足其要求，但要告知旅游者延住期间的房费需自理。如原住饭店没有空房，导游员可协助其联系其他饭店，房费由旅游者自行承担。

### （六）要求购买客房中物品

旅游者在入住期间看中客房用品或装饰工艺品，提出购买需求的，导游员应积极协助，帮其与饭店有关部门联系，满足旅游者要求。

## 三、娱乐方面个别要求的处理

若旅游者提出娱乐活动方面的特殊要求，导游员应针对不同情况，本着合理可行原则，妥善处理。

### （一）要求调换计划内娱乐活动

凡是计划内的娱乐活动在合同中均有明确规定。根据《旅游法》的规定，导游员不得私自安排合同约定以外的旅游活动项目。

若全团旅游者提出更换已安排的娱乐项目，导游员应与接待社有关部门联系，如条件允许，尽可能进行调换，但不要在未联系妥当之前有任何许诺；如接待社无法调换，导游员要向旅游者耐心进行解释，并说明票已订好，无法退换，请其谅解。

若是部分旅游者要求观看其他演出，处理方法同上。若决定分路观看文娱演出，在交通方面导游员可进行如下安排：如两个演出点在同一线路上，导游员可与司机商量，尽量为少数旅游者提供方便，送他们到目的地；若不同路，则应为他们安排车辆，但车费需由旅游者自理。

### （二）要求增加计划外娱乐活动

若全团旅游者提出自费增加计划外娱乐活动，导游员可与接待社有关部门联系请其报价，将接待社提供的价格反馈给旅游者，并逐一解释清楚。若旅游者同意，可请接待社预订。导游员将收取的费用上交接待社后将收据交给旅游者，并陪同前往为旅游者提供服务。

如是部分旅游者提出自费参加娱乐活动，导游员可为其提供必要协助，如帮忙订票、落实车辆等，但产生的一切费用由旅游者自理。通常在这种情况下导游员不陪同前往，但要提醒旅游者注意安全、带好饭店地址。

### （三）要求前往不健康娱乐场所

若旅游者要求前往不健康的娱乐场所、过不正常的夜生活，导游员应断然拒绝并向旅游者讲清上述行为违反我国相关法律法规规定，违背社会公序良俗，严肃指出不健康的娱乐活动和不正常的夜生活在中国是禁止的，属违法行为，若不听劝阻，后果自负。

## 四、购物方面个别要求的处理

### （一）要求单独外出购物

旅游者在自由活动时间要求外出购物，导游员应尽力提供帮助，做好购物参谋，向其推荐商业信誉好、货真价实的商店，帮其联系出租车等。但在旅游团离开本地当天要劝阻，以防误机（车、船）、耽误行程。

### （二）要求退换商品

旅游者购物后发现商品存在质量问题、计价有误或对商品不满意，要求导游员帮助其退换，导游员应积极协助，必要时陪同前往。

### （三）要求再次前往某商店购物

旅游者在选购商品时因对于商品价格、款式、颜色等犹豫不决，当时没有购买。后经过考虑决定购买，请求导游员帮忙时，只要时间允许，导游员应给予帮助。如有时间，可陪同前往；若因故无法陪同，可为旅游者准备便条，上面写清商店地址及欲购商品的名称，请其乘出租车前往。

### （四）要求购买古玩或仿古艺术品

旅游者希望购买古玩或仿古艺术品，导游员应告知旅游者中国海关相关规定：

其携运文物出境时,必须向海关详细申报;中国对在境内商店购买的文物,海关凭中国文化行政管理部门钤盖的鉴定标志及文物外销发货票查验放行;对在境内通过其他途径得到的文物,海关凭中国文化行政管理部门钤盖的鉴定标志及开具的许可出口证明查验放行;未经鉴定的文物,无法携带出境。携带文物出境未据实向海关申报的,海关将依法处理。若旅游者听从建议去文物商店购买古玩,导游员要提醒其在购物后保管好发票,不要将物品上的火漆印(如有的话)去掉,以备海关查验。旅游者要在地摊上选购古玩,导游员应予以劝阻;导游员若发现个别旅游者有走私文物的可疑行为,须及时报告有关部门。

### (五)要求购买中药材

旅游者想购买中药材、中成药,导游员应告知中国海关有关规定:进境旅游者出境时携带用外汇购买的、数量合理的自用中药材、中成药,海关凭有关发票和外汇兑换水单放行,超出自用合理范围的不予放行。前往国外的,总值限人民币300元;前往港、澳地区的,总值限人民币150元;麝香以及超出上述规定限值的中药材、中成药不准出境;严禁携带犀牛角、虎骨出入境。

### (六)要求代为托运

旅游者想购买大件商品,请求导游员帮忙代为托运,导游员应告知旅游者旅游商店一般都可代办托运业务,购物后可直接当场办理托运手续。若商店无托运业务,导游员要协助旅游者办理托运手续。

### (七)委托代买

若旅游者请导游员代为购买某种商品,导游员一般应婉拒。如实在推托不掉,导游员要请示旅行社相关领导,按领导指示办理。一旦接受旅游者委托,导游员应在领导指示下认真办理委托事宜:收取足够的钱款,购买商品如有余额在事后由旅行社退还委托人;将发票、托运单及相关费用收据一并寄给委托人。旅行社保存上述材料复印件,以备查验。

拓展资料8.1

## 五、交通方面个别要求的处理

交通作为旅游行程的衔接纽带,一般情况下都是事先预订好且不方便更改的,但在实际工作中仍会有旅游者提出这方面的个别要求。

（一）要求更换交通工具类型或更换出行时间

旅游者在旅途中有时会提出将火车改为飞机或将普通列车改为动车、高铁的要求。这种要求除非发生在自然灾害、误车（机、船）等特殊情况下，否则一般都不能答应更换。旅途中票务预订、退换程序非常烦琐，短时间内很难满足。更换出行时间与上述处理方式相同。

（二）要求提高交通工具等级

如提高舱位、座位等级等。导游员遇到这种要求应首先与接待社计调部门联系，若有旅游者所要求等级的舱位、座位，可帮忙更换，但差价及相关费用需由旅游者自理。

（三）要求单独提供交通服务

这种情况一般是因为某些旅游者想单独外出购物、自由活动或探亲访友而需要暂时脱离团队分头行动。导游员可在保证旅游者安全、不影响行程的前提下满足其要求，并帮助旅游者联系旅行社计调部门或出租车公司订车。

## 六、游览方面个别要求的处理

游览是旅游者出行的主要目的，在游览过程中随着环境和兴致的变化，旅游者可能会提出一些个别要求，导游员应针对不同的情况区别处理。

（一）要求更换或取消游览项目

凡是计划内的游览项目，导游员都应该不折不扣地按计划进行安排。如果全团统一提出更换游览项目，则需请示接待社计调部门，请其与组团社联系获得同意后方可更换。若是个别旅游者提出更换游览项目，导游员应耐心向旅游者解释相关规定，说明无法随意更换。

（二）要求增加游览项目

在时间允许的情况下，导游员可以与接待社有关部门联系，请其报价，并将接待社的对外报价报给旅游者。如果旅游者同意所报价格，导游员可陪同前往，并将旅游者支付的费用上交接待社，将发票交给旅游者。

（三）要求游览不对外开放的地区

当旅游者要求参观不对外开放的地区、机构和单位时，导游员应予以拒绝，并耐心解释我国的相关规定，提醒旅游者务必遵守。

### 七、旅游者要求自由活动的处理

旅游行程安排中通常会有自由活动时间，在集体活动时间内也会有旅游者单独提出自由活动的要求。导游员遇此要求，应根据不同情况妥善处理。

#### （一）应劝阻旅游者自由活动的情况

（1）当旅游团计划去另一地游览，或旅游团即将离开本地时，导游员应劝旅游者随团活动，以免误机（车、船）。

（2）如旅游地治安不理想，导游员应据实以告，劝阻旅游者外出自由活动。

（3）不宜让旅游者单独骑自行车去人生地不熟、车水马龙的街头游玩。

（4）游河（湖）时，旅游者提出希望划小船或在非游泳区游泳的要求，导游员不能答应，不能置旅游团于不顾而陪少数人去划船、游泳。

（5）导游员不得应允旅游者去不对外开放的地区、机构参观游览的要求。

#### （二）允许旅游者自由活动的情况

##### 1. 要求全天或某一景点不随团活动

如旅游者要求不影响整个旅游团的活动，导游员可以满足其要求并提供必要的帮助，具体操作程序如下。

（1）提前告知旅游者如果不随团活动，无论时间长短，所有费用不退，需增加的各项费用自理。

（2）告诉旅游者团队用餐时间和地点，以便其归队时用餐。

（3）提醒旅游者注意安全，保护好自己的财物。

（4）提醒旅游者随身携带饭店服务卡（卡片上有饭店名称、地址、联系电话）备用。

（5）给旅游者特别是外国旅游者用中英文写张便条，注明客人要去的地点名称、地址及简短对话，以备不时之需。

（6）必要时将自己的手机号码告诉旅游者。

##### 2. 到景点后要求自由活动

到某一景点游览时，若有个别旅游者不想按规定路线游览而希望自由活动，若环境许可（游人不太多，秩序不乱），可满足其要求。导游员要提醒旅游者注意集合的时间和地点，并记牢旅游车的车牌号，必要时可写一张便条，详细注明集合时间、地点、车牌号以及饭店名称和联系电话，以备不时之需。

##### 3. 自由活动时间或晚间要求单独行动

导游员应建议旅游者不要走得太远、不要随身携带贵重物品、不要前往秩序混乱的场所、不要太晚回饭店等。

4. 少数人要求一起活动

少数旅游者提出自由活动要求时，导游员应坚持与大多数旅游者在一起，不可置大多数人于不顾，陪少数人单独活动，而且要确保旅游计划的全面实施。

## 第三节　探视亲友和亲友随团要求的处理

### 一、旅游者要求探视亲友

当某些旅游者，特别是华人、华侨或一些外国人到达旅游目的地后，向导游员提出希望探视在当地的亲朋好友的要求时，导游员应设法予以满足。

（一）一般处理方法

若旅游者知道其亲友的姓名、详细地址及相关信息，导游员应积极帮忙联系，并向旅游者讲明具体乘车路线。若旅游者只知道亲友姓名或某些线索，具体地址不详，导游员可通过旅行社请公安机关户籍部门帮忙寻找，找到后及时告知旅游者并积极帮其联系。若在目的地游览期间未能找到，可让旅游者留下联系电话和通信地址，以便在找到其亲友后及时通知旅游者。若外国旅游者提出要会见中国同行联系工作、洽谈业务或进行其他活动，导游员应向旅行社汇报，根据领导指示提供积极协助。若旅游者想慕名拜访某位名人，导游员应了解旅游者要求会见的目的及要谈的内容，在向旅行社领导汇报后，根据规定办理。

（二）应注意的问题

导游员帮助旅游者联系并安排其与亲友会面时，一般无须陪同前往，也不必询问双方会面的目的和具体内容。导游员协助外国旅游者联系会见其在华亲友时，通常不参加会见，也没有担任翻译的义务。若外国旅游者提出会见本国驻华使、领馆人员及其在华外籍亲友，导游员不应干预；如要求协助，条件允许时导游员可给予必要帮助。若外国旅游者受邀出席本国使、领馆举行的宴会或招待会，并盛情邀请导游员参加，导游员应予以婉拒。如确需参加，应先请示旅行社有关领导，征得有关方面同意后方可前往。

### 二、旅游者要求亲友随团

有的旅游者到达某地会见亲友后，既希望能与亲友有更多时间相处，又不舍得放弃旅游活动，因此向导游员提出希望亲友能随团活动的要求。在条件允许的情况下（车上有空位、能安排住宿、不影响其他人），导游员可满足旅游者要求，但事先要征得领队和旅游团其他旅游者的同意，并与旅行社相关部门联系，若无特殊情况，可请其亲友携带有效身份证件到接待社办理入团手续，缴纳相关费用。若其亲友不办理手续、不缴纳费用就想随团活动，导游员应礼貌地向旅游者及其亲友解释旅行社相关规定，请其谅解，说明亲友随团必须先办理手续，然后再随团活动。

若提出随团活动的是外国使、领馆人员，导游员要了解其姓名、身份、活动的内容并请示旅行社。如对方是外交官员，还应享受相应的外交礼遇。对他们的接待和活动安排严格按照我国政府的相关规定办理。若旅游者的在华亲友以记者身份提出随团活动要求，一般不予同意，特殊情况应请示有关部门批准，获准后方可为其办理入团手续。

## 第四节　转递物品和信件要求的处理

当旅行社或导游员接到旅游者提出的转递物品和信件的请求时，应视具体情况按照相关规定和手续办理。

### 一、旅游者要求转递物品

一般情况下，导游员应婉言拒绝旅游者转递物品的要求，同时建议其将物品亲自交给或邮寄给接收部门或接收人，导游员可帮助查找地址或联系电话。若旅游者确有困难无法亲自办理，导游员可视情况给予必要的帮助，具体的处理办法如下：

（1）导游员必须向旅游者问清要求转递物品情况，并让旅游者开列物品清单，当面清点核对。在转递物品中，若有应税物品，应督促旅游者纳税，然后再帮其转递。

（2）若要求转递的是贵重物品，导游员应请示旅行社领导，经批准后方可接受委托，并注意做到手续完备。具体应做到：要求旅游者写出委托书，注明物品名称和数量并当面点清、签字，写清接收人姓名、地址并留下委托人详细通信地址。

（3）接收人收到转递物品后应出具收据，注明接收物品名称、数量、接收时间并签字。

（4）导游员在完成物品转递后要将委托书、收据等相关手续交给旅行社妥善保管。

（5）旅游者要求转递的物品中若有食品，导游员应婉言拒绝，请其自行处理。

## 二、旅游者要求转递信件和资料

旅游者要求转递信件和资料，导游员应建议其亲自邮寄，并为其提供必要的帮助。若旅游者确有困难，可代为转递，具体处理办法如下。

（1）若为一般信件、资料，在完成转递后，导游员要及时将消息通知旅游者。

（2）若为重要信件或文件资料，导游员应了解信件、资料内容，若旅游者拒绝告知，导游员可不协助转递。

（3）导游员答应协助旅游者转递信件、资料，需把旅游者的有关情况记录下来，如国籍、姓名、性别、所属旅游团、详细通信地址等，以备反馈。

（4）将信件或文件资料交给收件人后，要请收件人出具收据，注明接收时间、所收信件或资料名称并签字盖章。

（5）完成转递后将收据转交旅游者本人，旅行社可保留一份复印件以备查验。

## 三、要求将物品、信件、资料转交给外国驻华使、领馆人员

外国旅游者要求将物品、信件、资料转交给外国驻华使、领馆人员时，导游员原则上不能接受，应建议其自行处理，但可提供必要帮助。若旅游者确有困难、无法推托，导游员应详细了解情况并向旅行社请示，经批准后将物品、信件或资料交旅行社有关部门，并由旅行社通知使、领馆人员前来领取。

## 第五节　中途退团或延长旅游期限要求的处理

旅游者要求中途退团或延长旅游期限的情况虽不多见，但也偶有发生。无论旅游团或部分旅游者出于何种原因提出此类要求，导游员都必须立即报告旅行社，由旅行社视具体情况作出决定。导游员要在旅行社领导指示下完成具体工作，协助旅游者办好手续。

## 一、旅游者要求中途退团

### （一）出于特殊原因提前离开旅游团

旅游者出于患病、家中出事、工作上急需及自然灾害等特殊原因，要求中途退团，经接待社和组团社协商后，可予以满足，导游员可协助其办理离团手续，因此产生的费用由旅游者自理。未享受的综合服务费，按照旅游合同的相关条款处理，部分退还或不予退还。由非我方原因产生的经济损失，我方不予赔偿。

### （二）无特殊原因执意退团

旅游者无特殊原因，只是因为某个要求未得到满足而提出中途退团。如遇此种情况，导游员要配合领队做好说服工作，尽量劝说其继续随团活动；若属接待方服务质量差、服务存在缺陷，导游员和接待社在劝说的同时应设法弥补并向旅游者致歉，争取改变旅游者决定；若旅游者提出的是无理要求，要耐心解释；若劝说无效，旅游者仍执意退团，可满足其要求，但应告知其未享受的综合服务费不予退还。

需要注意的是，外国旅游者不管出于何种原因要求提前终止旅游活动并离开中国，导游员都应在旅行社领导的指示下协助旅游者重订航班、机座，办理分离签证及其他离团手续，因此产生的费用由旅游者自理。

## 二、旅游者要求延长旅游期限

### （一）因伤病要求延长停留时间

若旅游者在随团旅游期间因伤病住院治疗需延长在一地的停留时间，导游员要主动协助其办理一切相关手续，并不时前往医院探望，以示关心；如旅游者家属前来陪护，导游员还应帮其解决生活上的困难。

若是外国旅游者因伤病需要延长在我国停留时间，导游员除提供上述帮助外，还需协助其办理分离签证手续，必要时还需办理延长签证手续；待旅游者治愈出院后，协助其重新订购航班、机座，办理离境手续。由此产生的一切费用均由旅游者自行承担，若有团内未享受的综合服务费，则按旅游合同约定或旅行社之间协商结果处理。

### （二）其他原因要求延长停留时间

如旅游者中途离团后要求继续留在某地并需要旅行社或导游员提供帮助的，导游员可协助其重新订房、订票，但需告知相关费用自理。

若在游览结束后旅游者意犹未尽，希望继续参观游览，导游员可酌情处理。

外国旅游者若不需延长签证，一般可满足其要求；若需延长签证，原则上应予以婉拒；若旅游者坚持或确有特殊原因需要留下，导游员可请示旅行社领导，得到批准后向其提供必要的帮助：陪同外国旅游者持旅行社的证明、护照及集体签证，到公安机关出入境管理部门办理分离签证手续和延长签证手续，由此产生的一切费用旅游者自理。

如旅游者后续仍需要旅行社为其提供导游及其他服务，应与旅行社另行签订旅游合同并按合同约定支付相关费用。

## 第六节　旅游者意见、建议和投诉的处理

旅游者在旅游过程中常常由于各种原因，将有关问题向导游员反映，表达自己的意见、建议或进行投诉。旅游者提出意见、建议或进行投诉的对象，有的是导游员，有的是旅游经营者或其他单位。无论是哪种情况，当旅游者向导游员表达自身想法时，导游员都应认真对待，及时、妥善处理旅游者的意见、建议和投诉，这不仅能将坏事变成好事，提高旅游服务质量，也能让导游员从中获得经验，有助于提高其业务能力并改进旅游接待工作中的一些薄弱环节。

### 一、旅游者提出意见、建议和投诉的心理特征

#### （一）求尊重心理

旅游者在旅游过程中都希望自己的人格受到尊重，尤其是那些身份和地位较高的人。导游员和有关人员在服务过程中的某些言行在旅游者看来不仅不够尊重，有时还带着讽刺和侮辱意味，极易引起旅游者不满，进而引发批评、抱怨乃至控告。在这种情况下，旅游者提出意见、建议和投诉的最终目的就是要求得到尊重。

#### （二）求发泄心理

求发泄的旅游者提出意见、建议和投诉的主要目的是向旅行社和导游员发泄心中的不满和怨气，求得心理上的平衡。

#### （三）求补偿心理

当旅游者认为其合法权益受到损害并希望得到弥补和补偿时，就会通过投诉来达成诉求。这种要求补偿的心理可能是精神上的，如希望旅行社和导游员向其道歉；也可能是物质上的，如希望旅行社退还部分费用。

## 二、旅游者意见、建议和投诉的处理方法

### （一）耐心倾听，认真记录

导游员在接受旅游者意见时，应尽量采取个别接触的方式，避免对其他旅游者造成不良影响，对于集体意见，最好请旅游者派出代表，防止人多嘴杂，分散导游员的注意力。在接受旅游者意见时，导游员要始终保持冷静，耐心倾听，一定要让旅游者把话说完，切勿随意打断旅游者讲述或做胡乱解释。在倾听旅游者意见和建议时，导游员要善于听其弦外之音，迅速领会旅游者的真正意图并捕捉重点信息，及时与旅游者沟通，确定自己的理解是否正确并做好记录，让其感到导游员在真诚地听取意见，是愿意帮助他们解决问题的。在体现出对旅游者尊重的同时，也为导游员确定旅游者意见的性质和严重程度提供依据。若旅游者提出意见时态度蛮横，无法沟通，导游员可有礼貌地提出建议，另找时间再谈。当旅游者主动提出合理化建议时，导游员要认真详细进行记录，并及时向旅行社有关领导汇报，由上级领导决定是否采纳旅游者建议、制订整改计划、公布整改措施，同时要向旅游者表示感谢。

### （二）表示同情和理解，不盲目作出承诺

对于旅游者的意见、建议和投诉，导游员要站在旅游者的立场上，替旅游者着想，要对其表现出充分的理解和同情，要尽量采取措施缓和现场气氛，安抚旅游者情绪。

如果旅游者提出的意见、建议和投诉是针对导游服务的且基本符合实际情况，导游员应向旅游者表达歉意，并在后续工作中将重点放在服务质量提升上，用行动争取旅游者的谅解。如果旅游者提出的意见、建议和投诉是针对相关接待单位的，导游员也应及时向旅游者致歉，并将其意见和建议转达给有关单位。如果旅游者要求导游员对其提出的意见、建议和投诉表达看法，为了缓和紧张的气氛，导游员可表示"请给我点时间仔细思考一下再回答"。

对于旅游者提出意见、建议和投诉中涉及的要求，特别是有关赔偿的要求，导游员不要轻易作出任何承诺，可表示"这个问题我需要和有关方面联系沟通一下"，避免给后续工作带来被动和麻烦。

### （三）调查了解，迅速答复

对旅游者提出的意见、建议和投诉，既不能全盘肯定，也不可全盘否定，导游员需要对其所提问题进行全面的调查了解，并同有关方面进行核实，在此

基础上根据事实进行处理，不要匆忙地作出判断。如涉及赔偿问题，要同有关单位进行沟通协商。在处理旅游者的意见、建议和投诉时，导游员必须做到以下几点。

（1）及时处理。遵循"谁的问题谁负责"，争取"就地处理，现场解决"。如客房卫生不达标、饭菜质量差等类问题，在同相关接待单位沟通反馈后立即解决。

（2）迅速反馈。迅速反馈能够体现出导游员对旅游者意见、建议和投诉的重视程度。若一时无法反馈，应尽量给旅游者提供明确的时间，让旅游者放心。在反馈之前，导游员要考虑旅游者诉求与相关单位答复之间的差距。如果之间差距较大，导游员可建议双方进一步协商解决，并做好调解工作。当协商达成一致后，导游员要做好监督反馈工作，提醒双方办好必要的手续（尤其是赔偿问题），最好将相关资料复印一份留存，以防旅游者事后反悔。即使有些意见在游览过程中未得到妥善解决，导游员也应将有关证据和原始记录转交旅行社，为进一步协商解决问题提供必要的依据和帮助。

（3）正确认识旅游者提出意见和建议的意义，对旅游者提出的重要意见和建议要及时报告旅行社。

（4）在圆满解决旅游者投诉后，导游员应向旅游者表示感谢，感谢他们对旅行社和导游员的信任与谅解，感谢其在投诉处理过程中给予的支持与配合，并在之后的行程中继续为旅游者提供热情周到的服务。

（5）注意保护提出意见、建议和投诉的旅游者隐私。有些旅游者在旅游活动结束后，针对接待社的服务质量问题向导游员或组团社提出意见、建议甚至投诉，导游员或组团社不应将其姓名和联系方式反馈给接待社，但可将合理的意见和建议告知接待社，以便接待社进一步提升接待服务质量。

## 本章小结

导游员在带团过程中经常会面对旅游者提出的各种个别要求，对这些个别要求，导游员应该给予足够重视，能够运用技巧及时进行妥善处理，并在后续工作中不断总结完善，提升服务质量。本章介绍了导游员在带团过程中对旅游者个别要求的处理原则及旅游者意见、建议和投诉的处理流程，系统讲述了旅游者在餐饮、住房、娱乐、购物、交通、游览等方面个别要求的处理方法，阐述了旅游者要求探视亲友、亲友随团、转递物品、中途退团或延长旅游期限的处理程序。

即测即练

 复习思考题

1. 导游员在处理旅游者个别要求时应遵循哪些原则？
2. 旅游团临时提出换餐要求，导游员应该如何应对？
3. 旅游者要求调换计划内娱乐活动，导游员应该怎样处理？
4. 旅游者要求购买古玩和仿古艺术品，导游员应该对旅游者进行哪些必要提醒？
5. 旅游者要求导游员为其转递信件、资料，导游员应如何处理？
6. 旅游者要求中途退团该如何处理？

 实践训练

1. 将参与实训学生分成A、B二组，A组学生扮演旅游者，B组学生扮演导游员。A组学生自行模拟设计不同类型的案例材料，向B组学生提出个别要求。B组学生根据A组学生提出的个别要求，提供个别要求处理方案。A组学生对B组学生提出的处理方案进行评价。

2. A、B组学生在共同完成旅游者个别要求处理的情境模拟训练后，提交对应情境下的旅游者个别要求处理方案。教师点评、组间互评相结合。归纳总结任务要点，分析处理方案合理性并纠正情景模拟中存在的问题，提出改进意见。

# 第九章 导游语言艺术及讲解技能

## 学习目标

1. 了解导游语言艺术的基本要求。

2. 熟悉导游讲解原则和作用。

3. 掌握导游讲解的方法并能够熟练运用于实际讲解中。

## 能力目标

1. 了解导游带团工作需要的语言能力。

2. 熟悉导游应具备的文字创造、表达能力。

3. 掌握导游讲解能力以及应具备的专业岗位能力。

## 思政目标

1. 了解导游讲解中传承中华优秀传统文化的重要性。

2. 熟悉运用导游语言艺术表达深厚的爱国情怀。

3. 掌握导游讲解技巧并运用于实地讲解中,更好地宣传家乡,培养学生热爱家乡的思想情感。

## 思维导图

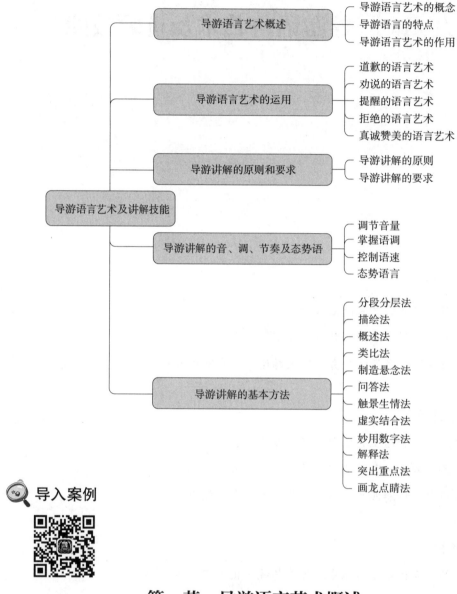

## 导入案例

# 第一节 导游语言艺术概述

语言是人类所特有的用来表达意思、传递信息、交流思想的工具，是以语音为物质外壳、以词汇为建筑材料、以语法为结构规律而构成的体系。语言对任何行业都很重要，但对导游员来讲更为重要，因为导游员是"靠语言吃饭的"。如果说导游员也是位生产者的话，语言便是其生产工具。

导游语言是运用于导游服务的语言，它是一种具有鲜明职业特点和倾向的语言。在导游服务中，导游服务的效果从语言角度说，不仅取决于导游员驾驭语言的能力，而且取决于导游语言艺术的运用。所以，做一名合格的导游员不仅要练好语言基本功，而且要比较熟练掌握导游语言艺术。掌握语言非下苦功不可，导游员要牢记我国口头艺人的体会："一年拳，两年腿，十年才练一张嘴。"

**一、导游语言艺术的概念**

导游语言是在接待旅游者过程中，旅游接待人员用来与旅游者沟通、交际，以达到为旅游者服务目的的语言。现代信息科学认为，凡能传递一定信息的一定序列的信号组合都具有语言的意义。这就是说，从广义的角度看，信号只要能传递某种信息，就可以看成语言，如体态语言、旗语等。从狭义的角度说，语言是指自然语言，它包括口头语言和书面语言。

导游语言是行业语言，它是导游员用来进行讲解时，所使用的生动的、形象的、富有表达力的口头语言；导游语言是导游员为做好导游服务，熟练掌握和运用的所有具有一定意义并能引起互动的信号。它不仅包括口头语言，而且包括书面语言和体态语言。其中，书面语言如景点文字介绍、导游图说明、旅游活动日程等；体态语言如目光语、手势语、表情语、姿态语、服饰语等。在导游活动中，导游员只有使用导游语言，才能更加灵活机动地表达自己的意思，才能更好地实现同旅游者之间进行信息传递、导游讲解和情感交流的目的。

导游通过导游语言，实现信息的传递，引起旅游者在情感、观念和行动上的互动。但是，旅游者对语言的理解会影响他们接收信息的程度，旅游者收到的信息与导游发出的信息可能存在一定的距离，因而会影响互动的效果。所以，导游必须讲究语言艺术。导游语言艺术是导游对语言的提炼和优化，是融合技能、观念、灵感、审美于一体的创造活动。

**二、导游语言的特点**

导游是一种职业，与其他社会职业一样，在长期的社会实践中逐渐形成了具有独特风格的导游语言。导游语言是导游员与旅游者交流思想感情、指导游览、进行讲解、传播文化时使用的一种具有表达力、生动形象的口头语言，具有职业性、服务性、口语性的特点。

### （一）职业性

导游语言是一种职业语言。它是导游员在从事导游工作时使用的语言，因此具有职业性的特点，导游在使用语言时要符合职业要求。例如，普通话导游在上团时，一般应使用普通话，而不能根据自己的个人喜好选择使用方言。当然，对于广东、福建的老年团队，使用当地语言更会受到欢迎。

### （二）服务性

导游是一种服务性的职业，导游语言的基调是服务性语体。导游在运用语言时，要了解、尊重、适应旅游者的文化价值观，并注意礼节礼貌。例如，中国人打招呼一般习惯问："吃饭了吗？""你上哪儿去？"但如果这样问欧美旅游者，他们会认为这是在干涉别人私事，是极不礼貌的行为。

### （三）口语性

导游语言是一种口头语言，口语声过即逝，旅游者不可能像看书面文字那样，可以反复阅读，当时听得清楚、听得明白才能理解。这就要求导游在使用语言时通俗易懂，多采用口语句式。

## 三、导游语言艺术的作用

### （一）畅通信息

导游语言艺术可以畅通信息渠道和扩大信息量，使旅游者更多、更容易地接收导游员传递的信息，达到良好的传递效果和接收效果。

### （二）协调关系

协调关系即协调导游员与旅游者在旅游活动中的关系。对于初来乍到的旅游者，艺术性的导游语言能帮助他们很快消除陌生和拘谨，缩短主客之间的距离；当导游员与旅游者由于各种原因产生隔阂时，艺术性的导游语言能帮助他们摆脱困境。因此，导游语言艺术是协调主客关系的重要工具。

### （三）激发游兴

旅游者精神饱满，游兴很高，并不时产生新的游兴，是旅游活动成功的基本条件，也是导游活动成功的重要标志。灵活、幽默、富于联想的导游语言能激发游兴，真挚、适时、方法多样的导游语言能提高游兴，而生动、形象、别具一格的导游语言则能增添游兴。所以，合理运用导游语言艺术能激发旅游者的热情，积极参与游览活动，从而获得美的享受和满足。

### （四）提高素质

导游语言艺术是导游语言的提炼和升华，有赖于导游员素质的提高。全面贯彻党的二十大精神，深刻领悟"两个确立"的决定性意义，增强"四个意识"、坚定"四个自信"、做到"两个维护"，全面提升导游员语言创作能力和语言表达能力，并提升自身的综合素质，如思维能力、审美能力以及创造能力，坚定不移把党的二十大提出的目标任务落到实处。

### （五）愉悦旅游者

语言，人们天天讲，但要讲好不容易，一旦讲好了，就升华为艺术，就会使旅游者听后产生愉悦感。

## 第二节　导游语言艺术的运用

导游员学习和认识导游语言艺术的最终目的是运用，这是导游员在接团实战中其思想、品质、知识、气质、修养、能力等诸多因素的集中体现。

### 一、道歉的语言艺术

道歉是导游员经常面临的问题。在导游工作中，导游员难免因为工作失误或意想不到的麻烦，造成旅游者的不满或不悦。导游过程中的任何过失，都会因没有道歉而加深旅游者的气愤和隔阂。因此，不管造成不愉快的原因是主观的还是客观的，导游员都要掌握这样四项原则去面对处理道歉问题：妥善及时处置，息事宁人；善于运用微笑，和蔼真诚；正视自己的过错，勇于自责；分清深表遗憾和必须道歉的区别。

### 二、劝说的语言艺术

劝说是以事实为基础的一种重新树立信念或放弃信念的活动。劝说的语言艺术主要有诱导式、曲语式、暗示式。

#### （一）诱导式劝说

诱导式劝说是指在劝说对方时，有意引出一个对方感兴趣的话题，诱使对方顺其自然赞成你的意见。例如：某旅游团原计划自长春飞往北京，因未订上机票只能改乘火车，旅游者意见很大。这时，导游员首先要十分诚恳地向旅游者道歉，然后耐心地向旅游者说明原委并分析利弊。导游员说:"没有买上机票,延误了大家的旅游行程,我很抱歉,对于大家急于赴北京的心情我很理解。但是如果乘飞机去北京还得等两天,这样你们在北京只能停留一天,甚至一天还不到;如果改乘火车,大家可在北京停留两天,可以游览北京的一些主要景点。另外,大家一路旅途都非常辛苦,乘火车一方面可以观赏沿途的自然风光,另一方面也可以得到较好的休息。"导游员这席话使旅游者激动的情绪开始平静下来,一些旅游者表示愿乘火车,另一些旅游者在其影响下也表示认可。

### (二)曲语式劝说

曲语式劝说是用曲折、含蓄的语言和商洽的语气表明自己的看法。例如:有的旅游者一到旅游风景区就急忙拍照,不听导游员的讲解和介绍,导游员再三强调要先听后照,可就是不听。其结果是拍了好多照,连自己也说不出拍的是什么景观,甚至在哪里拍的都不知道。还比如,有的旅游者常常在游览中喜欢离团独自活动,出自安全考虑,导游员可对他说:"先生,大家现在休息一会儿,很希望您给大家讲讲您在这个景点的新发现,作为我导游讲解的补充。"一般情况下,这样的旅游者听到导游员如此含蓄的劝说,很少再离团独自活动了。

### (三)暗示式劝说

暗示式劝说是用一种隐蔽含蓄、不公开的语言给对方以启示,以达到劝说的目的。例如旅游者在景点乱扔烟头,导游员不便当众指责,于是自己去帮他捡起来扔回垃圾箱,从而引起旅游者的自觉反应,下次主动把烟头扔到垃圾箱。

## 三、提醒的语言艺术

在导游服务中,导游员经常会碰到少数旅游者由于个性或生活习惯的原因表现出群体意识较差或丢三落四的行为,如迟到、离团独自活动、走失、遗忘物品等。对这类旅游者,导游员应从关心旅游者安全和旅游团集体活动的要求出发给予特别关照,在语言上要适时地予以提醒。

### (一)敬语式提醒

敬语式提醒是导游员使用恭敬口吻的词语,对旅游者进行提醒的方式,如"请""对不起"等。

## （二）协商式提醒

协商式提醒是导游员以商量的口气间接地对旅游者进行提醒的方式，以取得旅游者的认同。如某旅游者常常迟到，导游员可和蔼地说："您看，大家已在车上等您一会儿了，以后是不是可以提前做好出发的准备呢？"

## （三）幽默式提醒

幽默式提醒是导游员用有趣、可笑而意味深长的词语对旅游者进行提醒的方式。如旅游者在游览时纷纷爬上一尊大石象的背上照相，导游员可这样提醒他们："希望大家不要欺负这头忠厚老实的大象！"

## 四、拒绝的语言艺术

在导游过程中，旅游者会提出一些不可能实现的要求，导游员既要给予回绝，又要得到旅游者的谅解。如何在拒绝的同时又把旅游者的失望控制在最低限度内，是导游员必须掌握的一种语言艺术。导游员在回绝旅游者时，可以采取微笑不语、先是后非、顺水推舟、避实就虚的方法。

### （一）微笑不语

微笑不语既能使对方不至于难堪，又能免去言语不周所带来的麻烦。旅游业有一句口号："永远不说不"（Never say no）。就是说，在提供服务时，不使用否定词，而采用委婉的方式表示拒绝，这种方式可以是口头上的，也可以是行为上的。如略带歉意地微笑一下，摇摇头，就是很好的拒绝方式。例如，一位举止轻浮的男旅游者向女导游发出"今晚请你看电影"的邀请，在公开场合，导游想拒绝，但又怕让旅游者下不了台，于是微微一笑，面带歉意地摇摇头，那位旅游者见此只好作罢。

### （二）先是后非

先是后非是导游员先肯定旅游者的意见和要求，然后予以否定的方法。这是一种柔和的回绝方式，它比硬性的直接否定更能让旅游者接受。导游员必须向旅游者就某个问题表示拒绝时，先肯定对方动机或表明自己与对方一致的主观愿望，然后再以无可奈何的客观理由为借口予以回绝。例如，"你说的有一定道理，但这样一来会不会……"

### （三）顺水推舟

顺水推舟是指在拒绝对方时，将对方言语中的一点作为你拒绝的理由，顺其逻辑性，得出拒绝的结果。这种方法，显示出导游员的涵养，但是在使用时，要注意顺其自然、推得巧妙，否则会弄巧成拙。例如，某旅游者在离店前，把自己吃剩的半包巧克力送给导游员，说："这是我最喜欢吃的一种巧克力，现在送给你做个纪念。"导游员接过旅游者的话，可回答："既然是你最喜欢吃的一种巧克力，送给我太可惜了，还是你带着路上吃吧！"

### （四）避实就虚

避实就虚是指针对旅游者的刁难，导游员故意采取模糊语言，以避其锋芒，使自己从被动化为主动，是一种富有弹性的否定方式。办法是利用话题中的词语相近、词义相连，或者两种情景相近、两个景物处于同一语境。例如，某旅游者问一位导游员："前天晚上琼斯女士重病住院，现在情况怎样，你们旅行社领导是否去看望过她？"导游员知道旅行社领导还没来得及去看望，不好直接回答，于是把问题避开："听说昨天团内还有人不太舒服，今天大家感觉怎样？"

## 五、真诚赞美的语言艺术

心理学家杰斯·莱尔说："赞扬就像暖人心灵的阳光。"他建议人们多给别人"阳光般温暖的赞扬"，生活中没有赞美是不可想象的。在导游接待服务中，学会"赞口常开"，会使旅游者感到愉快，加深对导游服务的良好印象。

### （一）赞美要真心实意

旅游者尽管都喜欢听赞美的话，但并非任何赞美都能使对方高兴。能引起旅游者的好感的，是那些基于事实、发自内心的赞美。假如在导游面前是一位其貌不扬的女士，却偏要对她说："您真漂亮。"这就是违心之言、就是虚伪了。但你如果着眼于她的服饰、谈吐、举止，能发现她在这些方面的出众之处并真诚地赞美她，她就会由衷地高兴。

### （二）赞美要实在具体

在与旅游者交往中，导游应随时注意从具体的事情入手，善于发现别人哪怕是微小的优点、长处，不失时机地予以赞美。赞美的语言越实在、具体，对方越能感到诚挚、亲切、可信。

### （三）赞美要合乎时宜

赞美的效果如何，还必须相机行事、适时而为。当导游得知某位旅游者计划做件有意义的事，事前赞扬，能促使和激励对方下决心做出成果；事中赞扬，则可使对方再接再厉；事后赞扬，可使对方肯定成绩，明确进一步努力的方向。

### （四）赞美要因人而异

因人而异，突出个性，有特点的赞美比一般化的赞美更可贵、可信，更能收到赞美的效果。例如，对老年旅游者，可称赞其赖以自豪的过去；对青年旅游者，可赞扬其创造才能和开拓精神；对从商旅游者，可称赞其头脑灵活、生财有道；对干部旅游者，可赞扬其为国为民、清正廉洁；对知识分子旅游者，可称赞其知识渊博、宁静淡泊等。这不过是一般的分析，称赞时突出对方的个性和专长是适宜的。

### （五）赞美犹如雪中送炭

最有效的赞美不是"锦上添花"，而是"雪中送炭"；最需要赞美的不是那些早已声名显赫的人，而是那些还被埋没而有自卑感的人。他们一旦被人当众真诚赞美，就有可能恢复尊严，倍增自信而振作精神。对一个人来说，最值得赞美的，也不只是他身上早已众所周知的长处，发掘蕴藏在他身上鲜为人知的优点，对此进行赞美，会备受珍惜而收到独特的效果。此外，对赞美的表示，不一定用一些固定的词语，有时，投以赞许的目光，或做一个赞许的手势，同样能起到赞美的作用。

## 第三节 导游讲解的原则和要求

导游讲解是导游工作的一个重要环节，讲解主导思想要凸显中华文化的精髓，紧密结合党的二十大精神，对自己掌握的各类知识进行整理、加工和提炼，以丰富多彩的社会生活和璀璨壮丽的自然美景为题材，以兴趣爱好不同、审美情趣各异的旅游者为对象，用简单明快的语言进行一种意境的再创造。

### 一、导游讲解的原则

导游讲解既是导游工作的重点，又是导游员的基本功。"万里江山美不美，全靠导游一张嘴"，充分说明了导游讲解在导游活动中的重要地位。导游讲解，可以使大好河山由静态变为动态，使沉睡了千百年的文物古迹死而复生，使优雅的传统工艺品栩栩如生，使旅游者感到旅游生活妙趣横生，从而使旅游者留下深刻印象。要成为一名优秀的导游员,不仅要有坚实的语言功底,还要在导游讲解时遵循"正确、生动、流畅、清楚、幽默"十字原则。

### (一)正确

正确即导游语言的规范性,这是导游语言科学性的具体体现,是导游员在导游讲解时必须遵守的基本原则。在导游员向旅游者传播文明、传递审美信息的活动中,"正确性"起着至关重要的作用。导游语言的科学性越强,越能吸引旅游者的注意,越能满足他们的求知欲,导游员也会受到更多的尊重。相反,如果导游员信口开河、杜撰史实、张冠李戴,旅游者一旦发现受了导游员的蒙蔽,必定产生极大的反感,会怀疑导游讲解的真实性,甚至会否定一切。所以,导游员在宣传、讲解,以及回答旅游者的问题时,必须正确无误。

导游语言的正确性首先要求导游员发音正确、清晰,即所谓字正腔圆。特别是外语导游员,不正确的发音容易使外国旅游者在接收信息时产生误解。其次,要求导游员对讲解有严肃认真的态度,讲究斟词酌句,注意词语的组合、搭配,切忌言过其实的词语。如把200年历史的"古迹"夸张为500年的历史,动不动就是"世界上最好的""全中国最美的""最高的""最大的""独一无二的""甲天下的",有点沙滩就称"东方夏威夷",有几座小桥便道"亚洲的威尼斯"。这类没有依据的信口开河会使有见识的旅游者产生反感。此外,导游讲解的内容必须有根有据、正确无误,要与游览景点有紧密联系,即使是神话传说也应有所根据,切忌胡编乱造。例如,一位美国华盛顿的导游员在介绍华盛顿纪念碑时说:"我带每一个团都要强调华盛顿纪念碑的确切高度是555英尺(1英尺≈0.305米)又1/8英寸(1英寸≈0.025米),确切花费是1 187 710.31美元,目的是让我的旅游者知道我在说什么。"可见,这位美国导游员对讲解的内容的准确性是多么严格要求。

### (二)生动

在讲解内容准确、情感健康的前提下,导游语言要力求鲜明生动、言之有神,切忌死板、老套、平铺直叙。生动是导游语言美之所在,是导游语言的艺术性和趣味性的具体体现。导游员的语言表达如果平淡无奇、呆板生硬,必然使听者兴趣索然,在心理上产生不耐烦或厌恶的情绪。而生动形象、妙趣横生、发人深省的导游语言则能起到引人入胜、情景交融的作用。要讲究导游语言的生动,不仅要考虑讲话的内容,同时也要考虑表达方式。导游员要善于恰当地运用一些修辞手法如对比、夸张、比喻、借代、映衬、比拟等来"美化"自己的语言，只有"美化"了的语言，才能把导游内容亦即故事传说、名人逸事、自然风物等讲得有声有色、活灵活现，才能产生一种美感、勃发一种情趣，以强烈的艺术魅力吸引旅游者去领会你所讲解的内容、体验你所创造的意境。

例如，到山东曲阜参观孔庙时，对国内旅游者可以这样介绍孔子：孔子的一生是颠沛流离、饱经忧患的一生，是艰苦卓绝、激励奋发的一生，是春风化雨、培育英才的一生，是著书立说、济世救世的一生。如今，他的躯体虽已灰飞烟灭，但他的思想却潜入每个东方人的心灵。他熔铸了中华民族的个性和品格。对国外旅游者可以这样介绍：两千多年前，世界上出现了三位著名的思想家，一位是古希腊的苏格拉底（前469—前399年），一位是古印度的释迦牟尼（前565—前486年），另一位就是中国儒家学派的创始人孔子（前551—前479年）。这样既简洁又生动，使国外旅游者一听就知道孔子在中国人心目中的地位。例如下面的一段导游词。

**武侯祠诸葛亮殿**

各位女士、先生：

我们现在参观的就是享誉中外的武侯祠诸葛亮殿，只见诸葛亮端坐在正中的龛台上，头戴纶巾，手持羽扇，正凝神沉思。往事越千年，历史的风尘不能掩遮他聪慧的目光，墙外的车马的喧闹声也不能把他从沉思中唤醒。他的左右是其子诸葛瞻、其孙诸葛尚。子、孙二人都在诸葛亮死后战死在沙场上。殿后有铜鼓三面，为丞相当年治军之用，虽已绿锈斑驳，却余威尚存。大殿的两壁分别书写着他的两篇千古檄文，左为《隆中对》，条分缕析，预知数十年之后天下事；右为《出师表》，慷慨陈词，痛表他一颗忧国忧民之心。

诸葛亮虽然已经离开我们将近1 800年，但通过这里的参观，透过他那深沉的目光，我们仿佛看到这位东方思想家的过去：他在国乱家丧之时，布衣粗茶，耕读山中；他初出茅庐，羽扇轻轻一挥，80万曹军灰飞烟灭；他在斩爱将马谡时那一滴滴难言的混浊泪水；他在向后主自报家产时那一颗坦然无私的心。

> 中华民族五千年文明史构成了漫长的历史长河，出现了数不清的风流人物，然而，大浪淘沙，淹没在历史河床中的同样数不清、道不尽，极少数诸葛亮这样的人物，能沿着历史的河流从中古走向现代，走向千家万户，走向亿万人民的心中。他不愧为东方人心目中智慧、忠诚、勇敢的化身。

### （三）流畅

导游语言是导游员诉诸旅游者听觉感官的一种口头语言，必须一句接一句，语流不断，除特殊情况外，一般言语中间不允许有较长时间的停顿。因此，不论是导游员的自我介绍、景观讲解，还是交谈、讲故事、说笑话，都要求导游语言流畅、连贯。结结巴巴、过多重复和停顿，不良的习惯语，如这个那个，嗯嗯呀呀，都会影响导游语言的传递效果。所以，流畅的语言是导游讲解成功的基本保证之一。为了使导游语言生动流畅，要求导游员讲话的音调正确优美、节奏适中、语法无误、用词恰当，思维逻辑清晰，讲解中心内容明确，有整体性和连贯性。

### （四）清楚

导游员讲解时要口齿清晰、吐字（词）正确，声音要清亮圆润，避免粗糙生硬，以及嘶哑的重喉音、鼻音和气声。在讲解时，发音符合标准，听者不会引起歧义；口齿清晰，听者易于听清、听懂，以达到信息传递的效果。

### （五）幽默

幽默诙谐是导游语言美之所在，是导游语言的艺术性和趣味性的具体体现。幽默可以稳定情绪、保持乐观、消除疲劳、增加游兴、缓解矛盾、化解尴尬。

例如，在一次汽车长途旅行中，过了停歇的地方，旅游者需要方便却见不到厕所。这时，车前方出现了树林。导游员利用旅游者急于下车方便的心理，对旅游者说："现在大家都可以下去采集一些花草，女士们往左，男士们往右，要照相的就在车前，这一切都不另收费用。"旅游者发出了会心的笑声，一哄而散。

又如，1972年周总理在接待尼克松访华期间，一位美国官员问周总理："我们美国人都昂着头走路，而你们中国人却喜欢低着头走路，这是为什么？"总理听后笑了笑，温文尔雅地说："那是因为我们走的是上坡路，自然需要低头；而你们走的是下坡路，自然需要抬头。"周总理机智、幽默的回答是超水平的，避免了场面的尴尬。

幽默的语言是健康的，又是愉悦的；是机智的，又是含蓄的。它给人以慰藉，给人以欢乐，也给人以美的享受。因此，陈腐的、粗俗的、笨拙的、肤浅的、油滑的、尖刻的语言，是不能步入它那高雅的殿堂的。幽默是衡量一个人才能的标志之一，不会幽默的人是很难做好导游工作的。而幽默也是我国导游员最欠缺的。如果说演员的语言是以情感人、教师的语言是以理服人，那么导游员的语言则是恰到好处地以趣逗人。正如列宁所说："幽默是一种健康的品质。"例如下面的一段导游讲解。

**巧用幽默**

> 一位导游员在初次与旅游者见面时，自我介绍说："初次为大家服务，我感到十分荣幸。我姓马，老马识途的马。今天，各位到我们这儿旅游，请放心好了，有我一马当先，什么事情都会马到成功……"这几句幽默风趣的话把旅游者都逗笑了，初次见面的拘谨感一扫而光，主客关系一下变得融洽起来。
>
> 还有一次，一辆旅游车在一段坑坑洼洼的道路上行驶，旅游者中有人抱怨。这时，陪同的导游员说："请大家稍微放松一下，我们的汽车正在给大家做身体按摩运动，按摩时间大约10分钟，不另收费。"他的话音刚落，就引得旅游者哄然大笑，抱怨的情绪随之化解。

## 二、导游讲解的要求

### （一）言之友好

导游员在讲解时用词、声调、语气和态势语言都应表现出友好的感情。"有朋自远方来，不亦乐乎""能有缘认识大家是我的荣幸""很高兴与大家在这里相识"等，都是表达友好的语言，作为友谊的载体，友好的语言可以使旅游者感到温暖，也可迅速拉近彼此之间的心理距离，消除旅游者初到一地的陌生感。

### （二）言之有物

导游讲解要有具体的指向，不能空洞无物。讲解资料应突出景观特点，简洁而充分。可以充分准备，细致讲解，不要缺乏主题、缺乏思想。导游应把讲解内容最大限度地"物化"，使所要传递的知识深深地烙印在旅游者的脑海中，实现旅游的最大价值。

（三）言之有据

导游员说话要有依据，不能没有根据而胡乱地瞎说一通。对旅游者讲话、谈问题，以及对参观游览点的讲解、对外宣传都要从实际出发，要有根据。

（四）言之有理

导游讲解的内容、景点和事物等都要以事实为依据，要以理服人，不要言过其实和弄虚作假，更不要信口开河。那些不以事实为依据的讲解，一旦旅游者得知事实真相，就会感到自己受了嘲弄和欺骗，导游员的形象在旅游者的心目中就会一落千丈。

（五）言之有趣

导游讲解要生动、形象、幽默和风趣，要使旅游者紧紧地以导游员为核心，在听讲解的过程中，感受到一种美好的享受。需要指出的是，导游员在讲解中的风趣和幽默，要自然贴切，绝不可牵强附会，不正确的比拟往往会产生不良的影响，让人反感。

（六）言之有神

导游讲解应尽量突出景观文化内涵，使旅游者领略其内在神韵。其讲解内容要经过综合性提炼并形成一种艺术，让旅游者得到一种艺术享受。同时，导游员要善于掌握旅游者的情绪变化，分析哪种内容旅游者感兴趣，哪种内容旅游者不爱听，旅游者的眼神、表情是否有变化等，对这些情况随时观察、随时掌握，并随时调整讲解内容。

（七）言之有力

导游员在讲解时要正确掌握语音、语气和语调，既要有鲜明生动的语言，又要注意语言的音乐性和节奏感。此外，导游在讲解结尾时，语音要响亮，让旅游者有心理准备。

（八）言之有情

导游要善于通过自己的语言、表情、神态等传情达意。讲解时，应充满激情和热情，又充满温情和友情，富含感情和人情的讲解更容易被旅游者接受，让讲解里充满着导游员的感怀和思考。

（九）言之有喻

导游员在讲解时要用比喻的语言、用旅游者熟悉的事物，来介绍、比喻参观的事物，使旅游者对自己生疏的事物能很快地理解并产生亲切感。恰当地运用比喻手法，可以降低旅游者理解的难度、增加旅游兴趣。

### （十）言之有礼

导游员的讲解用语和动作、行为要文雅、谦恭，让旅游者获得美的享受。

## 第四节　导游讲解的音、调、节奏及态势语

导游语言是一种口头语言，口头语言凭借语音传情达意。语音有音量、语调、语速等要素，它们虽没有固定的语义，但在口语中，语音及语调诸要素的变化能引起语义的差异，故被称为"副语言"。一个不善于控制语音的导游员，其导游语言是不会有感染力的，因此也就谈不上什么艺术性。一个优秀的导游员，在进行导游讲解时，必须讲究音调的高低强弱、语气的转变以及节奏的抑扬顿挫，即讲究语言的音乐性。为了充分发挥语言艺术的作用，导游员应努力将导游语言的音、调和节奏运用得恰到好处，根据讲解对象的具体情况和当时的时空条件灵活运用，以求达到传情、传神的目的。

### 一、调节音量

音量即声音的强与弱，也可称声音可闻度。在导游过程中，如何调节好自己的音量，是语言表达的一种技巧。导游员在运用语音技巧时，要本着两个原则：一是根据旅游者的多少和导游地点的情况来调节音量。一般来讲，音量以在场的每位旅游者都能听清为宜。旅游者多时，音量大些；旅游者少时，音量适当小些。在室外讲解，音量大些；在室内（车内）时则小些。避免声音过高或过低。声音太高造成噪声，令人讨厌；声音太低，让人听起来费劲，会给人说话无把握、缺乏信心的印象。二是根据言谈的内容来调节音量。对一些关键性词语，加大音量，强调其主要语义，例如："我们将于 8 点 50 分出发。"这里强调的是出发时间，提醒旅游者注意。"这就是著名的集安好太王碑。"这是强调景物的价值，引起旅游者的注意。可见，音量大小调节得当，能增强语言的表达效果。

### 二、掌握语调

语调指贯穿于整个句子语音高低升降的配置，这是语音处理的又一技巧。导

游语言作为一种艺术语言，要求导游员在导游讲解时语调优美、自然、正确又富于变化，悦耳动听，令听者感到亲切自然，从而产生感染力，打动旅游者的心弦，激发他们的游兴。在导游讲解中，有高潮，也有低潮。高潮时，音色应明亮、圆润；低潮时，音色应深沉、平稳。总之，导游员的语调要与自己积极向上的"心律"合拍，使用的语调最好是不高不低，要努力做到：以情发声，以声带情，声情并茂。

### 三、控制语速

语速是指语流速度的快慢。对语速快慢的调节，会影响导游语言的艺术效果。导游讲解，如果一直用同一种速度往下讲，像背书似的，不仅会缺乏情感色彩，而且使人乏味，令人昏昏欲睡。一般来说，导游语言的语速不宜过快，讲解的语速应控制在每分钟 200 个字左右。语速快慢的变化，一是要根据旅游者的特点，如对中青年旅游者，语速要适中；而对老年旅游者，则要注意适当放慢语速。二是根据言谈的内容特点，语流的速度应与言谈的内在韵律保持一致。对那些需要特别强调的事情，如旅行作息时间、重点景观，以及年代、人名、数字等，要注意放慢语速；而那些不太重要的事情、众所周知的事情，则要适当加快语速。例如下面两段导游词，大家可以尝试读一下，掌握标准语速。

**语速练习（每分钟 200 字）**

> 旅游者朋友们，大家好！
> 欢迎您来到休闲养生地，大美长白山观光游览。
> 长白山作为中国东北第一高山，也是一种象征。它东起乌苏里江畔的完达山下，西抵黄海之滨的大连旅顺，绵延 2 000 多公里，面积 30 多万平方公里，犹如东北的脊梁，横亘在祖国的边陲。长白山的山名称谓远在周秦以前叫不咸山，战国时期史书《山海经·大荒北经》中记载："东北海之外……大荒之中，有山名曰不咸。"直到辽金时期，长白山的名字才开始使用。长白山满语为"果勒敏珊延阿林"，《盛京通志》中破译："果勒敏"，长也；"珊延"，白色也；"阿林"，山也。

### 四、态势语言

态势语言也称体态语言、人体语言、动作语言，它是以人的动作、表情、服饰等来传递信息的一种无声伴随语言，是导游讲解中一种运用较多的沟通方式。在导游讲解中，如果把站姿、眼神、手势、表情等处理得恰到好处，就会增强讲解的效果和魅力。凡是不注意旅游者视觉反应，完全凭自己的口才来进行导游讲解，是不会成功的。讲解时的态势语言主要有姿态、目光、表情、手势等。

#### （一）姿态语

姿态语是身体在某一场合中以身体的姿势所传递的信息。在导游活动中，主要有坐式和立式两种，任何一种坐式和立式都可以反映人的心理状态及修养。如男性一般以张开双腿而坐，显得自信、豁达，女性一般以膝盖并拢而坐，显得庄重、矜持。那种坐无坐相、歪七扭八或跷二郎腿的坐式是不礼貌、不文明的。立式在导游活动中最常用。一般来说，导游员讲解时，要挺胸立腰，端正庄重。所谓"站如松，坐如钟"就是这个姿态。导游员若在车内讲解，必须站立，面对旅游者，肩膀可适当倚靠车厢壁，也可用一只手扶着椅背或扶手栏。在实地导游时，导游员一般应停止或缓慢行走，面对旅游者，把全身重心平均放在脚上，上身要稳，要摆出一副安定的姿势。这里需要特别注意的是，无论是在旅游车上，还是在地面上，导游员都要面对旅游者，国际上称导游是"面对面"（face to face）的服务，所以，永远面对旅游者是导游员的一大法则。在上下山的路途中，导游员要叮嘱旅游者专心走路，有道是"走路不看景，看景不走路"。导游员本身要注意的是，不可摇摇摆摆、焦躁不安、直立不动，或把手插在裤兜里，更不要有怪异的动作，如抽肩、缩胸、乱摇头、不停地摆手、舔嘴唇、掐胡子、撸鼻子、拧领带等。

#### （二）目光语

目光语是通过视线接触所传递的信息。导游讲解是导游员与旅游者之间的一种面对面的互动，这种面对面的互动，双方可以进行"视觉交往"。导游员与旅游者的目光交流，在一定程度上有助于信息的传递以及双方的沟通，没有目光交流的导游是不成功的。导游员的目光或聚或散，旅游者的情绪就会随之或起或落。因此，导游员要经常使自己的目光同旅游者的目光保持接触，并使这种接触有助于导游员与旅游者的交流与沟通。导游员任何闪烁不定的故意回避的眼神，都会形成交流的障碍。一般来说，导游员连续注视导游对象的时间应在 1~2 秒以内，以免引起对方的厌恶和误解。在导游过程中，导游员应平视旅游者，让人感到你是自信、坦诚、认真的。同时，目光语所表达的整体信息应是亲切、友好。

### （三）表情语

表情是指眉、眼、鼻、耳、口及面部肌肉运动所传递的信息。表情语在导游讲解中有着十分重要的作用和地位，它有助于讲解内容的情感表达。如果讲解时导游员"铁面无情"或麻木不仁，没有必要的感情流露，那么他只能是一台"会说话的机器"。在进行导游讲解时，导游员面部表情应该与口语所表达的情感同时产生并同时结束，在时间上同步，表情时间过长或过短，稍前或稍后都不好。同时，导游员的面部表情要明朗化，即每一点细微的表情变化都能让旅游者觉察到，那种似笑非笑、似是而非、模糊不清的表情是不可能给人以美感的。此外，导游员在运用面部表情时要把握一定的"度"，做到不温不火、适可而止。讲解时的表情，不可用艺术表演的"表情"，"艺术性"太强的表情往往过于夸张，在导游讲解的情境中，会显得不自然、不真实，有损于导游讲解的现实性。

### （四）手势语

手势语是通过手及手指动作所传递的信息，是一种富有表现力的非自然语言。导游员在讲解时，适当运用手势，不仅能强调或解释讲解的内容，而且能生动地表达讲解语言所无法表达的内容，使讲解生动形象，是旅游者看得见、摸得着的。导游讲解时的手势主要有三种：一是情意手势，用来表达导游讲解的情感；二是指示手势，用来指示具体的对象；三是象形手势，用来模拟物体，给旅游者一种明确的印象。导游员在运用手势语时要注意高度，不使用旅游者忌讳的手势。同时要注意手势不宜运用过多，过多的手势会破坏讲解的完整性，也影响旅游者的注意力。

## 第五节　导游讲解的基本方法

导游员在进行导游讲解时，运用不同的讲解方法，能取得良好的导游效应。作为一名合格的导游员，必须掌握并灵活运用导游讲解方法，努力将旅游者导入意境，把旅游者吸引在自己周围。下面介绍一些常用的导游讲解方法。

## 一、分段分层法

分段分层法，就是将一处大景点分为前后衔接的若干部分来分段讲解的讲解方法。首先在前往景点的途中或在景点入口处的示意图前介绍景点概况（包括历史沿革、占地面积、欣赏价值、主要景观的名称等），使旅游者对即将游览的景点有个初步印象，达到"见树先见林"的效果，使之有"一睹为快"的要求。通过游前导，将旅游者导入审美对象的意境，然后到现场顺次游览、导游讲解。在讲解这一景区的景物时，注意不要过多涉及下一区的景物，但要在快结束这一景区的游览时，适当地讲一点下一个景区，目的是引起旅游者对下一景区的兴趣，并使导游讲解一环扣一环，环环扣人心弦。

例如，在游览长春伪满皇宫时，首先在大门入口示意图前介绍景点概况，然后带领旅游者依次讲解缉熙楼、勤民楼、同德殿。然而，在进入伪满皇宫之前或离开伪满皇宫之后还可以采用分层讲解的方法，使旅游者对伪满皇宫有一个概括性的总体认识。例如下面这段讲解。

**伪满皇宫简介**

> 各位团友：我们马上要参观的就是伪满皇宫，伪满皇宫的参观内容我们主要从三个层次掌握：第一层，重点讲从1931年至1945年14年间，日本帝国主义的侵华史和溥仪的卖国史，讲清日本帝国主义精心策划建立伪满洲国的性质、目的，给中国人民带来的灾难性后果和溥仪所犯下的滔天罪行；第二层，重点讲从1945年至1959年第二个14年间，溥仪的改造史，讲清党和政府对溥仪这样一个罪恶深重的末代皇帝宽大为怀、倾心挽救的目的、意义，讲清中国共产党在溥仪等战争罪犯身上是如何体现人权的；第三层，重点讲溥仪的五个妻子，从1922年11月30日娶进家门的第一位"妃子"文绣，到2001年最后一位妻子李玉琴的病故，讲清在长达80年的跨度中，作为同一个角色，而在不同的社会制度下，所经历的不同人生道路、不同归宿。

通过采取这样分段讲解的导游方法，无论从政治性、历史性，还是知识性、趣味性上都可以使旅游者听起来层次分明、妙趣横生、回味无穷。

## 二、描绘法

描绘法，就是运用具体、形象、富有文采的语言对眼前的景观进行描绘，使其细微的特点显现于旅游者眼前的讲解方法。在旅游过程中，有些景观没有导游员的讲解和指点，很难发现其美之所在，唤起美的感受。而经过导游员一番画龙点睛或重彩泼墨似的描绘之后，感受就大不一样。例如下面这段讲解。

### 长白山

> 各位朋友，你们现在面对的就是长白山，长白山引人入胜之处是它那绚丽多姿的垂直景观。其特色在于从山脚下到山顶上垂直高度不足3千米，我们却可观赏到欧亚大陆从温带到极地几千千米距离内植物生长变化的垂直景观，领略到从温带到寒带的不同自然景观，如同走了半个世界。
>
> 海拔1 200米以下，地势平缓、气候温和，是针阔叶混交林带，高数十米的长白赤松，枝干挺拔，修长妩媚，顶部呈伞状，树冠下部的枝条稍向下伸展，颇似人迎宾的手臂，在微风中翩翩起舞，人们称其为"美人松"。在这些原始密林深处，生长着许多名贵中药材，您若幸运或许还会发现一棵天然人参呢。
>
> 海拔1 200米至1 800米地带，土层较薄，气候冷湿，常年云遮雾罩，是针叶林带。这里生长着苍松翠柏，无一杂树。云杉、冷杉、落叶松的尖塔形树冠格外俊秀美丽。
>
> 海拔1 800米至2 000米地带，是清一色的岳桦林。这里地形坡度陡，土层瘠薄，气温低，降水量大，风力强劲，年8级以上大风日有200天以上。因而这些岳桦树树枝常随风向而倾斜，形成特殊的旗形树冠，分枝和树叶主要长在主干背风的一侧。这些岳桦树树干扭曲变形，树皮则一层层被寒风撕裂，使人为它们那种百折不挠、顽强不息的韧劲所感动。
>
> 海拔2 000米以上的山顶，则是高山苔原带。这里没有树木，只有绿茵茵的苔藓和贴着地的杜鹃灌木丛，恰如天然地毯一般。

## 三、概述法

概述法是导游就旅游城市或景区的地理、历史、社会、经济等情况向旅游者进行概括性的介绍，使其对即将参观游览的城市或景区有一个大致的了解和轮廓性认识的一种讲解方法。例如下面这段导游讲解。

**查干湖概况**

> 游客朋友，欢迎您来到国家级自然保护区——查干湖参观游览。查干湖蒙语为"查干淖尔"，意为白色圣洁的湖，是全国七大淡水湖之一，也是吉林省最大的内陆湖泊。保护区横跨大安市、乾安县和前郭尔罗斯蒙古族自治县，主体部分位于前郭县境内，距松原市区约45公里，属内陆湿地和水域生态系统类型，总面积为506.84平方公里。查干湖以大湖湿地、草原风光、蒙古族风情、渔猎文化为特色，已经成为吉林省著名景区。区内分设度假区中心区、草原风光和蒙古族风情旅游区、水上娱乐休闲区、野餐野营区、湿地生态旅游区、农业观光区、石油产业观光区等7个旅游功能区。

## 四、类比法

类比法，就是用旅游者熟悉的事物进行类比，帮助旅游者理解和加深印象的讲解方法。由于地理、历史、民族、文化以及宗教信仰的差异性，导游员要把每个游览点解释得使旅游者容易理解，一听就明白，并不是易事。因此，导游员有时必须借助类比的手法。

例如，在讲解北京故宫的建造时间时，对外国旅游者，如果只说"它始建于明代永乐四年，也就是公元1406年"，他们并不会有多少印象，一下子也难以感到北京故宫历史的悠久。如果采用类比法，对美国旅游者说："故宫在哥伦布发现新大陆70年之前就已建成。"对英国旅游者说："故宫的建造时间是在莎士比亚诞生之前的140年。"这样一比较，他们就能更好地感受到中国文化的悠久历史。诸如此类的比较还有：将颐和园与凡尔赛宫花园相比，将唐代长安城与罗马帝国的首都君士坦丁堡相比，将秦始皇陵地宫宝藏与古埃及第十八王朝法老图坦卡蒙陵墓相比，将牛郎织女与罗密欧和朱丽叶相比，将康熙皇帝与同时代的法国路易十四和俄国彼得大帝相比。

## 五、制造悬念法

制造悬念法，就是导游员讲解到关键处故意打住话题，营造出"且听下回分解"的气氛，以激发旅游者的好奇心理和求知欲望的讲解方法。制造悬念法是能够紧紧抓住旅游者注意力的有效的讲解方法之一。制造悬念的方法很多，如问答法、引而不发法、引人入胜法、分段讲解法等都可能激起旅游者对某一景物的兴趣，引起遐想，急于知道结果，从而制造出悬念。

制造悬念法在活跃气氛、制造意境、激发旅游者游兴、增强导游讲解效果诸方面都能起到重要作用，所以导游员都比较喜欢这一方法。制造悬念法奥妙在于"吊胃口"，但"胃口"不宜"吊"得太久。导游员的引而不发，为的是让旅游者在寻求答案的同时，参与导游讲解，如果旅游者最后还是求而不得，导游员就要指点迷津。此外，上下文之间的停顿要恰到好处，那种随意停顿、随意制造悬念的讲解，会起反作用。切莫让旅游者感到你老"卖关子"，使悬念落入俗套。例如下面这段导游讲解。

**尼罗河的故事**

> 中国代表团在访问埃及时遇到了一位善于讲故事的导游员。代表团游览埃及古城卢克索时，在尼罗河古码头遗址，这位导游员为他们讲了这样一个故事："埃及人认为，埃及是尼罗河的礼物，没有尼罗河，便没有埃及，所以对尼罗河十分崇拜。埃及人也相信尼罗河有河神，为了祈求河神不带来灾害，自古以来，每年选一位美丽的少女，投入河中，赐河神为妻。"——这个故事有点类似我国的传说故事。讲到这里，故事并没有结束。导游员继续说："为尼罗河娶妻的习俗，一直延续到今天，现在每年埃及人仍然要选一位美丽的少女，在尼罗河的这个码头上，将少女投入河中。"此时，听讲的游客面面相觑，感到埃及人为何到现在还用如此残酷的办法。大家正不解时，导游员不慌不忙地说了个"但是"，接着她又说："现在扔入河内的少女是塑料做成的了。"这样一讲，大家悬着的心算是放下来了，然后边笑边回味着这有趣的故事。

## 六、问答法

问答法，就是在导游讲解时，导游员向旅游者提问题或启发他们提问题的讲解方法。使用问答法的目的是活跃游览气氛，激发旅游者的想象思维，促使旅游者、导游员之间进行思想交流，使旅游者获得参与感或自我成就感的愉快，同时，也可以避免导游员唱独角戏的灌输式讲解，加深旅游者对所游览景点的印象。问答法主要有四种形式。

（1）"自问自答"，即导游员自己提问自己回答。例如，导游员在讲解杜甫草堂工部祠时，指着对联"锦水春风公占却，草堂人日我归来"问："大家知道人日是什么日子吗？"问题一提出，旅游者定会猜想一下，但谁也回答不上来，不过谁都想知道答案。这时，导游员可回答并发挥一下："人日即正月初七，是人的节日，据传汉代东方朔《占书》上记载：岁后八日，一鸡、二犬、三猪、四羊、五牛、六马、七人、八谷。"

（2）"我问客答"，即导游员提问让旅游者来回答。尽管这一形式比自问自答更能让旅游者参与，但旅游者能否真正参与的关键在于导游员的提问技巧。它要求导游员了解旅游者的知识程度，提问要调动旅游者的游兴和易于旅游者回答，对旅游者的回答还要进行一定的点评和赞扬。

（3）"客问我答"，即导游员鼓励旅游者提出问题后给予回答。这里要注意避免两种偏向：其一，打乱自己导游安排，一听有问题，就立即回答，没有选择地回答；其二，只顾滔滔不绝地讲解，而一点不顾旅游者的问题。有经验的导游员能把讲解和答问有机地结合在一起，从而收到讲答自然、浑然一体的效果。

（4）"客问客答"，即旅游者之间通过聊天互动后彼此会谈及有关游览的问题，有一些知识相对渊博的旅游者愿意为其他旅游者答疑解惑，在这个过程中既增进了团队的凝聚力也给旅游者充分的展示空间，是一种非常不错的方法。这种方法一般会出现在旅游的中期和后期，旅游者之间有一定的了解和相互熟悉后会出现客问客答法。

例如下面这段导游讲解。

**北京故宫**

> 自问自答：我们带团到北京故宫，当我们来到后宫大殿门口时，看到后宫大殿门口有一对铜铸的狮子，此时为了引起旅游者的注意，导游员运用自问自答法说道："各位团友，请大家认真看，后宫大殿门口的一对狮子是一样的吗？"正在大家观察时，导游员便自答道："接下来我给大家讲一下，以建筑物本身的方向为准，雄狮在左，雌狮在右，雄狮脚下踩的是乾坤球，意思是统领宇宙乾坤之意。而雌狮的脚下是一只小狮子，它正用嘴衔着母亲的指尖，这是神兽用来哺乳的方式，这里表达的是子孙延绵不休之意。因此，大殿两边的狮子是完全不同的，一只雄狮，一只雌狮。简单记忆为'男

左女右',你记住了吗?"

　　**客问我答**:当我们从前朝大殿一直参观到后宫大殿时,细心的客人会发现问题,于是问道:"导游,为什么前朝大殿和后宫大殿门口的狮子表情各不相同,有什么说法吗?"此刻导游员说道:"这个问题非常好,接下来让我为大家讲一下,前朝大殿的狮子表情一般为瞪大了眼睛,怒目而视,耳朵是立起来的,嘴巴是半张开的,并且露出了牙齿,看上去非常威严,它的意思是用威严来震慑天下;而后宫大殿的狮子看上去十分温柔,它的耳朵是微垂的,眼睛是半闭着的,嘴巴也是微微闭上的,意思是后宫之人不要过问前朝之事,非礼勿言,非礼勿视,且非礼勿听。这就是前朝大殿和后宫大殿狮子各自不同的寓意,你记住了吗?"

　　**我问客答**:导游员在故宫的门口问旅游者:"大家知道北京故宫共有多少间房子吗?"一位旅游者大声回答:"民间传说9 999间半。"导游员继续讲解说:"这位游客回答对了一半,据民间传说,皇帝自称天子,就是天的儿子,据说玉皇大帝的宫殿共有10 000间房子,作为天的儿子为了不超过自己的父亲表示尊重,于是少建半间,就建了9 999间半。实际据20世纪70年代统计,北京故宫共有8 707间房子。"

## 七、触景生情法

　　触景生情法是一种借景生情、情景结合的讲解方法。其目的是以景物为依托,通过讲解营造一定的气氛,以激发旅游者的想象力,将其思绪和感受导入特定的意境,从而发挥导游讲解的作用力和感染力。运用这一方法进行讲解,导游员必须使讲解的内容与所见景物保持一致,实现情景交融,使旅游者感觉到景中有情、情中有景。例如下面这段导游讲解。

**故宫太和殿**

　　这个广场是太和殿广场,面积达3万平方米,整个广场无一草一木,空旷宁静,给人以森严肃穆的感觉。为什么要建这么大的广场呢?那是为了让人们感觉到太和殿的雄伟壮观。站在下面向前望去:蓝天之下,黄瓦生辉。层层石台,如同白云,加上香烟缭绕,整个太和殿好像天上仙境一样。举行大典时,殿内的珐琅仙鹤盘上点蜡烛,香亭香炉烧檀香,露台上的铜炉、

> 龟、鹤燃松柏枝，殿前两侧廊香烟缭绕，全场鸦雀无声。皇帝登上宝座时鼓乐齐鸣，文武大臣按品级跪伏在广场，仰望着云中楼阁山呼万岁，以显示皇帝无上权威和尊严。清朝末代皇帝溥仪1908年底登基时，年仅3岁，由他父亲摄政王载沣把他抱扶到宝座上。当大典开始时，突然鼓乐齐鸣，吓得小皇帝哭闹不止，嚷着要回家去。载沣急得满头大汗，只好哄着小皇帝说："别闹，别闹，快完了，快完了，快完了！"大臣们认为此话不吉祥，说来也巧，3年后清朝果真就完了，灭亡了，从而结束了我国两千多年的封建帝制。

这段导游词以故宫太和殿为背景，叙述了皇帝举行大典和溥仪3岁登基的情况。将当时的情景惟妙惟肖地展示在旅游者面前，使旅游者仿佛也置身其中，其情景结合的讲解效果不言而喻。

## 八、虚实结合法

虚实结合法，就是向旅游者叙述有关历史人物、事件、神话故事、逸闻典故等，以丰富旅游者的历史知识，使他们运用形象思维更好地了解眼前的景观的讲解方法。一则娓娓叙来的生动寓言，或优美的神话故事，配上眼前的景致，会激起人们轻松愉快的遐想和兴趣，使静止的东西变得鲜活起来，给人以更为深刻的体验和感受。

例如，在介绍长白山天池时，仅仅讲它的面积、深度、出口、入口会显得平淡、枯燥，如果加上一段三仙女下凡、天池怪兽等神奇的传说，就会使长白山天池风光更显神奇、生动、有趣。尽管"虚"能使"实"增色，但"虚"不能代替"实"。如果在讲解景物时注入太多的故事传说，甚至把传说当成景物本身，只会使旅游者雾里看花，感到不真实。例如下面这段导游讲解。

**日月潭和净月潭**

> 相传七仙女与董永在人间过着男耕女织的幸福生活，但王母娘娘得知后，不同意七仙女留在人间，于是派天兵天将过来抓她。临走时，七仙女一步三回头，流下了两滴泪，一滴流到了台湾，形成了日月潭，还有一滴就落到了长春，形成了净月潭。这对姊妹潭虽然只是一个传说，但也表达了祖国人民希望台湾早日回到祖国怀抱的美好愿望。

### 九、妙用数字法

妙用数字法就是在导游讲解中巧妙地运用数字来说明景观内容，以促使旅游者更好地理解的一种讲解方法。导游讲解中离不开数字，因为数字是帮助导游精确地说明景物的历史、年代、形状、大小、角度、功能、特性等方面内容的重要手段之一，但是使用数字必须恰当、得法，如果运用得当，就会使平淡的数字发出光彩；否则会令人产生索然寡味的感觉。运用数字忌讳平铺直叙，大量的枯燥数字会使旅游者厌烦。所以使用数字要讲究"妙用"。例如下面这段导游讲解。

#### 天坛祈年殿

> 北京天坛祈年殿是一座三重檐尖顶圆形大殿。皇帝祈祷五谷丰登的所在。大殿建于高6米的3层汉白玉石台上，纯系砖木结构，直径32米，高38米，白墙、红殿、蓝檐、金顶。祈年殿建筑独特，殿顶无大梁长檩，全靠28根楠木巨柱和36根枋桷支撑。
>
> 大殿内围的4根"龙井柱"，象征一年四季。中国12根"金柱"象征一年12个月；外层12根"檐柱"表示一天12时辰，共计28根柱，代表天上28星宿。再加上柱顶端的8根铜柱，总共36根，象征36天罡。殿内地板的正中是一块圆形大理石，带有天然的龙凤花纹，与殿顶的蟠龙藻井和四周彩绘金描的龙凤和玺图案相互呼应。六宝顶下的雷公柱则象征皇帝"一统天下"。

### 十、解释法

解释法即运用平实的语言对旅游者不理解的内容进行通俗易懂的讲解，加深他们对景观的了解的讲解方法。导游在介绍景观名称来历，讲解旅游者比较陌生的一些知识时多用此法。例如下面这段导游讲解。

#### 伪满八大部遗址

> 1932年，末代皇帝爱新觉罗·溥仪将长春市变为伪满洲国国都——新京市，并在新京建起了伪满国务院（今吉林大学医学院基础楼）及所属八个部。伪满司法部（今吉林大学医学院院部）、伪满经济部（今吉林大学医学院三院）、伪满交通部（今吉林大学医学院卫生系）、伪满兴农部（今东北

师范大学附中）、伪满文教部（今东北师范大学附小）、伪满外交部（今吉林省社会科学院）、伪满卫生部（今吉林省石油化工设计研究院），还有伪满综合法衙（今中国人民解放军461医院），统称八大部。这是一组日本宫廷式原貌风格的建筑群，是省、市级重点文物保护单位，建筑风格独具特色，具有一定的观赏价值。

**十一、突出重点法**

突出重点法就是导游在讲解中不面面俱到，而是突出某一方面的讲解方法。一处景点，要讲的内容很多，导游员必须根据不同的时空条件和对象区别对待，有的放矢做到轻重搭配、重点突出、详略得当、疏密有致。导游讲解时一般要突出以下四个方面。

（1）景点的独特之处。旅游者来到目的地旅游，要参观游览的景点很多，其中不乏一些与国内其他地方类似的景点。导游在讲解时必须讲清这些景点的特征及与众不同之处，尤其在同一次旅游活动中参观多处类似景观时，更要突出介绍其特征。如西岳华山虽不是五岳之首，但在五岳中却独具特色。首先，华山是五岳中海拔最高的山峰，其主峰南峰落雁峰海拔 2 154.9 米。其次，华山以险而闻名于天下，其陡峭险峻位居五岳之首。常言道，"自古华山一条路"，一路行过，必经千尺幢、百尺峡、老君犁沟、上天梯、苍龙岭、擦耳岩等绝险要道，不少地方真可谓"一夫当关，万夫莫开"。最后，华山也是五岳中唯一为道教所独占的名山。导游在讲解时可突出华山在五岳中的这些独特之处。

（2）具有代表性的景观。游览规模大的景点，导游员必须事先确定好重点景观。这些景观既要有自己的特征，又能概括全貌，实地参观游览时，导游应主要向旅游者讲解这些具有代表性的景观。例如，去云冈石窟游览，主要是参观第五、第六窟及五华洞和昙曜五窟。如果把这些窟的艺术特色讲解透彻，就可以使旅游者对云冈石窟的整体艺术特色有基本的了解。

（3）旅游者感兴趣的内容。旅游者的兴趣爱好各不相同，但从事同一职业、文化层次相同的人往往有共同的爱好。导游员在研究旅游团的资料时要注意旅游者的职业和文化层次，以便在游览时重点讲解旅游团内大多数成员感兴趣的内容。例如，在游览故宫时，如旅游者对中国古代建筑感兴趣，导游员应重点介绍故宫的建筑物及其特征、建筑布局和建筑艺术，并将中国古代宫殿建筑与民间建筑乃至西方国家的宫殿建筑进行比较；如果旅游者对中国历史尤其是明、清的历史感兴趣，导游员应重点讲解故宫的历史沿革和在故宫发生的重大事件，使旅游者从对故宫的介绍中加深对明、清历史的了解。

（4）之"最"。面对某一景点，导游员可根据实际情况，介绍这是世界或中国最大（最长、最古老、最高，甚至可以说是最小）的，因为这也是在介绍景点的特征，颇能引起旅游者的兴致。例如，三峡工程是世界上施工期最长、建筑规模最大的水利工程；三峡水电站是世界上最大的水电站；三峡工程泄洪闸是世界上泄洪能力最强的泄洪闸；三峡工程对外专用公路是国内工程项目最齐全的公路。

### 十二、画龙点睛法

画龙点睛法是用凝练的词句概括所游览景点的独特之处，给旅游者留下深刻印象的导游讲解方法。导游员以简练的语言，甚至几个字，点出景物精华之所在，帮助旅游者进一步领略其奥妙，以此获得更多更高的精神享受。例如下面这段导游讲解。

**吉林雾凇**

> 吉林雾凇以其"冬天里的春天"般诗情画意的美，同桂林山水、云南石林、长江三峡一起被誉为中国四大自然奇观。隆冬时节，北国大地千里冰封，万里雪飘，整个江城银装素裹，垂柳苍松，凝霜挂雪，戴玉披银，远远望去如朵朵白云，排排雪浪。仰望松树的枝头，宛如玉菊怒放，雪莲盛开；柳树柔软的枝条，都被粘挂成璀璨的银丝；形态各异的灌木丛，一团团，一簇簇，晶莹夺目，宛如银珊瑚的奇葩。那就是吉林雾凇。雾凇之美，美在壮观，美在奇绝。人们把雾凇之美的观赏过程形容为三个阶段，叫作"夜看雾，晨看挂，待到近午赏落花"。

除上述导游讲解方法外，还有引用法、概括法、联想法、意境法、模糊法、变换法、名人效应法等。导游讲解方法虽然很多，但在具体工作中，各种方法不是孤立的，而是相互渗透、相互依存、相互联系的。导游员在学习众家之长的同时，必须结合自己的特点融会贯通，在实践中形成自己的导游风格和导游讲解方法，并视具体的时空条件和对象，灵活、熟练地运用，这样才能获得不同凡响的导游效果。

## 本章小结

本章系统详细地介绍了导游语言艺术以及导游讲解的相关知识。语言是交往的工具，是沟通人与人之间思想情感的桥梁。俗话说："良言一句三冬暖，恶语伤人六月寒。"可见，在人际交往活动中，良好的语言表达非常重要。在导游接待服务工作中，每天必须和形形色色的旅游者打交道，每一件工作的完成、每一件事情的处理，都必须以语言为沟通的媒介，导游语言与带团工作的关系十分密切。导游整个带团过程是导游语言交际的舞台，导游员对语言知识了解程度的深浅和语言艺术运用水平的高低，直接反映出旅游接待人员的精神面貌和文明程度，反映出旅游企业的服务水平和管理水平。

## 即测即练

## 复习思考题

1. 简述导游语言的特点和作用。
2. 简述劝说的语言艺术。
3. 简述导游讲解的要求。
4. 简述导游讲解的原则。
5. 导游讲解的基本方法包括哪些？

## 实践训练

1. 分组进行导游词模拟讲解练习，主要练习语音、语调和语速，小组之间互相评分。

2. 分组进行情境模拟训练，现场分角色进行讲解展示，学者型旅游团、家庭主妇型旅游团、小朋友旅游团、夕阳红旅游团，分别游览伪满皇宫博物院，每个团队应在讲解上做哪些侧重。

# 第十章 导游的组织技能

## 🔍 学习目标

1. 了解导游形象的塑造。
2. 熟悉导游日程安排技能。
3. 掌握团队的组织技巧、景区游览技巧。

## 🔍 能力目标

1. 了解散客旅游的特点和注意事项。
2. 熟悉导游员带团的特点、原则。
3. 掌握旅游活动日程安排要领。

## 🔍 思政目标

1. 了解导游的形象塑造的重要作用,增强学生的专业认同感。
2. 熟悉导游日程安排技能,培养学生有效利用时间的能力。
3. 掌握导游的组织技能(tour guide organizing skill),增强学生爱岗敬业的道德品质。

## 思维导图

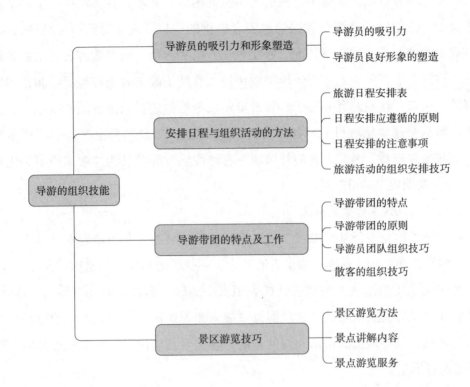

## 导入案例

## 第一节　导游员的吸引力和形象塑造

### 一、导游员的吸引力

#### （一）旅游者心目中的导游员

1. 旅游者之师

导游员同旅游者朝夕相处，一直陪同他们旅行、游览，为他们安排各项旅游活动，关心他们的安全、健康和心理感受。因此，在旅游者心目中，导游员不仅是为他们提供服务的人员，更是懂礼貌、讲礼节、尊重人、理解人、热心帮助人的朋友，是可以信赖、能与之交流思想感情、共同欣赏美妙景致的伙伴。

2. 游人之师

许多旅游者喜欢更多地了解他们所游览的地区,而不是宣传小册子上的那点简单介绍。旅游团的导游员就是给旅游者提供的一位"流动专家"。他们向旅游者讲解旅游地的人文和自然情况,介绍风土人情和习俗,解答旅游者提出的各种问题,并且,在有关的地点讲述历史或传说,有助于旅游者更好地了解和记住历史事件。所以,在旅游者心目中,导游员不仅是他们进行旅游活动的组织者、协调人,而且是通晓旅游目的地各方面情况的"老师",从其身上可以学到很多知识、获取很多教益。因此,有的外国旅游者称我们的导游员为"中国历史文化教员""中华文明展览的讲解员"。

3. 国家(地区)形象的代表

导游员虽然受旅行社所委派,代表旅行社接待旅游者并为他们安排参观游览活动,但是,在外国(外地)旅游者心目中,不管导游员代表的是哪一家旅行社,总之是中国人(当地人)的代表,代表国家(地区)形象。因此,外国(外地)旅游者往往从导游员的言谈举止、服饰仪表来衡量中国人(当地人)的道德水准和价值观念,从导游员的讲解和对问题的处理来看待中国(当地)导游员的水平和旅游服务质量。

(二)导游员的个人魅力

1. 博古通今的万事通

具备丰富的知识是导游员增添个人魅力(personal charm)的重要条件之一。因为导游员接触的面既广又杂,所以,有关中外历史、地理、政治、经济、文化、建筑、艺术、宗教、民俗、美学、心理学、法律等方面的知识,导游员都懂一些。而且由于导游员的接待对象不是单一的:退休的总统、议长,在职行李搬运员,有绅士派头的上层人士,潜心家务的家庭妇女等。他们的身份、职业、年龄、性格、志趣、爱好、生活习惯都有很大差异,没有丰富的知识,是很难做好接待工作的。所以,一名优秀的导游员就是一位"学富五车"、博学多才的"杂家"。

2. 风趣诙谐的幽默大师

导游员与旅游者大都是初次接触,互相比较生疏,幽默风趣的个性有助于导游员在旅游者中赢得信赖感。

此外,在旅游活动中,旅游者很容易受导游员情绪的影响。当旅途不顺、旅游者情绪不佳时，如果导游员也跟着怨天尤人或闷闷不乐，那么旅游者的情绪就会更糟。而富有幽默感的导游员能使旅游者在困难中看到希望，看到有趣的一面。因为幽默能使人发笑，能使人变换一种有益的方式对待问题。一旦人们对各种困难都能抱有乐观的态度，那么，解决困难的信心也就产生了。

3. 真诚友善的微笑大使

当导游员对自己的工作充满热爱之情时，就会始终微笑着对旅游者服务。微笑是没有国界的，不管是对哪个国家、哪个地区的旅游者微笑，他都知道这是一种热情、友好、真诚的表现。旅游活动中遇到不高兴的事情总会让旅游者非常恼火，但看到导游员礼貌、真挚的微笑，火气就会小一些。俗话说，"伸手不打笑脸人"，笑具有补台的作用。例如，一个原计划乘软卧车厢的旅游团，因故必须改乘硬卧车厢。旅游者对此意见很大，纷纷找导游员质询。这位导游员歉意地微笑，向旅游者解释说："大家有意见是应该的，可以理解，但因正值旅游旺季，铁路客运十分紧张，我们已经做了很大的努力，这次只好委屈各位了，请多多谅解。"在导游员真诚的态度、合理的解释面前，旅游者激动的情绪得到了缓和。正如法国作家阿诺·葛拉索所说的："笑是没有副作用的镇静剂。"

4. 果断干练的指挥员

坚定的意志和行事果断的工作作风，是导游员成功地带领旅游者完成旅游活动的重要因素。无论是领队、全陪，还是地陪，只要在旅游者面前表现出充分的自信心和抗干扰能力，坚定不移地维护旅游者和旅行社的正当利益，就能得到旅游者的赞誉。例如，1998年7月中旬，西安某大学工会组织教职工去桂林旅游，由西安E旅行社组团，导游员李先生是全陪。整个旅程都很顺利，但返回那天，由于火车晚点12个小时，当时旅游者都要求回饭店，推迟返回西安。而导游员李先生坚持当日返回西安，返回后旅游者得知，他们返回的第二天桂林就发生了洪灾，因此他们都很感激导游员。这里，导游员的果断决策是建立在他对旅游地的自然气候条件十分熟悉并作出科学预测、准确判断的基础之上的。

## 二、导游员良好形象的塑造

导游员要善于在旅游者中间为自己塑造一个良好形象，这是绝对必要的，因为不如此就不能博得旅游者的好感，就不能吸引旅游者，就不能把旅游者团结在自己的周围，最终也不能很好地完成自己的导游工作。

**（一）导游员的形象定位**

1. 重视第一印象

第一印象常常构成人们的心理定式，不知不觉成为判断一个人的依据。导游员与旅游者接触的时间短，给旅游者留下良好的第一印象就显得更为重要。导游员的第一次亮相，至关重要的是仪容、仪态和语言。

（1）仪容是指导游员的容貌、着装及表现出的神态。导游员的衣着要整洁、得体，化妆要适合个人的身体特征和职业特点。衣着打扮不能太光艳，以免夺取被服务对象的风采，引起他们的不快；不能因自己的服饰而影响工作，要尽量避免让人用"太"字来评价自己的打扮。如果导游员太注重修饰自己，旅游者可能会想："光顾修饰自己的人怎么会想着别人、照顾别人？"但如果导游员衣冠不整、不修边幅，旅游者可能又会想："连自己都照料不好的人又怎能照顾好别人？"所以，导游员在服饰打扮方面，一定要把握好一个度。

精神风貌在导游员的第一次亮相中起着十分重要的作用。出色的导游员，在从机场、车站或码头接旅游者转移到饭店的这一阶段中，要经过组织旅游者乘车，在车上讲解城市概况、所住饭店的特色，安排旅游者进房等一系列工作程序。这些程序一环套一环，只有精确地计算时间、安排得有条不紊，才会让旅游者满意，让旅游者产生信任感，也能给第一次见面的旅游者留下深刻的印象。

（2）仪态表现在导游员的姿态、动作等方面。导游员要做到：与人相处直率而不鲁莽，活泼而不轻佻，自尊而不狂傲；工作紧张而不失措，服务热情而不巴结讨好，重点关照而非溜须谄媚，礼让三分但不低三下四；友善而非亲密，礼貌而非卑躬，助人不为索取。这样的导游员比较容易获得旅游者的信任。另外，导游员要站、坐、行有度：正确的站姿是，两脚叉开时不超过肩宽，腰板自然挺起，手势柔缓，这样会给人一种稳定感、轻松感和亲近感，有利于思想情感的交融；坐姿也有一定的规范，双腿基本并拢，头不宜后仰，也不能半躺半坐，以免给人一种懒散无力或自命不凡的感觉；形态美主要在于步履稳健、从容自然，不能摇头晃脑、左摇右摆。

（3）语言即导游员讲话时的声调和音色。初次见到旅游者时，导游员应谈吐高雅脱俗、优美动听、风趣幽默、快慢相宜、亲切自然，这样容易获得旅游者的好感。

2. 保持良好形象

美好的第一次亮相并不表示导游员就此可以一劳永逸、万事大吉。就旅游者而言，他们不会满足于导游员的首次良好形象，而是希望导游员能一直保持良好形象，善始善终地为他们提供优质服务。因此，导游员还注意保持良好形象。任何人要想做好一件事情、成就一番事业，没有坚忍不拔的毅力、积极进取的精神，虎头蛇尾，半途而废，终究会以失败告终。此外，从职业的角度看，旅游者对导游员的总体评价是根据导游员的一贯表现作出的，而不是仅凭第一印象。所以，导游员在旅游者面前必须自始至终保持良好的形象。

### （二）导游员的风格定位

1. 保持理智

旅游本是一件愉快的事，但随时可能有不愉快的事情发生。导游员就是要为旅游者排忧解难，使旅游者避免烦恼。当旅游活动中出现意外情况或旅游者抱怨时，导游员要头脑清醒，保持耐心与理解，不能用老师教育学生、领导要求下级的说教方法去管理旅游者，而要专业、平静、沉着地解决问题。

在旅游活动中，旅游者并不总是对的。面对旅游者的不礼貌行为，导游员要表现得不卑不亢、从容大度，既不要心怀怨愤、反唇相讥，也不要一味地低声下气、卑躬屈膝，宽容不是懦弱和忍气吞声。导游员在与不同层次的旅游者打交道时，要能熟练灵活地运用公关知识，注意锻炼转变氛围的能力，随机应变地处理问题，并搞好同各方面的关系。

导游员在遇到问题时，绝不能失去理智，如果因控制不住情绪而对旅游者发脾气，不管是否有理，其后果都是严重的。一旦旅游者对导游员失去信心，导游工作就会陷入僵局，严重的还会发生旅游团队失控以及罢游等情况。只有在任何情况下都能做到冷静，不带个人情绪地处理问题，这样的工作才是有效的、称职的。作为导游员，要善待旅游者，凡事保持心平气和，很多时候往往运用一点机智就可以把祸患、纠纷或尴尬的场面化解。

2. 保持轻松的工作风格

人们外出旅游是为了轻松，为了愉悦身心。一位能使旅游者开心、有幽默感和智慧的导游员比一位工作认真但没有笑容的导游员更受旅游者的欢迎。所以，导游员在服务过程中不要过于严肃。轻松，实际上是内紧外松，是以办事认真为基础的。导游服务的各个环节都很重要，工作前必须做好充分的准备，特别对可能出错的地方更要做好准备，多一分准备就会多一分信心。

3. 提供超常服务

超常服务作为额外服务，是一种富有人情味的服务，会使导游员在旅游者心目中的形象更加美好。

4. 行使领导权

导游员在旅游初始就要树立一定的权威，让旅游者相信你有能力、负责任。坚定并不意味粗野无礼，只表明你明确要做什么和怎样去做。如果旅游者看到导游员遇事总是一马当先，表现沉着、镇定，面带笑容，便会感到有人在精心地照顾着他们，同时，他们对导游员的才能也会表示信任，并感到轻松自在。

**（三）导游员的角色定位**

导游员角色是多变的统一体，面对不同的场合、不同的旅游者则需要扮演不同的角色。

导游服务技能主要不是依靠书本知识获得的，而是通过反复的导游实践，在实践中不断摸索、不断总结而逐步形成和丰富起来的。因此，导游员应在工作中勤学苦练、不断积累，提高自己的导游服务技能。

导游员的带团技能是导游员根据旅游团的整体需要和不同旅游者的个别需要，熟练运用能提高旅游产品使用价值的方式、方法和技巧的能力。它贯穿于旅游活动的全过程之中，其高低直接影响到导游服务的效果。

## 第二节　安排日程与组织活动的方法

### 一、旅游日程安排表

旅游日程安排表一般有以下几个方面。

（1）签发的组团社名称，联络人姓名、电话号码。

（2）所住饭店名称、抵达时间和离开时间。

（3）活动日期及出发时间。

（4）每天参观游览项目及时间安排。

（5）就餐安排地点及时间。

（6）购物，尤其是当地特产。

（7）文娱、自由活动及其他安排。

（8）团队的联系方式。

导游日程安排如图 10-1 所示。

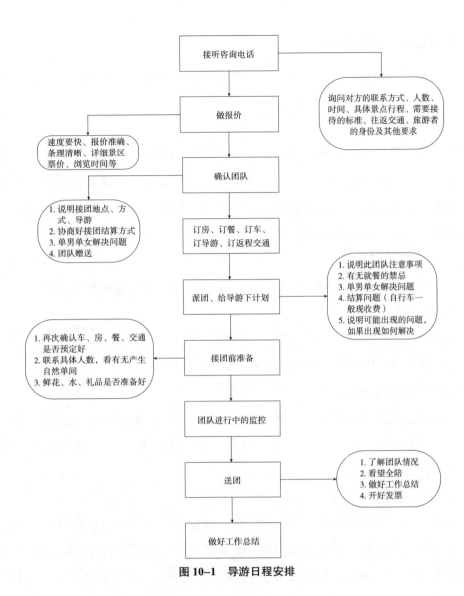

图 10-1　导游日程安排

## 二、日程安排应遵循的原则

（1）主要活动安排必须适合旅游团的特点。

（2）从旅游者的要求、需要出发安排活动。

（3）要兼顾参观、游览、购物等各项活动。

（4）体现本地特色并且点面结合。

（5）要劳逸结合、留有余地。

（6）活动内容多姿多彩，不要雷同。

（7）游览活动要做到渐入佳境（enter the most pleasant stage gradually）。

### 三、日程安排的注意事项

导游在旅游团抵达的前一天，应与各有关部门或人员一起落实、检查旅游团的交通、食宿、行李运输等事宜。

#### （一）核对日程表

导游员应根据接待计划安排的日程（电子行程单），认真核对接待社编制的旅游团在当地活动日程表中所列日期、出发时间、游览项目、就餐地点、风味餐品尝、购物、晚间活动、自由活动和会见等项目。如发现有出入，应立即与本社有关人员联系核实，以免实施时出现不必要的麻烦。

#### （二）落实旅行车辆

（1）与旅游汽车公司联系确认为该团在本地提供交通服务的车辆的车型、车牌号和司机姓名。

（2）接大型旅游团时，车上应贴编号或醒目的标记。

（3）确定与司机的接头地点并告知活动日程和具体时间。

#### （三）掌握联系电话

导游员应掌握包括接待社各部门、行李员、全陪、旅游车租车公司（旅行社车队）、就餐餐厅、下榻饭店、景区、机场（车站或码头）、下一站接待旅行社等的联系电话。

#### （四）落实住房及用餐

导游员应熟悉旅游团所住饭店的位置、概况、服务设施和服务项目，如距市中心的距离、附近有何购物娱乐场所、交通状况等。在接团前要与旅行社计调人员核实该团旅游者所住房间的数量、房型、用房时间是否与旅游接待计划相符，核实房费内是否含早餐等，并与饭店销售部或总台核实。

导游员应熟悉旅游团就餐餐厅的位置、特色，与各有关餐厅联系，确认该团日程表上安排的每一餐的落实情况，并告知旅游团的团号、人数、餐饮标准、日期、特殊要求和饮食禁忌等。

### 四、旅游活动的组织安排技巧

#### （一）灵活搭配活动内容

导游界有句行话："有张有弛，先张后弛。"这就说明导游员在带团过程中应该掌握游览活动的节奏，遵循"旅速游缓""先远后近""先高后低"的原则。

### （二）科学安排旅游者饮食

只有吃得饱，才有精力去旅游；只有吃得好，才能游得好；只有吃得干净、吃得卫生，才能游得愉快、游得顺利。

### （三）尽快安排旅游者入住

（1）要安排好旅游者，在大厅找椅子让旅游者坐下休息，顺手拿些饭店介绍、景点介绍让旅游者看看。

（2）拿到房卡后，立即走到大家休息的地方，将房卡一一发给旅游者，同时请地陪帮忙将房号登记在旅游者名单上。

（3）旅游者陆续进入房间，领队与地陪认真做好以下服务工作：一是教会旅游者使用房卡；二是帮助旅游者安排好行李，使行李迅速入房；三是帮助旅游者看看房间是否已打扫干净，有些饭店服务欠佳，尤其旅游旺季时，常常出现差错。

### （四）注意旅行服务技巧

导游员带团乘坐任何交通工具时，按国际惯例，都要第一个下、最后一个上，这样便于照顾好旅游者。

#### 1. 带团乘机的技巧

乘坐飞机时，导游员一般应当最后上机，这样可以确保全团顺利登上飞机；导游员应尽量选择坐在旅游者中间靠走道的位置，以便在飞行时照料旅游者；下飞机后应当先到达出站口，因为只有导游员才认识前来迎接的地陪。

#### 2. 在整个乘机过程中，导游应特别注意的方面

（1）购票后，要检查机票信息，防止出现乘机人姓名同音字错误。

（2）到机场办理登机手续，导游员应请旅游者带好机票、身份证（或护照）、登机牌等，过安全检查，等候上机。

（3）上机后，如有晕机经历者，可提醒旅游者吃晕机药。

（4）上机后，听从空乘人员安排，请旅游者仔细听空乘人员介绍安全知识。

（5）到达时，听从空乘人员安排，按顺序下机，提醒大家不要忘记取自己的行李。

#### 3. 带团乘火车的技巧

（1）购得火车票后，要检查票面，千万不要乘错车次。

（2）到车站后，听广播和服务员召唤，千万不要误了车次。

（3）上车后，找好铺位或座位，找不到时可请乘务员协助。

（4）上车后，要安排好车上生活，要经常活动一下身体，防止不适。

（5）注意车上广播，关照大家提前做好下车准备。

### （五）引导旅游者理性购物

#### 1. 帮助旅游者制订"购物计划"

中国人有个习惯，叫"穷家富路"，就是说在家里日子可以过得俭朴些，一旦外出就要多带些钱，花着方便些。这也使一些旅游者在旅游过程中见什么买什么，结果回来一看，买了很多没有意义的东西，造成不必要的浪费。

一些外国旅游者来到商店后，会拿出个小本，上面写应购些什么，甚至分门别类，他们称之为"购物计划"（shopping plan）。根据外国旅游者的做法，导游员可帮助旅游者制订一个"购物计划"，并让旅游者对旅游商品有所了解。一般而言，旅游购物品主要包括：①旅游工艺品，如饰物、手编、民间工艺品等。②旅游纪念品，如带有当地景点的小型纪念品，如泰山手杖、长城纪念章等。③文物古玩，土特产品，如贵州茅台、云南白药、东北人参、苏杭丝绸等。④旅游食品以及旅游日用品。

#### 2. 引导旅游者理性购物

导游员应善于引导旅游者理性购物，避免上当受骗。

首先，导游员要告诉旅游者，购物的首要原则是"少买吃的，多买用的"。一些旅游者满载而归，但几个月后很多产品就会过期变质。另有一些旅游者，刚刚到家就发现食品不能食用了，后悔不迭。但一些用的东西，大部分都能派上用场。纪念性的物品，时间过得越长，其价值越大，每每拿出，展示给友人，总能带来些欢娱。

其次，导游员要提醒旅游者，购物时应坚持"三要"与"五不要"。许多旅游者购物时都有"从众心理"，别人买样东西，也不管自己需不需要、喜不喜欢，一哄而起，就跟着买。在这种情况下，旅游者很容易冲动消费。所以，应提醒旅游者做到"三要"：要买自己喜欢的物品；买东西一定要商家开发票；贵重物品一定要"保单"。还要注意"五不要"：贵重物品不要买；金银物品不要买；珠宝玉器不要买；大件物品不要买；海鲜水产不要买。

## 第三节　导游带团的特点及工作

### 一、导游带团的特点

#### （一）接触的短暂性

导游员与旅游团的旅游者之间通常互不熟悉，仅仅是通过短期的旅游活动才相互有了接触。旅游活动的时间往往不长久，导游员和旅游者的接触也多是一种浅层次的泛泛之交。

#### （二）工作的流动性

导游员的工作状态与场所不是静止和固定的，要随着旅游者的不同和业务的需要不断改变，全国各地的风景名胜、文物古迹、宾馆饭店、机场码头、购物场所、娱乐场馆都是导游员工作的地方。因此，在不同场所，导游员要进行的工作是不同的。

#### （三）服务的主动性

导游员的职责决定了他是旅游团队的焦点，是团队的中心人物。在带团过程中，导游员负有组织旅游者、联络协调、传播文化的职能。无论是哪个环节的工作，都需要导游员动脑筋、想办法，积极主动地为旅游者做好服务。

### 二、导游带团的原则

#### （一）旅游者至上

导游员在带团过程中，要有强烈的责任感和使命感，工作中要明辨是非曲直，任何情况下都要严格遵守职业道德，遇事多从旅游者的角度去思考，将维护旅游者的合法利益摆在首位。

#### （二）履行合同

导游员带团要以旅游合同为基础，是否履行旅游合同的内容，是评价导游员是否尽职的基本尺度。一方面，导游员要设身处地为旅游者考虑；另一方面，导游员也应考虑到本企业的利益，力争使旅游者在合同约定的范围内获得优质的服务，使旅行社获取应得的利益。

#### （三）公平对待

尊重他人是人际交往中的一项基本准则。不管旅游者是来自境外或境内，也不管旅游者的肤色、语言、信仰、消费水平如何，导游员都应一视同仁、公平对待。特别是不应对一些旅游者表现出偏爱，否则易造成旅游团队内部关系的紧张，影响导游服务的正常进行。

### 三、导游员团队组织技巧

#### （一）导游员与旅游者的交往

导游工作是联系各项旅游服务的纽带和桥梁。导游员在带团时离不开相关旅游服务部门和工作人员的协作，同时也能够帮助相关旅游服务部门和人员的工作。导游工作与其他旅游服务工作的相辅相成关系决定了导游员必须掌握一定的协作技能。

（1）自信谦恭：不模棱两可，不夸夸其谈。

（2）热情诚恳：不意气用事。

（3）细微之处见真情：真情奉献。

（4）了解旅游者心理变化规律。

（5）明确角色定位。

#### （二）导游员与领队的协作

领队是受海外旅行社委派、全权代表该旅行社带领旅游团从事旅游活动的人员。在旅游团中，领队既是海外旅行社的代表，又是旅游者的代言人，还是导游服务集体中的一员，在海外社、组团社和接待社之间以及旅游者和导游员之间起着桥梁作用。导游员能够圆满完成任务，在很大程度上要靠领队的合作和支持，因此，处理好与领队的关系就成为导游员不能忽视的重要内容。

1. 尊重领队，遇事与领队多磋商

带团到中国来旅游的领队，多数是职业领队，在海外旅行社任职多年并受过专业训练，对我国尤其是我国旅游业的情况相当熟悉。他们服务周到细致，十分注意维护组团社的信誉和旅游者的权益，深受旅游者的信赖。此类领队是中方旅行社长期合作的海外客户代表，也是旅游团中的"重点客人"，对他们一定要尊重。

尊重领队就是遇事要与他们多磋商。旅游团抵达后，导游员要尽快与领队商定日程，如无原则问题，应尽量采纳领队的建议和要求。在遇到问题处理故障时，导游员更要与领队磋商，争取领队理解和支持。

2. 关心领队，支持领队的工作

职业领队常年在异国他乡履行自己的使命，进行着重复性的工作，十分辛苦。由于他的"特殊的身份"，旅游者只能要求他如何关心自己而很少去主动关心领队。因此，导游员如果在生活上对领队表示关心、在工作上给予领队支持，他会很感动。当领队的工作不顺利或旅游者不理解时，导游员应主动助其一臂之力，能做到的事情尽量给予帮助，做不到的多向旅游者做解释，为领队解围，如说明原因不在领队而是本方条件所限或是不可抗拒的原因造成的等。

但要注意，支持领队的工作并不是取代领队，导游员应把握好尺度。此外，作为旅游团中的"重点人物"，导游员要适当给领队以照顾或提供方便，但应掌握分寸，不要引起旅游者的误会和心理上的不平衡。

3. 多给领队荣誉，调动领队的积极性

要想处理好与领队的关系，导游员还要随时注意给领队面子，遇到一些显示权威的场合，应多让领队尤其是职业领队出头露面，使其博得旅游者的好评，如游览日程商定后，导游员应请领队向全团旅游者宣布。只要导游员真诚地对待领队，多给领队荣誉，领队一般也会领悟到导游员的良苦用心，从而采取合作的态度。

4. 灵活应变，掌握工作主动权

由于旅游团成员对领队工作的评价会直接影响到领队的得失进退，所以有的领队为讨好旅游者而对导游工作指手画脚，当着全团旅游者的面"抢话筒"，一再提"新主意"，给导游员出难题，使导游员的工作比较被动。

遇到类似情况，导游员应采取措施变被动为主动，对于"抢话筒"的领队，导游员既不能马上"反抢话筒"，也不能听之任之，而应灵活应变，选择适当的时机给予纠正，让旅游者感到"还是导游员讲得好"。这样，导游员既表明了自己的态度又不失风范，工作上也更为主动了。

5. 争取旅游者支持，避免与领队正面冲突

在导游服务中，接待方导游员与领队在某些问题上有分歧是正常现象。一旦出现此类情况，接待方导游员要主动与领队沟通，力求及早消除误解，避免分歧扩大。一般情况下，接待社导游员要尽量避免与领队发生正面冲突。

在入境旅游团中也不乏工作不熟练、个性突出且难以合作的领队。对此，导游员要沉着冷静、坚持原则、分清是非，对违反合同内容、不合理的要求不能迁就；对于某些带侮辱性的或"过火"的言辞不能置之不理，要根据"有理、有利、有节"的原则讲清道理，使其主动道歉，但要注意避免与领队发生正面冲突。

有时领队提出的做法行不通，导游员无论怎样解释说明，领队仍固执地坚持己见。这时导游员就要向全团旅游者讲明情况，争取大多数旅游者的理解和支持。但要注意，即使领队的意见被证明不对，也不能把领队"逼到绝路"，要设法给领队台阶下，以维护领队的自尊和威信，争取以后的合作。

### （三）导游员与司机的协作

旅游车司机在旅游活动中扮演非常重要的角色，司机一般熟悉旅游线路和路况，经验丰富，导游员与司机配合得好坏，是导游服务工作能否顺利进行的重要因素之一。

1. 注意翻译工作

当接待外国旅游者时，出于语言沟通障碍，旅游者与司机往往会出现沟通不畅的问题。这个时候就需要导游员来为彼此承担翻译工作，提高司机工作效率以及外国旅游者满意度。另外，在旅游车到达景点时，导游员用外语向旅游者宣布集合时间、地点后，要记住用中文告诉司机。

2. 提前告知线路变化

旅游线路有变化时，导游员应提前告诉司机，避免发生不必要的纠纷。

3. 协助司机做好安全行车工作

大部分旅游车的司机具有丰富的驾驶经验，可以胜任旅游团的安全驾驶任务。但有些时候，导游员适当给予协助能够减轻司机的工作压力，便于更好地开展工作。导游员可为司机做的一些事情包括：遇到险情，由司机保护车辆和旅游者，导游员去求援；在行车途中不要与司机闲聊，以免影响驾驶安全等。

4. 对日程安排征求司机意见

导游员在旅游过程中应注意倾听司机的意见，从而使司机产生团队观念和被信任感，积极参与导游服务工作，帮助导游员顺利完成带团的工作任务。

### （四）导游员与其他旅游接待单位的合作

1. 及时协调，衔接好各环节的工作

导游员在服务过程中，要与饭店、车队、机场（车站、码头）、景点、商店等相关部门和单位打交道，其中任何一个接待单位或服务工作中的某一环节出现失误和差错，都可能导致"一着不慎，满盘皆输"的不良后果。导游员在服务工作中要善于发现或预见各项旅游服务中可能出现的差错和失误，通过各种手段及时予以协调，使各个接待单位的工作正常有序。例如，旅游团活动日程变更涉及用餐、用房、用车时，导游员要及时通知相关的旅游接待单位并进行协调，以保证旅游团的食、住、行有序地衔接。

2. 主动配合，争取协作单位的帮助

导游服务工作的特点之一是独立性强，导游员一人在外独立带团，常常会有意外或紧急情况发生，仅靠导游员一己之力，问题往往难以解决，因此导游员要善于利用与各地旅游接待单位的协作关系，主动与协助单位有关人员配合，争取得到他们的帮助。例如，迎接散客时，为避免漏接，导游员可请司机站在另一个出口处举牌帮助迎接；又如，旅游团离站时，个别旅游者到达机场后发现自己的贵重物品遗忘在饭店客房内，导游员可请求饭店协助查找，找到后将物品立即送到机场或快递给旅游者。

### （五）协调好旅游者间的不同意见

1. 求同存异

一个旅游团队中，如果大部分旅游者想去某景点观光游览，一小部分旅游者认为该旅游项目没有多大意义而想去购物。这时，导游员就应采取"求同存异"的办法，把想去购物的旅游者安排在旅游景点附近的商场购物，并且确定全体集合的时间和地点。其具体操作步骤是：先将购物的旅游者送到商场（请全陪或领队陪同，负责旅游者的安全问题），然后带领另一部分旅游者进行景点观光游览，最后，按照约定的时间和地点会合，进行下一个活动项目。这样一来，旅游者的要求就都得到了满足。值得一提的是，遇到这类问题时，导游员切忌来一招所谓的"举手表决"，其结果也许不是少数与多数的同题，而可能是四分五裂的局面，那时导游员就会完全处于被动的境地。

2. 金蝉脱壳

在某些情况下，导游员还应通过自己准确无误、符合逻辑的语言使旅游者放弃自己的主张，而接受导游员的安排。例如，由于突然下雨，原定的室外游览项目只能取消。这时旅游者必然七嘴八舌地提出自己的想法。面对此情此景，导游员只有采取"金蝉脱壳"的办法才可能左右局面，即旅游者的意见都不采纳，而是提出自己的主张：带旅游者参观一个室内景点，如艺术博物馆、民俗博物馆等。理由是下雨天不宜在室外游览，在博物馆参观可免遭雨淋；另外，博物馆新近增加的展品颇具欣赏价值，值得一看。旅游者一听，觉得导游员的意见不错，自然会放弃他们的主张，接受导游员的安排。

### 3. 有效排除干扰

作为一名合格的导游员，理应以满足旅游者的需求为主要任务，但导游员必须有自己的主见，对旅游者需求作出理性的判断。导游员心里必须明白，主动权还是在导游员手中，问题关键是用智慧去对待旅游者。首先，导游员切忌用语言和行动去迎合旅游者的胃口，对于那些奇谈怪论和歪点子要及时给予否定；其次，关于游览行程的安排问题，导游员既可充分肯定旅行社安排的科学性、紧凑性和合理性，或拿出旅行社所规定的行程安排表，以示遵照旅游者与旅行社所签合同执行，也可采用因人、因时、因地的旅游原则进行解释。尽管有些旅游者可能多次来到此地，但是新出现的情况肯定是没有导游员清楚的。

## 四、散客的组织技巧

### （一）散客旅游的特点及要求

#### 1. 散客旅游的特点

（1）规模小。多为旅游者本人单独出行或与朋友、家人结伴而行，10人以下。

（2）付费高。散客旅游的付费方式是零星现付，按零售价格当场支付，价格比团队旅游相对贵一些，对价格变化的敏感度也高于团队旅游者。

（3）要求多。大多数散客旅游者消费水平较高，而且对服务的要求也较多。

（4）变化大。由于经验不足，在出游前对旅游计划的安排缺乏周密细致的考虑。

（5）预订期短。有时在出发前才提出，有时是在旅行过程中临时遇到的。

#### 2. 散客导游服务的要求

（1）接待服务效率高。由于旅游者自主意识强，要求导游有较强的时间观念。

（2）导游服务质量高。希望导游员有充分的思想准备和知识准备，其讲解更能突出文化内涵和地方特色，能圆满回答他们提出的各种问题，以满足其个性化、多样化的需求。

（3）独立工作能力强。

（4）语言运用能力强。

### （二）散客服务注意事项

（1）尽快了解客人的具体情况。

（2）留心散客的行李。

（3）认真落实散客交代的事情。

（4）导游标志鲜明。

**（三）散客组织方法**

散客导游与团队导游之间最大的区别是沿途的导游方式有很大不同。为团队导游，导游员只需按照事先安排好的日程，按部就班地为旅游者提供导游讲解服务即可，在整个服务中，导游员是主角，处于主导地位。而为散客导游，导客双方都是主角，彼此之间更多的是对话式的交流，而且交流涉及的内容也非常广泛，不必拘泥于眼前正观赏的景物。正因为这样，导游员在组织散客的过程中，一定要把握好下面两点。

1. 以客为主

散客的文化层次一般都比较高，他们对旅游产品的文化内涵甚为重视，并追求个性化、多样化的消费，所以，导游员必须尊重旅游者的意见。在陪同散客游览前，导游员应就游览线路向旅游者提出合理建议，由旅游者自己选择。游览时，导游员可以根据旅游者的兴趣、爱好、要求进行讲解，并随时回答旅游者提出的问题，与旅游者进行有效的交流。交流时，导游员绝不能自以为是。当你口若悬河地为旅游者讲解完并为自己的出色表现沾沾自喜时，也许旅游者心里正在考虑怎么投诉你，因为你所提供的这些服务并不是他需要的。

2. 因人而异

在带散客旅游时，除了遵循旅游者的意见、以客为主外，导游员还必须考虑旅游者的个体情况，据此向旅游者提出合理建议，并根据旅游者的不同情况提供相应的服务。比如接待对象是包含老人、小孩的家庭，应分别为老幼提供不同的出行计划、餐饮住宿等。

## 第四节　景区游览技巧

**一、景区游览方法**

**（一）参观游览活动要有张有弛**

在景区游览，旅游者经常需要上下坡。虽然劳累，但可以使人获得冒险的享受，导游员一定要注意使活动节奏与旅游者的生理与心理活动节奏合拍，才能收到好的效果。上坡时，特别是在险要之处攀登时，人的肌肉和思想都呈现紧张状态，如果持续时间长，肌肉可能出现痉挛，神经可能出现休克。特别是老弱旅游者，更容易出现这种症状。所以，爬坡宜缓，中途要有休息时间。如在北京八达岭登长城，每到一个碉堡处，可以借参观碉堡的机会，让旅游者休息一下，喘口气，并请旅游者远眺四周景物，松弛一下神经。再如，参观南京中山陵时，从底下走到纪念堂前要走392级台阶，其中有8个平台。导游员可以在这些平台上停留一段时间，为旅游者讲解孙中山先生的生平事迹、孙中山先生墨迹"天下为公"的历史背景和由来、纪念碑、两侧的桂花树等。这样，走一段，导游员停下来讲一段，旅游者也得以休息一下，旅游者在走走停停中来到纪念堂前，既不会觉得很累，又增长了不少知识。

### （二）行进速度要有急有缓

导游员带团游览参观过程中，既不能为了赶时间而匆匆忙忙，急于赶路，也不能因时间宽裕而慢慢吞吞，把人拖得感到无聊，而是应缓急有度。一般情况下，旅游活动要求行速游缓，即行路时快一些，观赏时放慢速度。至于何处该快、何处该慢、何处该停，要根据游览点的具体环境而定。这就要求导游员十分熟悉沿途各景区的情况及其观赏价值，让旅游者有时间拍照、上厕所和购买纪念品，还要计划好在哪里休息。如在游览颐和园时，当旅游者从万寿山下来后，可安排他们在长廊边休息边欣赏彩画。总之，导游员要合理安排行进的快、慢、停，使之符合旅游者的生理需要和心理需要，从而令旅游者感到从容自如、轻松悠闲。

### （三）游览顺序要先高后低

先高后低是指导游员在安排一天的游览项目时，应先安排耗费体力的登高项目，因为旅游者在游玩第一个景点时，其精神状态佳以及体力最为充沛。相反，一天游览过半，再安排登山活动，也许相当一部分旅游者因体力关系，而无法参加活动。例如，游览北京时，通常将八达岭长城和定陵安排在一天。导游员应在上午安排登长城，下午安排游定陵。否则，等到下午再登长城，可能有些旅游者就只能望长城而却步了。

### （四）讲解内容要有取有舍

导游员在讲解任何一处景观时，都不可能面面俱到，只能有所取舍。而且导游员在选取讲解内容时必须依据团队的性质、特点等情况，如果对任何旅游者都背诵"放之四海而皆准"的导游词，就有失妥当。

### （五）把握好讲解时机和地点

导游员讲解游览点的历史、规模、传说等要选择合适的时机和地点，而且要根据季节、气候的变化灵活掌握。如在西安，游览临潼华清池之前总要介绍它的历史背景，包括唐玄宗与杨贵妃的故事，"西安事变"与蒋介石的故事，让旅游者预先对华清池有个大概了解，然后再到现场边看边讲，会使旅游者的印象更为深刻。那么是在下榻饭店还是在去华清池途中做一般介绍呢？这要根据具体情况来选择最佳讲解时机。通常情况下，在即将到达华清池的途中做概括性介绍效果比较好，因为可与接下来的景点讲解紧密衔接。有时也可预先做一般介绍，然后边看边讲。

在现场讲解时，还要选择合适的地点。若是在冬季或夏季进行讲解，注意不要站在露天处，让旅游者忍受寒冷或酷暑，否则，会引起旅游者的反感。在夏季，要找一个阴凉通风的地方进行讲解；而在冬季，要找个避风有阳光的地方讲解，而且时间不宜太长。再者，选择的讲解地点相对来说还应便于集中旅游者。

## 二、景点讲解内容

### （一）背景知识

（1）地理位置。

（2）社会影响。

（3）发展历史。

### （二）景点讲解

景点讲解最重要的就是虚实结合。

（1）游览前，带领旅游者到景区导游图前做简介并介绍行程安排、游览顺序，以及集合地点、时间。

（2）游览中的个别景点讲解，具体生动，忌死记硬背，注意与旅游者的交流及观察旅游者具体需要，解答旅游者的疑问。

（3）游览结束登车后，做简单回顾总结，收集重要建设性的反馈信息及意见。

## 三、景点游览服务

### （一）出发前的服务

1. 做好出发前的准备

准备好导游旗、电子导游证、导游身份标识和必要的票证。与司机联系，督促其做好出车的各项准备工作。核实旅游团午、晚餐落实情况。

2. 提前到达出发地点

导游员至少提前10分钟到达集合地点，提前到达的作用包括：这是导游员工作负责任的表现，会给旅游者留下很好的印象。导游员可利用这段时间礼貌地招呼早到的旅游者，向他们征询服务的意见和建议。在时间上留有余地，以身作则遵守时间，提前做好出发前的有关工作，应对可能出现的突发情况。

3. 核实实到人数

若发现有旅游者未到，导游员应向全陪、领队或其他旅游者问明原因，设法及时找到；若有的旅游者想留在饭店或不随团活动，导游员要问清情况并妥善安排，必要时报告饭店有关部门。

4. 提醒注意事项

导游员要在出发前向旅游者报告当日的天气情况，讲明游览点的地形、行走线路的长短等，使旅游者心中有数。必要时提醒旅游者带好衣服、雨具和换鞋等。

5. 准时集合登车

旅游者到齐后，导游员应站在车门一侧，一面热情地招呼旅游者上车，一面帮助老弱者登车。待旅游者全部上车坐好后，导游员要再次清点人数。

（二）赴景点途中的服务

1. 重申当日活动安排

开车后，导游员要向旅游者重申当日的活动安排，包括：参观景点的名称，至游览点途中所需时间，午、晚餐时间和地点等，还要视情况介绍当日国内外重要新闻。

2. 沿途风光导游

在前往景点的途中，导游员应介绍沿途的主要景物，相机向旅游者介绍当地的风土人情、历史典故等，以加深旅游者对目的地的了解，并回答旅游者提出的问题。讲解中要注意所见景物与介绍"同步"，并留意旅游者的反应，以便对其中的景物做更为深入的讲解。

3. 介绍旅游景点

抵达景点前，导游员应向旅游者介绍该景点的概况，尤其是其形成原因、价值和特色。介绍要简明扼要，目的是满足旅游者想事先了解景点有关知识的心理需求，激发其游览该景点的欲望，同时也为即将开始的参观游览活动做一个铺垫。

4. 活跃气氛

如前往景点的路途较长，导游员可同旅游者讨论一些他们感兴趣的热点问题，或组织适当的娱乐活动，如猜谜语、讲故事等，以活跃途中气氛。

（三）抵达景点后的导游服务

1. 游览中的导游讲解

抵达景点后，导游员要对景点有关景物进行导游讲解。它是传播当地文化和丰富旅游者知识的主要途径，因此讲解前应对讲解的内容有所构思和计划，即先讲什么、后讲什么，中间穿插什么典故和趣闻故事，以及哪些多讲、哪些少讲，都应根据旅游者的情况和计划的游览时间长短来确定，但是主要内容应包括景点的历史背景、特色、地位和价值等。

此外，导游员还应结合有关景物或展品对环境和文物保护知识进行讲解。讲解的语言要生动优美、富有表现力，不仅使旅游者增长知识，而且能得到美的享受。在景点导游过程中，导游员应保证在计划的时间与费用内，能使旅游者充分地游览、观赏，注意做好导游与讲解的结合，适当集中与分散的结合，劳逸结合，以及对老弱病残旅游者的关照。

2. 注意旅游者安全

导游员应留意旅游者的动向，防止旅游者走失和治安事故的发生。在景点导游讲解中，导游员应时刻观察周围的环境和注意旅游者的动向，使旅游者自始至终环绕和跟随在自己周围或前后。为防止旅游者走失，导游员要与领队、全陪密切配合，随时清点人数。为防止旅游者发生意外事故，导游员还应注意提醒旅游者在游览中提高警惕，防止偷盗等治安事件发生。

（四）回程中的导游服务

一天的旅游活动结束后，在返回饭店的途中，导游员应做的主要工作有以下几点。

1. 回顾当天活动计划

返程中，导游员要将当天参观、游览的内容，用画龙点睛的方法做简要小结，必要时可做补充讲解，并回答旅游者的有关问题，以加深旅游者对当日活动的印象。

2. 进行风光导游

为了让旅游者能看到更多的景物，导游员应尽量避免旅游团由原路返回。在返回途中要对沿途的景物做必要的介绍。如果旅游者经过一天的参观游览活动显露出疲惫之态，导游员可在做完一天旅游活动的简要回顾之后让其休息。

3. 提醒注意事项

若当晚旅游团无活动安排，旅游者可能会自行外出活动，导游员要事先提醒旅游者最好结伴同行，并带上饭店的卡片以防迷路。

4. 宣布次日活动日程

返回饭店下车前，导游员要向旅游者宣告当日晚上和次日的活动日程、出发时间、集合地点等。提醒旅游者下车时带好随身物品，并率先下车，站在车门一侧照顾旅游者下车，随后将旅游者送回饭店。

5. 安排叫早服务

如旅游团需要叫早服务，导游员应安排妥当。与全陪、领队确认当日工作完成后方可离开饭店。

## 本章小结

导游员是组织参观游览活动的核心人物。导游的组织技能就是导游员根据旅游者的合理要求，与各方人员友好合作，通过精心设计和巧妙安排有效地利用各种资源以提高旅游产品使用价值的能力。从自我形象的塑造开始，到安排活动日程、组织旅游团队和散客参观游览，再到与同行及相关人员的合作，导游的组织技能体现在这些具体环节之中，组织技能是导游员工作的基本功。

## 即测即练

## 复习思考题

1. 在旅游者心目中导游员的形象是怎样的？
2. 如何塑造导游员的良好形象？
3. 导游员应如何处理与领队的合作？
4. 导游员应怎样与其他接待部门合作？

5. 散客与团队的组织技巧有哪些差异？

6. 导游员组织景区游览有哪些技巧？

## 实践训练

1. 针对长春市的旅游资源和具体情况，制订详细的团队接待计划，并就全陪提出计划与其所持行程单不符或提出小的修改意见，变更要求的情况，进行模拟处理。

2. 由 20 名旅游者组成的一个旅游团将由德国柏林抵达北京进行为期 10 天的中国历史文化名城之旅。教师将学生分为三组，让三组同学分别以地陪、全陪、领队的身份共同商定一份该团在北京、西安、洛阳、南京其中一个城市的三日游的旅游活动日程安排。

# 第四篇　常识篇

# 第十一章 导游业务相关知识

## 🔍 学习目标

1. 了解入出境知识。

2. 熟悉交通知识、货币保险知识。

3. 掌握旅游卫生保健常识。

## 🔍 能力目标

1. 能运用导游业务相关知识,自主查阅相关资料拓展知识。

2. 熟悉如何获取导游业务知识,引导并培养学生理论联系实际。

3. 掌握导游业务相关知识,引导并培养学生具备导游员的知识素养。

## 🔍 思政目标

1. 了解导游业务知识在职业生涯中的重要作用,增强学生的终身学习能力。

2. 熟悉导游业务相关知识,运用交通知识、货币保险知识以及旅游卫生保健常识。

3. 掌握交通知识、货币保险知识以及旅游卫生保健常识,增强学生社会主义道德观和法治观。

## 思维导图

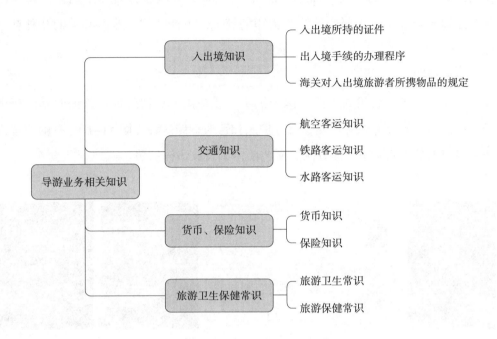

## 导入案例

## 第一节 入出境知识

### 一、入出境所持的证件

外国人、华侨、港澳台同胞入境，均必须在指定口岸向边防检查站（由公安、海关、卫生检疫三方组成）交验有效证件，填写入境卡，经边防检查站查验核准加盖验讫章后方可入境。中国公民返归时，只要在入境口岸的边检站出示有效证件，不必填写入境卡。

有效证件指各国（地区）政府为其公民颁发的出国（地区）证件，其种类很多，不同类型的人员使用的有效证件名称也不同，如供国际航班机组人员使用的是"执照"，供国际海员使用的是"海员证"，邻国边民使用的是"边民证"，华侨使用的是"旅行证",港澳同胞使用的是"港澳居民来往内地通行证",台湾同胞使用的是"台湾居民来往大陆通行证",绝大多数外国旅游者和中国公民使用的是护照以及前往国在护照中签注和盖印的签证。下面介绍与旅游有关的几种有效证件。

（一）护照

护照是一国主管机关发给本国公民出国或在国外居留的证件,证明其国籍和身份。护照一般分为外交护照、公务护照和普通护照三种（图11-1）,有的国家为团体出国人员（旅游团、体育队、文艺团体）发放团体护照。

图11-1　中华人民共和国护照样式

1. 外交护照

外交护照发给政府高级官员、国会议员、外交和领事官员、负有特殊外交使命的人员、政府代表团成员等。持有外交护照者在外国享受外交礼遇（如豁免权）。

在中国,外交护照由外交部签发,公务护照由外交部、中华人民共和国驻外使馆、领馆或者外交部委托的其他驻外机构以及外交部委托的省、自治区、直辖市和设区的市人民政府外事部门签发。

2. 公务护照

公务护照发给政府一般官员,驻外使、领馆工作人员以及因公派往国外执行文化、经济等任务的人员。

3. 普通护照

普通护照发给出国的一般公民、国外侨民等。

在中国,普通护照由公安部出入境管理机构或者公安部委托的县级以上地方人民政府公安机关出入境管理机构以及中华人民共和国驻外使馆、领馆和外交部委托的其他驻外机构签发。自2012年5月15日起,公安机关统一签发电子普通护照,在传统本式普通护照中嵌入电子芯片,芯片中存储执照人的个人基本资料、面相、指纹等特征,电子护照有效期与普通护照相同。

2007年1月1日起施行的《中华人民共和国护照法》规定,普通护照的有效期为:护照持有人未满16周岁的5年,16周岁以上的10年。

自2020年2月1日起,中国驻外使、领馆对海外中国公民提供护照换发和补发的便利,换发时本人需要提供原护照、国籍状况声明书、照片和申请表,补发时还需要另外提供遗失或损毁情况说明;对中国公民在国外因护照遗失、被盗或损毁等申请补发,只要时间允许,能等待新护照的制作和邮寄,可以为其补发。

(二)签证

1. 签证的种类与办理

签证是一国主管机关在外国公民所持的护照或其他有效出入证件上签注、盖印,表示准其出入本国国境或者过境的手续(图11-2)。

我国签证分为外交签证、礼遇签证、公务签证、普通签证四种,还可分为入境签证、入出境签证、出入境签证和过境签证。此外,还有移民签证、非移民签证,另纸签证,口岸签证和ADS(approved destination status)

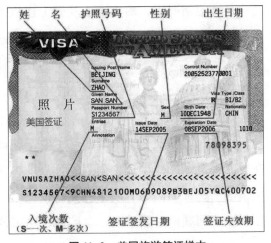

图11-2 美国旅游签证样本

签证。其中,另纸签证是签注在护照以外的一张纸上,它同签在护照内的签注具有相同作用,但必须和护照同时使用;口岸签证是指在前往国的入境口岸办理的签证;ADS签证是指仅限于在被批准的旅游目的地国家一地旅游的签证,它在旅游目的地国家境内既不可转签也不可延期,持此种签证的人必须团进团出。

旅游签证属于普通签证,在中国为L字样签证(发给因工作、学习、探亲、旅游、开展商务活动、人才引进等非外交、公务事由入境的外国人)。签证上规定持证者在中国停留的起止日期。10人及以上的旅游团可发放团体签证。团体签证一式三份,签发机关留一份,来华旅游团两份,其中一份用于入境,一份供出境使用。签证的有效期限不等,获签证者必须在有效期内进入中国境内,超过期限签证不再有效。准备进入中国境内的外国人必须持有效护照(必要时提供有关证明），向中国的外交代表机关、领事机关或者外交部授权的其他驻外机关申请办理签证（图11-3）。

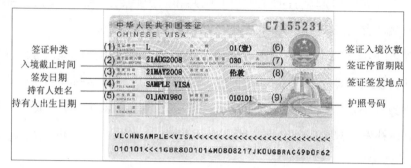

图11-3 中华人民共和国签证样本

在特定情况下，确实来不及到上述机关办理签证手续者，可向公安部授权的口岸签证机关申请办理签证。公安部授权的口岸签证机关最早设立的口岸是北京、上海、天津、大连、福州、厦门、西安、桂林、杭州、昆明、广州（白云机场）、深圳（罗湖、蛇口）、珠海（拱北）、重庆、海口、三亚、济南、青岛、烟台、威海、成都和南京。

目前，世界上不少国家开通了电子签证，这样办理签证可以足不出户，直接在智能手机上操作即可，而且签证进度、何时出签，也可在手机端实时显示。可申请电子签证的国家有澳大利亚、新西兰、柬埔寨、韩国（针对旅游团旅游者）、新加坡、阿联酋、斯里兰卡、印度、马来西亚、土耳其、缅甸、肯尼亚、瓦努阿图、科特迪瓦、卡塔尔、索马里、塞内加尔、摩尔多瓦、格鲁吉亚、阿塞拜疆和赞比亚等。

2. 中外互免签证情况

截至目前，中华人民共和国与下列国家缔结互免签证协定。中国公民持所适用的护照前往表11-1中国家短期旅行通常无须事先申请签证。

表11-1 中外互免签证协定一览表（2024年5月）

| 序号 | 协议国 | 互免签证的证件类别 | 生效日期 | 备注 |
| --- | --- | --- | --- | --- |
| 1 | 阿尔巴尼亚 | 外交、公务护照 | 1956年8月25日 | |
| | | 公务普通护照、普通护照 | 2023年3月18日 | |
| 2 | 阿尔及利亚 | 外交、公务护照 | 2019年3月13日 | |

续表

| 序号 | 协议国 | 互免签证的证件类别 | 生效日期 | 备注 |
|---|---|---|---|---|
| 3 | 阿富汗 | 外交护照 | 2015年7月16日 | |
| 4 | 阿根廷 | 中方外交、公务护照；阿方外交、公务和特别护照 | 1993年8月14日 | |
| 5 | 阿联酋 | 外交护照 | 2012年3月21日 | |
| | | 公务、公务普通护照 | 2016年1月11日 | |
| | | 普通护照 | 2018年1月16日 | |
| 6 | 阿曼 | 中方外交、公务护照；阿方外交、公务和特别护照 | 2010年4月16日 | |
| 7 | 阿塞拜疆 | 外交、公务、公务普通护照 | 1994年2月10日 | |
| | | 团体旅游 | 1994年5月1日 | |
| 8 | 爱尔兰 | 中方外交护照、公务和公务普通护照（公务和公务普通护照限于随部长级及以上代表团出访者）；爱方外交护照、官员护照（官员护照限于随部长级及以上代表团出访者） | 2015年9月23日 | |
| | | 欧盟通行证 | 2017年1月1日 | *3 |
| 9 | 埃及 | 中方外交、公务护照；埃方外交、特别护照 | 2007年1月27日 | |
| 10 | 埃塞俄比亚 | 外交、公务、公务普通护照 | 2015年12月7日 | |
| 11 | 爱沙尼亚 | 外交护照、欧盟通行证 | 2017年1月1日 | *3 |
| 12 | 安哥拉 | 外交、公务护照 | 2015年4月11日 | |
| 13 | 安提瓜和巴布达 | 中方外交、公务、公务普通、普通护照；安方外交、官员、普通护照 | 2024年5月11日 | |
| 14 | 奥地利 | 外交护照、欧盟通行证 | 2017年1月1日 | *3 |
| 15 | 巴巴多斯 | 中方外交、公务、公务普通护照；巴方外交、官员护照 | 2014年8月2日 | |
| | | 普通护照 | 2017年6月1日 | |
| 16 | 巴布亚新几内亚 | 中方外交、公务、公务普通护照；巴方外交、公务护照 | 2019年5月2日 | |
| 17 | 巴哈马 | 中方外交、公务、公务普通、普通护照；巴方外交、官员、普通护照 | 2014年2月12日 | |
| 18 | 巴基斯坦 | 中方外交、公务护照；巴方外交、官员护照 | 1987年8月16日 | |
| | | 公务普通护照 | 1988年4月30日 | |
| 19 | 巴勒斯坦 | 中方外交护照；巴方外交护照 | 2024年1月21日 | |
| 20 | 巴林 | 中方外交、公务、公务普通护照；巴方外交、特别护照 | 2018年10月25日 | |
| 21 | 巴拿马 | 中方外交、公务、公务普通护照；巴方外交、公务、领事护照 | 2017年10月28日 | |
| 22 | 巴西 | 中方外交、公务护照；巴方外交、官员护照 | 2004年8月10日 | |
| 23 | 白俄罗斯 | 外交、公务护照；团体旅游 | 1993年3月1日 | |
| | | 普通护照 | 2018年8月10日 | |

续表

| 序号 | 协议国 | 互免签证的证件类别 | 生效日期 | 备注 |
|---|---|---|---|---|
| 24 | 保加利亚 | 外交、公务护照 | 2012年4月4日 | |
| | | 欧盟通行证 | 2017年1月1日 | *3 |
| 25 | 北马其顿 | 中方外交、公务、公务普通护照；北马方外交、公务、标有"公务"字样的普通护照 | 1994年7月19日 | |
| 26 | 贝宁 | 中方外交、公务、公务普通护照；贝方外交、公务、附有"公务证明"的普通护照 | 1993年11月6日 | |
| 27 | 比利时 | 外交护照、欧盟通行证 | 2017年1月1日 | *3 |
| 28 | 秘鲁 | 中方外交、公务护照；秘方外交、特别护照 | 2004年5月12日 | |
| 29 | 冰岛 | 外交护照 | 2017年6月1日 | |
| 30 | 博茨瓦纳 | 中方外交、公务、公务普通护照；博方外交、公务、官员护照 | 2018年12月22日 | |
| 31 | 波黑 | 中方外交、公务、公务普通护照；波方外交、公务护照 | 1980年1月9日 | *1 |
| | | | 2017年10月4日 | |
| | | 普通护照 | 2018年5月29日 | |
| 32 | 波兰 | 外交、公务护照、海员证、机组人员证件 | 1992年7月27日 | |
| | | 欧盟通行证 | 2017年1月1日 | *3 |
| 33 | 玻利维亚 | 中方外交、公务护照；玻方外交、官员护照 | 1987年11月15日 | |
| | | 公务普通护照 | 2008年1月18日 | |
| 34 | 布基纳法索 | 中方外交、公务、公务普通护照；布方外交、公务护照 | 2018年11月18日 | |
| 35 | 布隆迪 | 外交、公务、公务普通护照 | 2014年11月25日 | |
| 36 | 朝鲜 | 外交、公务护照 | 1956年10月1日 | |
| | | 中方公务普通护照；朝方公务团体护照 | 1965年1月1日 | |
| 37 | 赤道几内亚 | 中方外交、公务护照；赤方外交、官员护照 | 2006年1月1日 | |
| | | 中方公务普通护照；赤方特别公务护照 | 2017年8月6日 | |
| 38 | 丹麦 | 外交护照、欧盟通行证 | 2017年1月1日 | *3 |
| 39 | 德国 | 外交护照、欧盟通行证 | 2017年1月1日 | *3 |
| 40 | 东帝汶 | 外交、公务、公务普通护照 | 2015年6月24日 | |
| 41 | 多哥 | 外交、公务、公务普通护照 | 2015年5月7日 | |
| 42 | 多米尼加 | 中方外交、公务、公务普通护照；多方外交、官员护照 | 2021年1月8日 | |
| 43 | 多米尼克 | 中方外交、公务、公务普通护照；多方外交、官员护照 | 2014年3月29日 | |
| | | 普通护照 | 2022年9月19日 | |
| 44 | 厄瓜多尔 | 中方外交、公务护照；厄方外交、官员护照 | 1987年7月11日 | |
| | | 中方公务普通护照；厄方特别护照 | 1988年12月25日 | |
| | | 普通护照 | 2016年8月18日 | |

续表

| 序号 | 协议国 | 互免签证的证件类别 | 生效日期 | 备注 |
|---|---|---|---|---|
| 45 | 厄立特里亚 | 外交、公务、公务普通护照 | 2015年4月15日 | |
| 46 | 俄罗斯 | 团体旅游 | 2000年12月1日 | |
| | | 外交、公务护照，随车、飞机、船执行公务的国际列车车组人员、机组人员、持海员证船员 | 2014年4月26日 | |
| 47 | 法国 | 外交护照、欧盟通行证 | 2017年1月1日 | *3 |
| 48 | 斐济 | 外交、公务、公务普通、普通护照 | 2015年3月14日 | |
| 49 | 菲律宾 | 中方外交、公务护照（限临时访问人员）；菲方外交、官员护照（限临时访问人员） | 2005年2月28日 | |
| 50 | 芬兰 | 外交护照、欧盟通行证 | 2017年1月1日 | *3 |
| 51 | 佛得角 | 外交、公务护照 | 2015年7月11日 | |
| 52 | 冈比亚 | 中方外交、公务、公务普通护照；冈方外交、公务护照 | 2018年6月10日 | |
| 53 | 刚果（布） | 外交、公务、公务普通护照 | 2014年8月7日 | |
| 54 | 格林纳达 | 中方外交、公务护照；格方外交、官员护照 | 2010年1月17日 | |
| | | 公务普通、普通护照 | 2015年6月10日 | |
| 55 | 哥伦比亚 | 外交护照 | 1987年11月14日 | |
| | | 中方公务护照；哥方官员护照 | 1991年11月14日 | |
| 56 | 哥斯达黎加 | 外交、公务护照 | 2008年1月15日 | |
| 57 | 格鲁吉亚 | 外交、公务、公务普通护照；团体旅游 | 1994年2月3日 | |
| 58 | 古巴 | 中方外交、公务、公务普通护照；古方外交、公务、官员护照 | 2021年7月16日 | |
| 59 | 圭亚那 | 中方外交、公务、公务普通护照；圭方外交、官员护照 | 1998年8月19日 | |
| 60 | 韩国 | 外交护照 | 2013年8月10日 | |
| | | 中方公务护照；韩方官用护照 | 2014年12月25日 | |
| 61 | 哈萨克斯坦 | 外交、公务护照 | 1994年2月1日 | |
| | | 中方公务普通、普通、旅行证；哈方普通、回国证明 | 2023年11月10日 | |
| 62 | 荷兰 | 外交护照、欧盟通行证 | 2017年1月1日 | *3 |
| 63 | 黑山 | 外交、公务护照 | 2013年3月1日 | |
| 64 | 洪都拉斯 | 中方外交、公务、公务普通护照；洪方外交、官员、公务护照 | 2023年9月25日 | |
| 65 | 加纳 | 外交、公务护照 | 2017年3月28日 | |
| 66 | 加蓬 | 外交、公务、公务普通护照 | 2016年2月5日 | |
| 67 | 吉布提 | 外交、公务、公务普通护照 | 2014年12月4日 | |
| 68 | 吉尔吉斯斯坦 | 外交、公务护照 | 2003年6月14日 | |
| 69 | 几内亚 | 外交、公务、公务普通护照 | 2017年9月16日 | |

续表

| 序号 | 协议国 | 互免签证的证件类别 | 生效日期 | 备注 |
|---|---|---|---|---|
| 70 | 柬埔寨 | 外交、公务护照 | 2006年9月14日 | |
| 71 | 捷克 | 外交护照、欧盟通行证 | 2017年1月1日 | *3 |
| 72 | 津巴布韦 | 外交、公务护照 | 2014年11月12日 | |
| 73 | 喀麦隆 | 外交、公务护照 | 2017年8月12日 | |
| 74 | 卡塔尔 | 中方外交、公务、公务普通、普通护照;卡方外交、特别、公务、普通护照 | 2018年12月21日 | |
| 75 | 克罗地亚 | 中方外交、公务护照;克方外交、官员护照 | 1995年4月9日 | |
| 75 | 克罗地亚 | 欧盟通行证 | 2017年1月1日 | *3 |
| 76 | 科摩罗 | 外交、公务、公务普通护照 | 2016年2月26日 | |
| 77 | 科特迪瓦 | 外交、公务、公务普通护照 | 2015年12月19日 | |
| 78 | 科威特 | 中方外交、公务、公务普通护照;科方外交、特别护照 | 2014年10月17日 | |
| 79 | 肯尼亚 | 中方外交、公务护照;肯方外交、官员护照 | 2014年8月17日 | |
| 80 | 拉脱维亚 | 外交护照、欧盟通行证 | 2017年1月1日 | *3 |
| 81 | 莱索托 | 中方外交、公务护照;莱方外交、官员护照 | 2016年8月24日 | |
| 82 | 老挝 | 中方外交、公务、公务普通护照;老方外交、公务、加注有效公务签证的普通护照 | 1989年11月6日 | |
| 83 | 黎巴嫩 | 中方外交、公务、公务普通护照;黎方外交、特别、公务护照 | 2023年12月24日 | |
| 84 | 利比里亚 | 外交护照 | 2016年2月10日 | |
| 85 | 立陶宛 | 外交、公务护照、海员证(随船) | 1992年9月14日 | |
| 85 | 立陶宛 | 欧盟通行证 | 2017年1月1日 | *3 |
| 86 | 卢森堡 | 外交护照、欧盟通行证 | 2017年1月1日 | *3 |
| 87 | 卢旺达 | 中方外交、公务、公务普通护照;卢方外交、公务护照 | 2018年12月23日 | |
| 88 | 罗马尼亚 | 外交、公务护照 | 1981年9月16日 | |
| 88 | 罗马尼亚 | 欧盟通行证 | 2017年1月1日 | *3 |
| 89 | 马达加斯加 | 中方外交、公务、公务普通护照;马方外交、公务护照 | 2023年11月4日 | |
| 90 | 马尔代夫 | 外交、公务护照 | 1984年11月27日 | |
| 90 | 马尔代夫 | 中方外交、公务、公务普通护照、普通护照及中华人民共和国旅行证;马方外交、公务护照、普通护照及马尔代夫共和国临时旅行证件、紧急旅行证件(身份证明书) | 2022年5月20日 | |
| 91 | 马耳他 | 外交、公务护照 | 2008年3月6日 | |
| 91 | 马耳他 | 欧盟通行证 | 2017年1月1日 | *3 |
| 92 | 马里 | 外交、公务、公务普通护照 | 2015年5月9日 | |
| 93 | 马来西亚 | 中方外交、公务护照;马方外交、官员护照 | 2011年5月18日 | |

续表

| 序号 | 协议国 | 互免签证的证件类别 | 生效日期 | 备注 |
|---|---|---|---|---|
| 94 | 毛里求斯 | 外交、公务、公务普通、普通护照 | 2013年10月31日 | |
| 95 | 毛里塔尼亚 | 中方外交、公务、公务普通护照;毛方外交、公务护照 | 2017年5月15日 | |
| 96 | 蒙古 | 外交、公务、公务普通护照 | 1989年4月30日 | |
| 97 | 孟加拉国 | 中方外交、公务、公务普通护照;孟方外交、官员、加注"政府公务"或"免费"字样的普通护照 | 1989年12月18日 | |
| 98 | 缅甸 | 中方外交、公务护照;缅方外交、官员护照 | 1998年3月5日 | |
| 99 | 摩尔多瓦 | 中方外交、公务、公务普通护照;摩方外交、公务、加注"公务"字样的普通护照;团体旅游 | 1993年1月1日 | |
| 100 | 摩洛哥 | 外交、公务护照 | 2014年3月6日 | |
| | | 中方公务普通、摩方特别护照 | 2016年6月9日 | |
| 101 | 莫桑比克 | 外交、公务护照 | 2016年5月14日 | |
| 102 | 墨西哥 | 中方外交、公务护照;墨方外交、官员护照 | 1998年1月1日 | |
| 103 | 南非 | 外交护照 | 2010年11月27日 | |
| | | 公务护照 | 2016年3月1日 | |
| 104 | 南苏丹 | 中方外交、公务、公务普通护照;南方外交、特别护照 | 2019年3月28日 | |
| 105 | 尼泊尔 | 中方外交、公务护照;尼方外交、官员护照 | 2006年10月16日 | |
| 106 | 尼加拉瓜 | 中方外交、公务、公务普通护照;尼方外交、官员、公务护照 | 2022年7月7日 | |
| 107 | 尼日尔 | 中方外交、公务、公务普通护照;尼方外交、公务护照 | 2018年12月15日 | |
| 108 | 尼日利亚 | 外交、公务、公务普通护照 | 2014年2月1日 | |
| 109 | 挪威 | 外交护照 | 2018年6月18日 | |
| 110 | 葡萄牙 | 外交护照、欧盟通行证 | 2017年1月1日 | *3 |
| 111 | 瑞典 | 外交护照、欧盟通行证 | 2017年1月1日 | *3 |
| 112 | 瑞士 | 外交护照 | 2016年1月29日 | |
| 113 | 萨尔瓦多 | 外交、公务(官员)、公务普通护照 | 2022年10月23日 | |
| 114 | 萨摩亚 | 中方外交、公务护照;萨方外交、官员护照 | 2011年2月18日 | |
| 115 | 塞尔维亚 | 中方外交、公务、公务普通护照;塞方外交、公务、加注"公务"字样的普通护照 | 1980年1月9日 | *1 |
| | | 普通护照 | 2017年1月15日 | |
| 116 | 塞拉利昂 | 中方外交、公务、公务普通护照;塞方外交、公务护照 | 2018年12月24日 | |
| 117 | 塞内加尔 | 外交、公务、公务普通护照 | 2014年5月3日 | |
| 118 | 塞浦路斯 | 外交、公务护照 | 1991年10月2日 | *3 |
| | | 欧盟通行证 | 2017年1月1日 | |
| 119 | 塞舌尔 | 外交、公务、公务普通、普通护照 | 2013年6月26日 | |

续表

| 序号 | 协议国 | 互免签证的证件类别 | 生效日期 | 备注 |
|---|---|---|---|---|
| 120 | 圣多美和普林西比 | 中方外交、公务、公务普通护照；圣普方外交、特别公务护照 | 2018年2月3日 | |
| 121 | 圣马力诺 | 外交、公务、普通护照 | 1985年7月22日 | |
| 122 | 斯里兰卡 | 中方外交、公务、公务普通护照；斯方外交、官员护照 | 2013年4月18日 | |
| 123 | 斯洛伐克 | 中方外交、公务护照；斯方外交、公务、特别护照 | 1956年6月1日 | *2 |
| | | 欧盟通行证 | 2017年1月1日 | *3 |
| 124 | 斯洛文尼亚 | 外交、公务护照 | 1994年7月1日 | |
| | | 欧盟通行证 | 2017年1月1日 | *3 |
| 125 | 苏丹 | 中方外交、公务护照；苏方外交、特别、官员护照 | 1995年10月26日 | |
| 126 | 苏里南 | 外交、公务、公务普通、普通护照 | 2021年5月1日 | |
| 127 | 所罗门群岛 | 外交、公务(官员)、公务普通护照 | 2022年11月24日 | |
| 128 | 塔吉克斯坦 | 中方外交、公务、公务普通护照；塔方外交、公务、加注"公务"字样的普通护照 | 1993年6月1日 | |
| 129 | 泰国 | 中方外交、公务护照；泰方外交、官员护照 | 1997年6月1日 | |
| | | 中方公务普通、普通护照；泰方普通护照 | 2024年3月1日 | |
| 130 | 坦桑尼亚 | 外交、公务护照 | 2005年7月11日 | |
| 131 | 汤加 | 中方外交、公务、公务普通护照；汤方外交、官员护照 | 2012年11月10日 | |
| | | 普通护照 | 2016年8月19日 | |
| 132 | 特立尼达和多巴哥 | 中方外交、公务护照；特方外交、官员护照 | 2006年11月23日 | |
| 133 | 突尼斯 | 中方外交、公务护照；突方外交、特别护照 | 2006年9月29日 | |
| 134 | 土耳其 | 中方外交、公务普通护照；土方外交、公务、特别护照 | 1989年12月24日 | |
| 135 | 土库曼斯坦 | 中方外交、公务、公务普通护照；土方外交、公务、加注"公务"字样的普通护照；团体旅游 | 1993年2月1日 | |
| 136 | 瓦努阿图 | 中方外交、公务护照；瓦方外交、官员护照 | 2020年4月19日 | |
| 137 | 委内瑞拉 | 外交、公务护照、公务普通护照 | 2014年1月8日 | |
| 138 | 文莱 | 中方外交、公务护照；文方外交、官员护照 | 2005年6月18日 | |
| 139 | 乌克兰 | 外交、公务护照和海员证 | 2002年3月31日 | |
| 140 | 乌拉圭 | 中方外交、公务、公务普通护照；乌方外交、公务护照 | 2017年1月7日 | |
| 141 | 乌兹别克斯坦 | 外交护照 | 2010年7月9日 | |
| 142 | 西班牙 | 外交护照、欧盟通行证 | 2017年1月1日 | *3 |
| 143 | 希腊 | 外交护照、欧盟通行证 | 2017年1月1日 | *3 |
| 144 | 新加坡 | 外交、公务、公务普通护照 | 2011年4月17日 | |
| | | 普通护照 | 2024年2月9日 | |

续表

| 序号 | 协议国 | 互免签证的证件类别 | 生效日期 | 备注 |
|---|---|---|---|---|
| 145 | 匈牙利 | 外交、公务护照 | 1992年5月28日 | |
| | | 欧盟通行证 | 2017年1月1日 | *3 |
| 146 | 牙买加 | 中方外交、公务护照；牙方外交、官员护照 | 1995年6月8日 | |
| 147 | 亚美尼亚 | 中方外交、公务、公务普通护照；亚方外交、公务、公务普通、加注"公务"字样的普通护照 | 1994年8月3日 | |
| | | 普通护照 | 2020年1月19日 | *3 |
| 148 | 意大利 | 外交护照、欧盟通行证 | 2017年1月1日 | |
| 149 | 伊朗 | 外交、公务护照 | 1989年7月12日 | |
| 150 | 伊拉克 | 外交、特别、公务、公务普通护照 | 2023年12月19日 | |
| 151 | 以色列 | 外交、公务护照 | 2016年1月17日 | |
| 152 | 印度尼西亚 | 外交、公务护照（限临时访问人员） | 2005年11月14日 | |
| 153 | 英国 | 中方外交护照、公务和公务普通护照（公务和公务普通护照限于随部长级及以上代表团出访者）；英方外交护照、官员护照（官员护照限于随部长级及以上代表团出访者） | 2007年10月25日 | |
| | | 欧盟通行证 | 2017年1月1日 | *3 |
| 154 | 约旦 | 中方外交、公务护照；约方外交、公务、特别护照 | 1993年3月11日 | |
| 155 | 越南 | 外交、公务、公务普通护照 | 1992年3月15日 | |
| 156 | 乍得 | 中方外交、公务、公务普通护照；乍方外交、公务护照 | 2019年11月18日 | |
| 157 | 智利 | 中方外交、公务护照；智方外交、官员护照 | 1986年5月7日 | |

注：*1 目前适用中国与前南斯拉夫社会主义联邦共和国有关协议。
　　*2 目前适用中国与前捷克斯洛伐克共和国有关协议。
　　*3 适用《中国与欧盟关于互免持外交护照人员短期停留签证的协定》。
　　免签入境并不等于可无限期在协定国停留或居住，根据协定要求，持有关护照免签入境后，一般只允许停留不超过30日。持照人如需停留30日以上，按要求应尽快在当地申请办理居留手续。
　　有关协定文本可在中华人民共和国外交部网站条约数据库查询。(http://treaty.mfa.gov.cn/web/index.jsp)

### （三）港澳居民来往内地通行证

港澳居民来往内地通行证是港、澳同胞来往于香港、澳门与内地之间的证件，由广东省公安厅签发，于1999年1月15日启用，它的前身是港澳同胞回乡证。新版港澳居民来往内地通行证于2013年1月2日起启用，签发机关为"公安部入境管理局"，仍由公安部委托广东省公安厅审批，委托香港中旅集团、澳门中国旅行社分别受理香港、澳门居民的申请。年满18周岁的为10年有效，未满18周岁的为5年有效（图11-4）。

### (四)台湾居民来往大陆通行证

台湾居民来往大陆通行证简称"台胞证",是中国政府发给台湾居民来往大陆地区观光、进行商务活动、探视的身份证明书。目前,台湾居民前往大陆时,仍需持"中华民国"护照出关,至大陆边检时,再以台胞证入境。台湾居民来往大陆通行证分为5年有效和3个月一次有效两种。台湾居民在台湾地区、港澳地区和大陆均可申领台胞证。2015年9月21日起,在大陆的台湾居民可向县级以上公安机关出入境管理部门申请补发、换发5

图11-4 港澳居民来往内地通行证样式

年有效电子台胞证,包括持一次有效台胞证入境的台湾居民。台湾居民往来大陆无须办理签注。仍然有效的台胞证可以继续使用,持证人凭有效台胞证可申请换发电子台胞证(图11-5)。

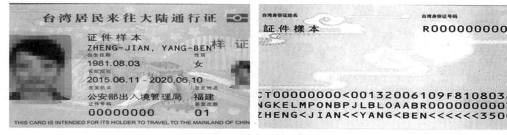

图11-5 台胞证的样式

### (五)往来港澳通行证

往来港澳通行证全称为"中华人民共和国往来港澳通行证",是内地居民往来港澳地区的唯一合法的旅游证件,由居民所在地公安机关出入境管理部门颁发。自2009年4月1日开始,深圳居民可办理一年内多次往返港澳的通行证件;自2018年9月1日开始,内地居民可在全国范围内任一公安机关出入境管理机构申请办理"往来港澳通行证"。

### （六）往来台湾地区通行证

往来台湾地区通行证全称为"大陆居民往来台湾通行证"，是大陆居民往来台湾地区唯一合法的旅行证件，由中华人民共和国政府授权国家公安机关颁发。此外，赴台旅游者还必须在户口所在地公安机关出入境管理处办理"入台观光证"。赴台旅游时一定要手持双证，否则会遭到遣返。

## 二、出入境手续的办理程序

办理出入境手续是比较复杂的一项工作，这是对导游工作能力的检验。导游要带领旅游团队经过海关检查、卫生检疫检查、边防出入境检查、登机安全检查等关口，此外还要办理登机手续、行李托运、提取行李、转机等手续。导游要对各项手续十分熟悉，以便能够带领旅游团队顺利完成出入境的所有复杂工作。

### （一）海关检查

根据《中华人民共和国海关法》和《中华人民共和国海关对进出境旅客行李物品监管办法》的规定，出入境旅客行李物品必须通过设有海关的地点出入境，并接受海关监管。

海关检查一般询问是否有需要申报的物品，或让旅客出示携带物品出入境申报单，必要时海关有权开箱检查所携带物品。

旅客行李申报单必须在出境前填写，一式两份，详细列明带出旅途自用的手表、照相机等物品的数量、牌名、规格、新旧程度。海关在入境旅游者申报单上加上"△"记号的必须复带出境。

各国对出入境物品的管理有各自不同的具体规定。一般烟、酒等物品按限额放行。文物、武器、毒品、动植物等为违禁品，非经特许不得入出国境。对于海关加封的行李物品，不要擅自拆开或者损毁海关施加的封志。

海关通道分为红色通道和绿色通道两种。不清楚海关规定或不知如何选择通道的旅客，应选择红色通道通关。

#### 1. 红色通道

红色通道也称"应税通道"。旅游团到达出境地点，首先办理海关手续，如有物品申报，要认真填写"中华人民共和国海关进出境旅客行李物品申报单"（图11-6），走红色通道，办理海关手续，经海关查验后放行。申报单应妥善保管，不得涂改，不得遗失。

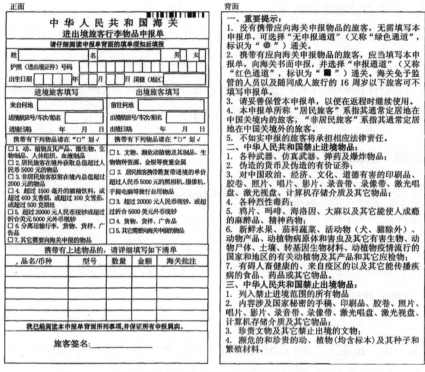

图 11-6  中华人民共和国海关进出境旅客行李物品申报单样表

2. 绿色通道

绿色通道也称"免税通道"或"无申报通道"。携带无须向海关申报物品的旅游者和持有外交签证或礼遇签证的人员，以及海关给予免验礼遇的人员，可选择"绿色通道"通关，但需向海关出示本人证件和按规定填写申报单据。

（二）卫生检疫

为了防止传染病由国外传入或由国内传出，保护人身健康，根据国际惯例及习惯法，各国都制定了国境卫生检疫法。要求入境者如实填写健康申明卡，来自疫区的人员还必须出示有效的有关疾病预防接种证明（俗称"黄皮书"），无证者卫生检疫机关可对其施以6日的强制留验。如遇传染病患者隐瞒不报，按逃避检疫论处，可禁止入境或责令其提前离境。

我国依照《中华人民共和国国境卫生检疫法》设立了国境卫生检疫机关，在入出境口岸依法对包括旅游者在内的有关人员及其携带的动植物和交通运输工具等进行传染病检疫、检测和卫生监督，只有经过检疫，由国境卫生检疫机关许可，才能入出境。

### (三)边防检查

我国出入境检查由公安部负责。边防检查是指对出入国境人员的护照、证件、签证、出入境登记卡、出入境人员携带的行李物品和财物、交通运输工具及其运载的货物等的检查和监护,以及对出入国境上下交通运输工具人员的管理和违反规章行为的处理等。边防检查是为了保卫国家的主权和安全,而对出入国境的人员等进行的检查。边防检查的内容包括护照检查、证件检查、签证检查、出入境登记卡检查、行李物品检查、交通运输工具检查等。

因私出国人员到达出境口岸时,首先要填写一张"出境登记卡",并将自己的护照、签证等一并交给边防检查人员,由边防检查人员进行逐项检查;边防检查人员对持照人的证件进行核查(包括:护照是否真实有效,签证是否真实有效,护照和身份证内容是否一致等)后在护照上加盖验讫章(该章内包括出境口岸的名称、编号、"出境边防检查"字样和年月日等),并将出境登记卡留存于边防检查站;上述手续完毕后,将护照当面交给持照人。

### (四)安全检查

安全检查是出入境人员必须履行的检查手续,是保障旅客人身安全的重要预防措施。安全检查事关旅客人身安全,所以旅客都必须无一例外地经过检查后,才能允许登机,也就是说,安全检查不存在任何特殊的免检对象。所有外交人员、政府官员和普通旅客,不分男女、国籍和等级,都必须经过安全检查。安全检查主要是检查旅客及其行李物品中是否携带枪支、弹药、易爆、腐蚀、有毒放射性等危险物品,以确保航空器及乘客的安全。安全检查必须在旅客登机前进行,拒绝检查者不准登机,损失自负。中国海关和边防站为保证旅游者生命与财产安全,禁止携带武器、凶器、爆炸物品。采用通过安全门使用磁性探测检查、红外线透视、搜身、开箱检查等方法,对旅游者进行安全检查。安全检查的环节主要有托运行李物品检查、旅客证件检查、手提行李物品检查和旅客身体检查。

根据2017年1月1日实施的《民用航空安全检查规则》,携带贵重物品、植入心脏起搏器或身患残疾等情况的旅客可要求在非公开场所进行安检。该规则还规定,旅客若有"对民航安检工作现场及民航安检工作进行拍照、摄像,经民航安检机构警示拒不改正的""故意散播虚假非法干扰信息的"等行为,将会被移交公安机关处理。旅客若逃避安全检查,殴打辱骂民航安检员或者其他妨碍民航安检工作正常开展,扰乱民航安检工作现场秩序的行为,也将移交公安机关处理。

## 三、海关对入出境旅游者所携物品的规定

### （一）部分限制进出境物品

1. 烟酒

来往我国港澳地区的旅游者（包括港、澳旅游者和内地因私前往港澳地区探亲和旅游等旅游者），免税烟草制品限量：香烟 200 支或雪茄 50 支或烟丝 250 克；免税 12 度以上酒精饮料限量：酒 1 瓶（不超过 0.75 升）。

当天往返或短期内多次来往港、澳地区的旅游者，免税烟草制品限量：香烟 40 支或雪茄 5 支或烟丝 40 克；不准免税带进酒。

其他入境旅游者，免税烟草制品限量：香烟 400 支或雪茄 100 支或烟丝 500 克；免税 12 度以上酒精饮料限量：酒 2 瓶（不超过 1.5 升）。

对不满 16 周岁者，烟酒禁止携带。

2. 旅行自用物品

非居民旅游者及持有前往国家或地区再入境签证的居民旅游者携带旅行自用物品照相机、便携式收录音机、小型摄像机、手提式摄像机、手提式文字处理机每种一件。超出范围的或单价超过 5 000 元人民币的物品，需向海关如实申报，并办理有关手续。经海关放行的旅行自用物品，旅游者应在回程时复带出境。旅游者在海外购买了音像制品（如录音带、录像带、唱片、电影片、VCD 等）和印刷品（如书报、刊物、图画等）也必须申报和交验。若藏匿不报，海关将按规定处理。

3. 金银

根据《中华人民共和国金银管理条例》（2011 年修订）的规定，入境旅客携带金银入境，数量不受限制，但必须向入境地海关申报，由海关登记。携带或者复带金银出境，海关凭中国人民银行出具的证明或者原入境时申报单登记的数量查验放行，不能提供证明的或者超过原入境时申报登记数量的，不许出境。

携带在中华人民共和国境内购买的金银饰品（包括镶嵌饰品、工艺品、器皿等）出境，海关凭国内经营金银制品的单位开具的特种发货票（由中国人民银行统一印制，各地分行分发）查验放行。无凭据的，不许出境。

居住在中华人民共和国境内的中国人、外国侨民和无国籍人出境定居，每人携带金银的限额为：黄金饰品 1 市两（31.25 克），白银饰品 10 市两（312.50 克）、银质器皿 20 市两（625 克）。经海关查验符合规定限额的，予以放行。

4. 外汇

旅游者携带外币、旅行支票、信用证等入境，数量不受限制。旅游者携带超过 5 000 美元或等值其他外币入境，必须向海关如实申报；复带出境时，海关凭本次入境申报的数额核放。旅游者携带外币现钞数额不超过等值 5 000 美元出境的，海关予以放行；旅游者携带折合 5 001 美元至 10 000 美元出境的，应向银行申领"携带证"，海关凭"携带证"放行；旅游者携带超过等值 10 000 美元以上外汇现钞出境的，必须向当地外汇管理局申请核准，银行凭核准文件签发"携带证"，海关凭"携带证"放行。

中国公民携带折合 2 000 美元以内（含 2 000 美元）外币出境的，海关准许放行；携带金额折合 2 001 美元至 4 000 美元外币出境的，必须向银行申领"携带证"，海关凭"携带证"放行；携带金额折合 4 000 美元以上外币出境的，必须向当地外汇管理局申请核准，银行凭核准文件签发"携带证"，海关凭"携带证"放行。

5. 人民币

旅游者携带人民币现钞进出境，限额 2 万元。超出限额的禁止出境。

6. 文物、字画

文物指遗存在社会上或埋藏在地下的历史文化遗物。字画也称书画，为书法和绘画的合称。中国政府禁止出境珍贵文物及其他禁止出境的文物。珍贵文物是指国家馆藏一级、二级、三级文物；其他禁止出境的文物，指有损国家荣誉、有碍民族团结、在政治上有不良影响的文物；一般文物是指 1795 年（清乾隆六十年）以后的、可以在文物商店出售的文物。

旅游者携带文物入境，如需复带出境，请向海关详细报明。旅游者携带出境的文物（含已故现代著名书画家的作品），需经中国文化和旅游行政管理部门鉴定。

携运文物出境时，必须向海关详细申报。对在境内商店购买的文物，海关凭中国文化和旅游部指定的文化行政管理部门钤盖的鉴定标志及文物外销发货票或开具的许可出口证明查验放行。对在境内通过其他途径得到的文物，海关凭中国文化和旅游行政管理部门加盖的鉴定标志及开具的出口许可证明查验放行；未经鉴定的文物不允许携带出境。携带文物出境不据实向海关申报的，海关将按规定处理。

7. 中药材、中成药

旅游者携带中药材、中成药出境，前往国外的，总值限人民币300元；前往港澳地区的，总值限人民币150元；寄往国外的中药材、中成药，总值限人民币200元；寄往港澳地区的，总值限人民币100元。进境旅游者出境时携带用外汇购买的、数量合理的自用中药材、中成药，海关凭有关发货票和外汇兑换证明放行。麝香、蟾酥、虎骨、犀牛角、牛黄等以及超出上述规定限值的中药材、中成药不准出境。

旅客携运进出境的行李物品有下列情形之一的，海关暂不予放行：旅客不能当场缴纳进境物品税款的；进出境的物品属于许可证件管理的范围，但旅客不能当场提交的；进出境物品超出自用合理数量，按规定应当办理货物报关手续或其他海关手续，其尚未办理的；对进出境物品的属性、内容存疑，需要由有关主管部门进行认定、鉴定、验核的；按规定暂不予以放行的其他行李物品。

### （二）禁止入出境物品

1. 禁止入境物品

（1）各种武器、仿真武器、弹药及爆炸物品。

（2）伪造的货币及伪造的有价证券。

（3）对中国政治、经济、文化、道德有害的印刷品、胶卷、照片、唱片、影片、录音带、录像带、激光视盘、计算机存储介质及其他物品。

（4）各种烈性毒药。

（5）鸦片、吗啡、海洛因、大麻以及其他能使人成瘾的麻醉品、精神药物。

（6）带有危险性病菌、害虫及其他有害生物的动物、植物及其产品。

（7）有碍人畜健康的、来自疫区的以及其他能传播疾病的食品、药物或其他物品。

2. 禁止出境物品

（1）列入禁止出境范围的所有物品。

（2）内容涉及国家秘密的手稿、印刷品、胶卷、照片、唱片、影片、录音带、录像带、激光视盘、计算机存储介质及其他物品。

（3）珍贵文物及其他禁止出境的文物。

（4）濒危的和珍贵的动物、植物（均含标本）及其种子和繁殖材料。

### （三）不准出入境的规定

1. 外国人不准入境的情形

外国人有下列情形之一的，不准入境。

（1）未持有效出境入境证件或者拒绝、逃避接受边防检查的。

（2）被处驱逐出境或者被决定遣送出境，未满不准入境规定年限的。

（3）患有严重精神障碍、传染性肺结核病或者有可能对公共卫生造成重大危害的其他传染病的。

（4）可能危害中国国家安全和利益、破坏社会公共秩序或者从事其他违法犯罪活动的。

（5）在申请签证过程中弄虚作假或者不能保障在中国境内期间所需费用的。

（6）入境后可能从事与签证种类不符的活动的。

（7）法律、行政法规规定不准入境的其他情形。

对不准入境的，出入境边防检查机关可以不说明理由。对未被准许入境的外国人，出入境边防检查机关应当责令其返回；对拒不返回的，强制其返回。外国人等待返回期间，不得离开限定的区域。

2. 不准出境的情形

中国公民有下列情形之一的，不准出境。

（1）未持有效出境入境证件或者拒绝、逃避接受边防检查的。

（2）被判处刑罚尚未执行完毕或者属于刑事案件被告人、犯罪嫌疑人的。

（3）有未了结的民事案件，人民法院决定不准出境的。

（4）因妨害国（边）境管理受到刑事处罚或者因非法出境、非法居留、非法就业被其他国家或地区遣返，未满不准出境规定年限的。

（5）可能危害国家安全和利益，国务院有关主管部门决定不准出境的。

（6）法律、行政法规规定不准出境的其他情形。

外国人有下列情形之一的，不准出境。

（1）被判处刑罚尚未执行完毕或属于刑事案件被告人、犯罪嫌疑人的，但是按照中国与外国签订的有关协议，移管被判刑人的除外。

（2）有未了结的民事案件，人民法院决定不准出境的。

（3）拖欠劳动者的劳动报酬，经国务院有关部门或者省、自治区、直辖市人民政府决定不准出境的。

（4）法律、行政法规规定不准出境的其他情形。

## 第二节　交通知识

### 一、航空客运知识

#### （一）航班

1. 飞行形式

民航运输主要有三种飞行形式：班期飞行、加班飞行和包机飞行。

（1）班期飞行。按照班期时刻表和规定的航线，定机型、定日期、定时刻的飞行。

（2）加班飞行。根据临时需要在班期飞行以外增加的飞行。

（3）包机飞行。按照包机单位的要求，在现有航线上或以外进行的专用飞行。

航班分为定期航班和不定期航班。定期航班是指飞机定期自始发站起飞，按规定航线经过经停站至终点站或直达终点站的飞行。在国际航线上飞行的航班称国际航班，在国内航线上飞行的航班则称国内航班。航班还可以分为去程航班和回程航班。

2. 航班号

航班编号是由航空公司的二字英文代码和阿拉伯数字组成。例如，中国国际航空公司、中国东方航空公司、中国南方航空公司的英文代码分别是 CA、MU 和 CZ。

国内航班编号由航空公司的英文代码和四位阿拉伯数字组成。其中，第一位数字是执行该航班任务的航空公司起飞基地所在区域的数字代码；第二位数字表示该航班终点站所属的管理局或航空公司所在地的数字代码；第三、四位数字是该航班的具体编号，第四位数字若为单数表示去程，双数则为回程。如 MU5401 为中国东方航空公司自上海飞往重庆的航班，而 MU5402 则为回程航班。

我国国际航班的航班号由执行该航班任务的航空公司的英文字母代码和三位阿拉伯数字组成。其中，第一位数字是航空公司的数字代码。例如，中国国际航空公司的数字代码为 9，中国南方航空公司的数字代码为 3，中国东方航空公司的数字代码为 5 等。后两位是航班序号，单数为去程，双数为回程。CA919 为中国国际航空公司自北京飞往新加坡的航班。

3. 代码共享

代码共享（code – share）是指一家航空公司的航班号（即代码）可以用在另

一家航空公司的航班上。这对航空公司而言，不仅可以在不投入成本的情况下完善航线网络、扩大市场份额，而且打破了某些相对封闭的航空市场的壁垒。旅客则可以享受到更加便捷、丰富的服务，如众多的航班和时刻选择，一体化的转机服务，优惠的环球票价，共享的休息厅以及旅客计划等。正因为代码共享优化了航空公司的资源，并使旅客受益匪浅，所以20世纪70年代代码共享在美国国内市场诞生后，如今已成为全球航空运输业内最流行的合作方式。目前开通中国航线的外国航空公司有50余家。这些外航与我国几大主要航空公司都分别签署有相互的代码共享协议。代码共享这种方式使中国的航空公司得以直接吸取国外先进航空公司在经营和管理上的经验，尽快融入日益全球化、自由化的航空运输业。

4. 机舱等级

飞机安排座位时是分舱位的，而不同的舱位对应的机票折扣不同。价格不同，所得到的服务也不一样。国内客票的舱位等级主要分为头等舱（舱位代码为F）、公务舱（舱位代码为C）、经济舱（舱位代码为Y），经济舱里面又分不同的座位等级（舱位代码为B、K、H、L、M、Q、X、E不等，这种代码，每个航空公司的标识都不相同，价格也不一样），折扣舱依次往下排序，低舱位享受的服务和高舱位的不同，最明显的就是提前预订机上座位、餐食服务以及是否允许退票等。国际客票的舱位等级主要分为头等舱（舱位代码为FA）、公务舱（舱位代码为CDJ）、经济舱（舱位代码为Y），经济舱下属的座位等级和国内的差不多，也会有不退票的规定。

5. 国际航空联盟

随着世界经济全球化，航空公司战略联盟在国际民航界已成为重要的竞争手段，目前在世界上形成了三大国际航空客运联盟：一是星空联盟（Star Alliance），成立于1997年，总部位于德国法兰克福，它是目前全球最大的航空公司联盟，也是首个国际性航空联盟，我国的中国国航、深圳航空是其成员；二是天合联盟（SkyTeam），2000年成立，总部设在荷兰阿姆斯特丹，我国的东方航空、厦门航空是其成员；三是寰宇一家（oneworld），1999年成立，总部设在美国纽约，中国香港的国泰航空是其创始成员之一。

（二）机票

1. 电子机票

2006年10月16日，国际上开始实行电子机票，我国从2008年6月1日起停止发售纸质机票。电子机票可在民航售票处或联网计算机上完成订座、出票、作废、退换、改转签等操作。旅游者购买机票必须凭本人有效身份证件，客票只限票上所列姓名的旅游者本人使用，不得转让。在线购买成功后，旅游者会得到一个电子票号或者出票记录传真，在机场旅游者凭有效证件到值机柜台换取乘机凭证。正常票价的客票有效期为1年。特价机票的有效期以承运人的规定为准。

2. 机票的种类

（1）一般来说，机票可分为普通机票和特别机票。

普通一年期机票，主要分头等票（first class）、商务票（business class）和经济票（economy class or coach）三种，有效期为1年，可换乘其他航空公司的航班，票价较高，但灵活方便，没有太多时间上的限制，适合途中可能改变线路、时间的旅游者。

特别机票又可分为旅游机票、团体机票、包机机票等，价格较为优惠，但限制较多。

①旅游机票。旅游机票的票价相比普通一年期机票较为低廉，但限制相对来说较多，只能购买来回票，不能购买单程票，可分为中途停站和不停站两种，中途容许停站的票价较贵，持票人一定要在目的地停留一段时间后，在机票规定的有效期内回程，否则机票就会失效。因此，购买此种机票时，应该详细了解有效期，以免机票因过期失效，回程要另行买票，招致损失。

②团体机票。团体机票是由航空公司委托的旅游企业作为指定代理，事先向航空公司订下若干数目的机位，作为团体旅行之用。按规定，这种团体机票不能出售给个别旅游人士，旅客在购买时应该注意其有效期及能否退回程票等情况，因为某些团体票在机票上注明不能退款、不能改签，如旅游团延误，则损失很大，必须警惕。

③包机机票。包机机票是包机公司或旅行社向航空公司包下整架或部分飞机座位，以供旅客搭乘。这类机票的票价及营运限制，均由包机公司或旅行社自行订购。

（2）机票按购买对象可分为成人票、儿童票、婴儿票等。成人票是指年满12周岁的人士应购买的机票。儿童票是指年龄满2周岁但不满12周岁的儿童所购买的机票，票面价值是成人适用的正常票价的50%左右，提供座位。婴儿票是指不满2周岁的婴儿应购买的机票，票面价值是成人适用的正常票价的10%左右，不提供座位（如需要单独占用座位，应购买儿童票），一个成人旅客若携带婴儿超过1名，超出的人数应购买儿童票。购买儿童票和婴儿票时，应出示有效的出生证明。

（3）机票按是否订妥座位可分为定期机票和不定期机票。机票有效期为1年。定期机票自旅客开始旅行之次日零时起算；不定期机票自填开之次日零时起算。

（4）机票按航线可分为联程机票和来回程机票。联程机票是指一条航线（如从甲地飞往乙地）上分为几个阶段，而每个阶段的航班甚至执行航班的航空公司都可能不同，因而中间需要"中转"的机票。一般来说，购买联程机票的飞行虽然比直飞航班所需时间较长，但价格比直飞航班便宜。因此，对旅游者来说，如果时间允许，购买联程机票是比较经济实惠的。来回程机票是指同一条航线上往返飞行的机票。

购买了联程机票或来回程机票的旅客订妥座位后，如在该联程或回程地点停留72小时以上，须在该联程或回程航班飞机离站前两天12时以前，办理座位再证实手续。否则，原订座位不予保留。如旅客到达联程或回程地点的时间离航班飞机离站时间不超过72小时，则不需办理座位再证实手续。

3.退票

民航局2018年发布的《关于改进民航票务服务工作的通知》，明确规定航空公司应明确且合理确定客票退改签收费标准，退票费不得高于客票的实际销售价格，不能简单规定特价机票一律不得退改签。

航空公司的退票手续费与机票折扣和办理退票时间密切相关，机票折扣越低，手续费越高，办理退票时间在航班起飞前，退票手续费会低一些。一般规定是：头等舱、经济舱全价票，收取票价的5%作为退票费；9~8折票，收取票价的10%；7.5~5.5折票，收取票价的20%；5~3.5折票，收取票价的50%；3折票，不得退票；最低退票手续费不得低于50元人民币。

各航空公司的具体规定不同。

中国国际航空公司规定：在航班起飞前退票，属头等舱、公务舱的，免手续费；属于全价票的，收取5%的手续费；若是折扣机票，收取20%的手续费；针对特价机票则收得最多，高达50%。在航班起飞后退票，头等舱、公务舱、全价票的手续费，均收取10%；折扣票退票，要收取30%手续费；特价票退票，只退税费。

南方航空公司规定：头等舱、经济舱全价票免费退票；9~7折票，收取10%的退票费；6.5~5折票，收取20%的退票费；4.5~4折票，收取50%的退票费。

深圳航空公司规定：头等舱、公务舱及经济舱8折（含）以上客票退票，退票手续费为票面价格的5%；7~6折票，退票手续费为票面价格的10%。6~4折经济舱票，退票手续费为票面价格的30%。

海南航空公司规定：头等舱、经济舱全价票，不论在起飞前或起飞后，按票面价收取5%的退票费；9折票，不论在起飞前或起飞后，按票面价收取5%的退票费；8.5~8折票，不论在起飞前或起飞后，按票面价收取10%的退票费；7.5~5.5折票，不论在起飞前或起飞后，按票面价收取20%的退票费；5~4折票，不论在起飞前或起飞后，按票面价收取50%的退票费。

其他航空公司的规定与这些类似。

**（三）乘机**

1. 国内航班乘机流程

旅游者可通过机场柜台或机场"电子客票自助值机"服务办理登机手续。国内航班乘机流程：抵达机场确认航站楼—确认航空公司办票柜台—在规定的时限内凭本人有效身份证件在值机柜台领取登机牌、托运行李—凭相关身份证件、登机牌、携带随身物品通过安检—根据登机牌标示的登机口到相应候机区休息候机—登机。无托运行李旅游者只需至自助值机机柜—通过读卡机读取证件信息—进入自助值机系统—根据系统提示完成换发登机牌手续—取得登机牌—前往安检。航空公司值机柜台停止办理乘机手续的时间：国内航班一般为航班离站时间前30分钟，国际航班为40分钟。

目前国内所有机场都已经开通"民航临时乘机证明"，旅游者若忘记携带身份证，可打开国家政务服务平台小程序，在首页点"民航临时乘机证明"，60秒内即可获得电子防伪二维码，凭二维码办理值机手续和接受安全检查。

2. 行李

（1）随身携带物品。每位旅游者以5千克为限。持头等舱客票的旅游者，每人可随身携带两件物品；持公务舱或经济舱客票的旅游者，每人只能随身携带一件物品。每件随身携带物品的体积均不得超过20厘米×40厘米×55厘米。超过上述重量、件数或体积限制的随身携带物品，应作为托运行李托运。

（2）托运行李。旅游者的托运行李须持有效客票才能交运，每件重量不能超过50千克，体积不能超过40厘米×60厘米×100厘米。超过规定的行李，须事先征得承运人的同意才能托运。旅游者的托运行李，每千克价值超过 50 元时，可办理行李声明价值。声明价值不能超过行李本身的实际价值。每一位旅游者的行李声明价值最高限额为人民币 8 000 元。

（3）免费行李额。每位旅游者的免费行李额：持成人票或儿童票的头等舱旅游者为 40 千克，公务舱旅游者为 30 千克，经济舱旅游者为 20 千克。持婴儿票的旅游者，无免费行李额。同行旅游者的免费行李额可合并计算。构成国际运输的国内航段，每位旅游者的免费行李额按适用的国际航线免费行李额计算。

（4）超重行李。旅游者的超重行李在其所乘飞机载量允许的情况下，应与旅游者同机运送。旅游者应对超重行李付超重行李费，超重行李费率以每千克按经济舱票价的 1.5% 计算，金额以元为单位。

（5）不准作为行李运输的物品。旅游者不得在交运行李或随身携带物品内夹带易燃、易爆、腐蚀、有毒、放射性物品、可聚合物质、磁性物质及其他危险物品，不得携带武器、利器和凶器。

（6）不准在交运行李内夹带的物品。旅游者不得在交运的行李内夹带重要文件和资料、外交信贷、证券、货币、汇票、贵重物品、易碎易腐物品、手机、手提电脑、数码相机、充电宝以及含锂电池的其他物品。

（7）不准随身携带但可作为行李托运的物品。可用于危害航空安全的菜刀、大剪刀、大水果刀、剃刀等生活用刀；手术刀、屠宰刀、雕刻刀等专用刀具；文艺单位表演用的刀、矛、剑、戟等；斧、凿、锤、锥、加重或有尖头的手杖、铁头登山杖和其他可用来危害航空安全的锐器、钝器。

（8）行李运输。承运人、地面服务代理人、机场管理机构应当建立托运行李监控制度，防止行李在运送过程中延误、破损、丢失等情况发生。承运人、机场管理机构应当积极探索行李跟踪等新技术应用，建立旅客托运行李全流程跟踪机制。

旅客的托运行李、非托运行李不得违反国家禁止运输或者限制运输的相关规定。在收运行李时或者运输过程中，发现行李中装有不得作为行李运输的任何物品，承运人应当拒绝收运或者终止运输，并通知旅客。

承运人应当在运输总条件中明确行李运输相关规定，至少包括下列内容：

（1）托运行李和非托运行李的尺寸、重量以及数量要求；

（2）免费行李额；

（3）超限行李费计算方式；

（4）是否提供行李声明价值服务，或者为旅客办理行李声明价值的相关要求；

（5）是否承运小动物，或者运输小动物的种类及相关要求；

（6）特殊行李的相关规定；

（7）行李损坏、丢失、延误的赔偿标准或者所适用的国家有关规定、国际公约。

承运人或者其地面服务代理人应当在收运行李后向旅客出具纸质或者电子行李凭证。

承运人应当将旅客的托运行李与旅客同机运送。除国家另有规定外，不能同机运送的，承运人应当优先安排该行李在后续的航班上运送，并及时通知旅客。

旅客的托运行李延误到达的，承运人应当及时通知旅客领取。除国家另有规定外，由于非旅客原因导致托运行李延误到达，旅客要求直接送达的，承运人应当免费将托运行李直接送达旅客或者与旅客协商解决方案。

在行李运输过程中，托运行李发生延误、丢失或者损坏，旅客要求出具行李运输事故凭证的，承运人或者其地面服务代理人应当及时提供。

3. 误机与延误

（1）旅客误机。旅客误机后最迟应在该航班离站后的次日中午12时（含）以前，到乘机机场的承运人乘机登记处、承运人售票处或承运人地面服务代理人售票处办理误机确认。误机确认后，旅客如要求改乘后续航班，可在上述地点或原购票地点办理变更手续，承运人应在航班有可利用座位的条件下予以办理，免收误机费。但是，如所购误机的机票是折价票，旅客需向承运人补交票差。

旅客若未办理误机确认，如果要求继续旅行，应交付客票价20%的误机费。旅客误机变更后，如果要求再次改变航班、日期，应交付客票价50%的变更手续费。旅客误机或误机变更后，如果要求改变承运人，按自愿退票的规定办理，应交付客票价50%的误机费。旅客误机或误机变更后，如果要求退票，也按自愿退票规定办理，应交付客票价50%的误机费。

（2）航班延误或取消。机务维护、航班调配、商务、机组等承运人自身原因，造成航班在始发地出港延误或者取消；国内航班在经停地延误或者取消；国内航班发生备降造成航班出港延误。无论何种原因，承运人或者地面服务代理人都应当向旅客提供餐食或住宿服务。天气、突发事件、空中交通管制、安检以及旅客等非承运人原因,造成航班在始发地延误或取消,承运人可协助旅客安排餐食和住宿,费用由旅客自理。

4. 旅客保险与伤害赔偿

(1)旅客保险。旅客可以自行决定向保险公司投保国内航空运输旅客人身意外伤害保险。此项保险金额的给付,不免除或减少承运人应当承担的赔偿限额。

(2)旅客身体伤害赔偿。在国内航空运输中,承运人对每名旅客身体伤害的最高赔偿限额,根据《国内航空运输承运人赔偿责任限额规定》,应在下列责任限额内按照实际损害情况承担赔偿责任:①对每名旅客的责任赔偿限额为人民币40万元。②对每名旅客随身携带物品的赔偿限额为人民币3 000元。③对旅客托运的行李和对运输的货物的赔偿责任限额为每千克人民币100元。

5. 注意事项

为维护旅游者生命安全,2008年3月,中国民用航空局规定,旅游者乘坐国内航班禁止携带液体物品。液体物品包括液体、凝胶、气溶胶等,常用的眼药水、口红、牙膏、发胶等物品均在受限范围内。而乘坐从中国境内机场始发的国际、地区航班的旅游者,其携带的液体物品仍执行中国民航局2007年3月17日发布的有关规定,即每件容器不超过100毫升,盛放液体的容器应置于最大容积不超过1升的、可重新封口的透明塑料袋中。2008年4月,该局还规定,禁止旅游者携带打火机、火柴乘坐民航飞机。5月,该局又进一步规定,无论是手提行李还是托运行李都禁止夹带打火机和火柴。此外,旅游者也不能携带未关闭的手机、电脑等物品及强磁物品乘坐飞机。2014年8月,中国民用航空局对旅客携带的充电宝的规定是:额定能量不超过100 Wh(瓦特小时)的充电宝无须航空公司批准就可带上飞机;超过100 Wh但不超过160 Wh的,需经航空公司批准后方可携带;未标明相关技术参数的一律禁止携带。

2021年修订的《中华人民共和国民用航空法》规定,以暴力、胁迫或者其他方法劫持航空器的;对飞行中的民用航空器上的人员使用暴力,危及飞行安全的;隐匿携带炸药、雷管或者其他危险品乘坐民用航空器,或者以非危险品品名托运危险品的;隐匿携带枪支子弹、管制刀具乘坐民用航空器的;故意在使用中的民用航空器上放置危险品或者唆使他人放置危险品,足以毁坏该民用航空器,危及飞行安全的;故意传递虚假情报,扰乱正常飞行秩序,使公私财产遭受重大损失的;盗窃或者故意损毁、移动使用中的航行设施,危及飞行安全,足以使民用航空器发生坠落、毁坏危险的；聚众扰乱民用机场秩序的，分别依照刑法相关条款的规定追究刑事责任。

不足14天的婴儿、孕期超过9个月的孕妇、醉酒旅客不得乘坐民航客机。中国民航局颁布的《民用航空飞行标准管理条例》中，对公众乘坐飞机不应该出现的行为进行了规定。按照规定，如果旅客在航空器起飞、着陆、滑行以及飞机颠簸过程中擅自离开座位或开启行李架，可能面临500元以上、1万元以下的罚款。处以同样罚款的不正当行为还包括：在航空器内吸烟；强行将不符合尺寸及重量要求的行李带入航空器客舱内，或者不听从机组的劝告强行在航空器客舱内放置行李可能影响紧急情况下人员撤离；在紧急情况下，不听从机组人员的指挥，造成秩序混乱或影响航空器的载重平衡等。此外，一旦旅客行为过激，构成违反治安管理行为的，由公安机关依法给予行政处罚；构成犯罪的，依法追究刑事责任。

### 二、铁路客运知识

#### （一）列车的种类

我国列车分为国内旅客列车和国际旅客列车（如北京至莫斯科的国际列车）。特别是我国高速铁路飞速发展，通车里程已居世界第一，已建成"四纵四横"为重点的高速铁路网。"四纵"即北京—上海、北京—香港、北京—哈尔滨和杭州—深圳，"四横"即青岛—太原、徐州—兰州、南京—成都和杭州—昆明。火车已成为舒适、便捷、安全的旅游交通工具。

列车按车次前冠有的字母分为以下几种。

（1）车次前冠有字母为"G"的列车为高铁列车。

（2）车次前冠有字母为"C"的列车为城际动车组列车；车次前冠有字母"D"的列车为动车组。

（3）车次前冠有字母为"Z"的列车为直达特快列车；车次前冠有字母"T"的列车为特快旅客列车；车次前冠有字母为"K"的列车为快速旅客列车；车次前无字母的为普通旅客列车。

此外，下列列车一般在节假日、春秋旅游季节开行。

（1）车次前冠以字母"L"的列车为临客普快列车。

（2）车次前冠以字母"Y"的列车为郊游临客快速列车；车次前冠以字母"JY"的列车为郊游旅客列车。

按照铁路部门的有关规定,乘坐列车均采用实名制购票(儿童除外)和实名查验。

**(二)车票**

1. 车票的种类

火车票包括客票和附加票两部分。客票部分为软座、硬座。附加票分为加快票、卧铺票、空调票。附加票是客票的补充部分,除儿童外,不能单独使用。为了优待儿童、学生和伤残军人,还发售半价票。

2. 儿童票

从 2023 年起,年满 6 周岁且未满 14 周岁的儿童应当购买儿童优惠票;年满 14 周岁的儿童,应当购买全价票。每一名持票成年旅客可免费携带一名未满 6 周岁且不单独占用席位的儿童乘车;超过一名时,超过人数应当购买儿童优惠票(实行车票实名制的)。成年人旅客持卧铺车票时,儿童可以与其共用一个卧铺,并按上述规定免费或购票。儿童单独使用一个卧铺时,应另行购买全价卧铺票。

3. 购票

2012 年 1 月 1 日(乘车日期)起,全国所有旅客列车实行车票实名制,旅客需凭本人有效身份证件购买车票。同一乘车日期、同一车次,一张有效身份证件只能购买一张实名制车票。自 2021 年 12 月 1 日起,无论是在线上还是在线下购买,购票前均须完成乘车人本人的手机预留及信息采集核验。旅客可在车站售票处及各售票网点购票,也可以通过中国铁路客户服务中心网站进行网络订票或通过电话订票。此外,还可以在手机端登录"铁路 12306" App 或"铁路 12306"小程序进行订票,订票时需要输入身份证号并按操作进行核验,1 个 12306 账号最多可以同时购买 5 张车票,但不要求是同一个车次的。当前除了二代身份证外,台湾居民居住证、港澳居民居住证、外国人永久居留身份证等证件也可以通过上述方法购票。同时,旅客可以在各地购买带有席位号的异地票、联程票和往返票。购票前或购票后无法出示有效身份证件原件的,可到车站办理"乘坐旅客列车临时身份证明",但需提供自己的姓名和身份证号码。

4. 退票

旅客开始旅行后一般不能退票。在 12306 网站(或 App、小程序)购票后,若没有换成纸质车票,且不晚于开车前 25 分钟的,可在 12306 网站(或 App、小程序)办理退票。一般情况下,开车前 15 天(不含)以上退票的,不收取退票费;

票面乘车站开车时间前48小时以上，15天以内的按票价5%计退票费；24小时以上、不足48小时的按票价10%计退票费；不足24小时的按票价20%计退票费（特殊时期会有一定调整，请以铁路部门公告为准）。

5. 改签

按照铁路部门发布的火车票退改签规定，无论是网上订票还是窗口订票，1张票只能改签1次。开车前48小时（不含）以上，可改签预售期内的其他列车。开车前48小时以内，可改签开车前的其他列车，也可以改签开车后至票面乘车日期当日24:00之间的其他列车，但不办理票面日期次日及以后的改签。开车后如果未能上车，可以改签开车后至票面乘车当日24:00之间的其他列车，但不办理票面日期次日及以后的改签。上述改签，均可以通过12306网站（或App、小程序）或任一车站售票窗口办理。改签变更项目包括乘车日期、车次、席（铺）位，但不包括发站和到站（同城车站除外）。另外，如果已使用现金购票，或已换取纸质车票（报销凭证），则需到铁路售票窗口办理，如纸质车票（报销凭证）遗失，则无法办理车票改签。

按团体旅客（20人以上乘车日期、车次、到站、座别相同的有组织旅客可作为团体旅客）办理的车票，改签、退票时，应不晚于开车前48小时。

（三）乘车

1. 持有效身份证件乘车

自2020年6月20日起，全国的火车票正式启动"电子化"，实现电子客票乘车，告别纸质车票。无论旅客是在12306网站上还是"铁路12306"App上，或是售票窗口，或者自动售票机上买票，车站窗口都不再出具纸质车票。乘车时，只需在闸机入口刷二代身份证即可进出站。如果需要报销凭证，可以在乘车之日起31天内，凭购票所用的身份证原件，在车站自动售（取）票机、售票窗口换取纸质行程单。

2. 免费携带行李的重量及尺寸

每名旅客免费携带品的重量和体积是：儿童（含免费儿童）10千克，外交人员35千克，其他旅客20千克。每件物品外部尺寸长、宽、高之和不超过160厘米，杆状物品不超过200厘米，但乘坐动车组列车不超过130厘米，重量不超过20千克，超过20千克应办理托运。残疾人代步所用的折叠式轮椅不计入上述范围。

3. 限量携带的物品

限量携带的物品包括：①包装密封完好、标志清晰且酒精体积百分含量大于或者等于24%、小于或者等于70%的酒类饮品累计不超过3 000毫升。②香水、花露水、喷雾、凝胶等含易燃成分的非自喷压力容器日用品，单体容器容积不超过100毫升，每种限带1件。③指甲油、去光剂累计不超过50毫升。④冷烫精、染发剂、摩丝、发胶、杀虫剂、空气清新剂等自喷压力容器，单体容器容积不超过150毫升，每种限带1件，累计不超过600毫升。⑤安全火柴不超过2小盒，普通打火机不超过2个。⑥标志清晰的充电宝、锂电池、单块额定能量不超过100 Wh，含有锂电池的电动轮椅除外。⑦法律、行政法规、规章规定的其他限制携带、运输的物品。

4. 禁止托运和随身携带的物品

禁止托运和随身携带的物品包括：①枪支、子弹类（含主要零部件）。②爆炸物品类。③管制器具。④易燃易爆物品。⑤毒害品。⑥腐蚀性物品。⑦放射性物品。⑧感染性物质。⑨其他危害列车运行安全的物品。⑩法律、行政法规、规章规定的其他禁止携带、运输的物品。

5. 禁止随身携带但可以托运的物品

（1）锐器：菜刀、水果刀、剪刀、美工刀、雕刻刀、裁纸刀等日用刀具（刀刃长度超过60毫米）；手术刀、刨刀、铣刀等专业刀具；刀、矛、戟等器械。

（2）钝器：棍棒、球棒、桌球杆、曲棍球杆等。

（3）工具农具：钻机、凿、锥、锯、斧头、焊枪、射钉枪、锤、冰镐、耙、铁锹、镢头、锄头、农用叉、镰刀、铡刀等。

（4）其他：反曲弓、复合弓等非机械弓箭类器材，消防灭火枪，飞镖、弹弓，不超过50毫升的防身喷剂等。

（5）持有检疫证明、装于专门容器内的小型活动物，铁路运输企业应当向旅客说明运输过程中通风、温度条件。但持工作证明的导盲犬和作为食品且经封闭箱体包装的鱼、虾、蟹、贝、软体类水产动物可以随身携带。

6. 乘火车赴香港的要求

乘火车赴香港须提前办好赴香港特别行政区的证件，并持该证件与有效车票提前90分钟到出入境联检大厅办理验关手续。

7. 乘火车赴西藏的要求

乘火车赴西藏须先行阅读火车站公布的"高原旅行提示"，然后认真填写"旅客健康登记卡"。上车时，须同时出示车票和填写完整的"旅客健康登记卡"。

外国人、台湾同胞购买赴藏火车票，须出示经旅行社办理的入藏函或西藏自治区外事办公室或文化和旅游部门、商务厅的批准函（电），或者出示中国内地（大陆）司局级接待单位出具的、已征得自治区上述部门同意的证明信函。

### 三、水路客运知识

#### （一）水路旅行常识

水运交通服务是指旅游企业为了满足旅游者在各种水域中旅行游览的需求，向内河航运、沿海航运和国际航海等水上客运部门或企业购买的交通服务。水运交通服务所提供的交通工具包括普通客轮、豪华客轮、客货混装轮船和气垫船等。每种轮船分别设有各种不同舱位，供不同类型的乘客选用。水运交通服务主要分为四种，即远程定期班轮服务、海上短程轮渡服务、游船服务和内河客轮服务。

#### （二）船票

船票分全价票和半价票。儿童身高超过1.2米但不超过1.5米者，购买半价票，超过1.5米者，购买全价票。每一名成人旅客可免费携带身高不超过1.2米的儿童一人，超过一人，应按超过的人数购买半价票。革命伤残军人凭革命伤残军人证可购买半价票。乘同一船名、航次、起讫港10人以上的团体可凭借介绍信购买或预订团体票。《水路旅客运输实名制管理规定》中规定，自2017年1月10日，水路旅客运输实行实名制管理。乘船人遗失船票的，经核实其身份信息后，水路旅客运输经营者或者其委托的船票销售单位应当免费为其补办船票。

#### （三）退票

旅客在乘船港可办理退票。其中，内河航线应在客船开船以前办理，沿海航线应在客船规定开船时间2小时前办理，团体票应在客船规定开船时间24小时以前办理。退票时应支付退票费。

#### （四）行李

1. 随身携带行李

每位旅客可免费携带总重量20千克（免费儿童减半），总体积0.3立方米的行李。每件自带行李，重量不得超过20千克，体积不得超过0.2立方米，长度不得超过1.5米（杆形物品不超过2米）。残疾旅客乘船，另可免费携带随身自用的非机动残疾人专用车一辆。旅客可携带下列物品乘船：气体打火机5个，安全火柴

20 小盒，不超过 20 毫升的指甲油，100 毫升以内的香水，300 毫升以内的空气清新剂。

2. 禁止携带和托运的物品

除另有规定外，下列物品不准旅客携带上船：违禁品或易燃、易爆、有毒、有腐蚀性、有放射性以及有可能危及船上人安全的物品；各种有臭味、恶腥味的物品；灵柩、尸体、尸骨。

## 第三节 货币、保险知识

### 一、货币知识

#### （一）外汇

1. 外汇的概念

外汇是指以外币表示的可用于国际清偿的支付手段和资产，包括外币现钞（纸币、铸币）、外币有价证券（债券、股票等）、外币支付凭证或支付工具（票据、银行存款凭证、银行卡等）、特别提款权以及其他外币资金。

2. 货币兑换

海外旅游者来华时携入的外汇和票据金额没有限制，但数额大时必须在入境时据实申报；在中国境内，海外旅游者可持外汇到中国银行各兑换点（机场、饭店或商店）兑换成人民币。在中国境内能兑换的外币主要有：美元 USD、欧元 EUR、英镑 GBP、日元 JPY、澳大利亚元 AUD、加拿大元 CAD、瑞士法郎 CHF、丹麦克朗 DKK、挪威克朗 NOK、瑞典克朗 SEK、新加坡元 SGD、新西兰元 NZD、菲律宾比索 PHP、泰国铢 THB、韩元 KRW、俄罗斯卢布 RUB 以及港币 HKD、澳门元 MOP、新台币 TWD 等。兑换外币后，旅游者应妥善保管银行出具的外汇兑换证明（俗称"水单"），该证明有效期为 6 个月，旅游者若在半年内离开中国，而兑换的人民币没有花完，可持护照和水单将其兑换成外币，但不得超过水单上注明的金额。

3. 人民币进入 SDR

2015 年 12 月 1 日，国际货币基金组织（IMF）宣布把人民币纳入 SDR（special drawing right，特别提款权），权重定为 10.92%。2022 年 5 月，该组织将人民币的权重提高至 12.28%。SDR 是国际货币基金组织创造的国际储备资产，目前由美元、英镑、欧元和日元组成。人民币加入特别提款权意味着人民币真正跻身全球主要货币之列，人民币作为结算货币将得到更广泛的使用，也将推动人民币成为可兑换、可自由使用的货币。

### （二）信用卡

信用卡是银行和其他专门机构为提供消费信用而发给客户在指定地点按照给予的消费信用额度支取现金、购买货物或支付劳务费用的信用凭证，实际上是一种分期付款的消费者信贷。信用卡是一种电子智能卡，卡上印有信用卡名称、持卡者姓名、持卡者账号及每笔赊购的限额、签字有效期和防伪标记等内容。

信用卡的种类有很多，通常可以按照以下标准划分：按发卡机构，可分为银行卡和非银行卡；按持卡人的资信程度，可分为普通卡、金卡、白金卡和无限卡；按清偿方式，可分为贷记卡、准贷记卡和借记卡；按流通范围，可分为国际卡和地区卡。中国银行的外汇长城万事达卡是国际卡，而人民币万事达信用卡和中国工商银行的牡丹卡都是地区卡。

我国目前主要受理的外币信用卡有：维萨卡（Visa Card），总部设在美国旧金山；万事达卡（Master Card），总部设在美国纽约；运通卡（American Express），由美国运通公司及其世界各地的分公司发行；大莱卡（Diners Club Card），该卡是世界上发行最早的信用卡，由大莱卡国际有限公司统一管理；JCB 卡（JCB Card），1981 年由日本最大的 JCB 信用卡公司发行；百万卡（Million Card），由日本东海银行发行；发达卡（Federal Card），由中国香港南洋商业银行发行。

维萨卡、万事达卡、银联卡（China UnionPay）在全球范围构建了一个刷卡消费的联盟，国内银行与它们合作以后，国内银行发行的信用卡就能在它们的联盟范围内刷卡消费，在部分国家（地区）甚至可以持银联卡直接消费。消费者可以在申请信用卡的时候选择申请维萨信用卡或万事达信用卡。

### （三）离境退税

2011 年 1 月 1 日，海南省作为试点正式实施境外旅客购物离境退税政策。

2014 年 8 月，国务院公布的《国务院关于促进旅游业改革发展的若干意见》提出，扩大旅游购物消费，研究完善境外旅客购物离境退税政策，并将实施范围扩大至全国符合条件的地区。2015 年国家税务总局发布了《境外旅客购物离境退税管理办法（试行）》。该办法规定如下。

1. 退税对象

在我国连续居住不超过 183 天的外国人和港澳台同胞。

2. 退税物品

服装、鞋帽、化妆品、钟表、首饰、电器、医疗保健及美容器材、厨卫用具、家具、空调、电冰箱、洗衣设备、电视机、摄影（像）设备、计算机、自行车、文具、体育用品等，共 21 个大类 324 种。但不包括中华人民共和国禁止、限制进出境物品表所列的禁止、限制出境的物品，如食品、饮料、水果、烟、酒、汽车、摩托车等。

3. 退税条件

（1）在退税定点商店购买退税物品，购物金额达到起退点（500元），并且按规定取得退税申请单（凭购买退税物品的增值税普通发票向退税商店索取）等退税凭证。

（2）在离境口岸办理离境手续，离境前退税物品尚未启用或消费。

（3）离境日距退税物品购买日不超过 90 天。

（4）所购退税物品由境外旅客本人随身携带或托运出境。

（5）所购退税物品经海关验核并在退税申请单上签章。

（6）在指定的退税代理机构办理退税。

4. 退税率

退税率为 11%，但退税机构要收取 2% 的手续费，旅客应得退税金额为商品价格的 9%。如旅客购买了 500 元退税物品，可获得退税金额为：500元 ×（11%-2%）= 45元。

5. 退税币种

退税币种为人民币。退税金额超过 10 000 元人民币的，退税代理机构将以银行转账方式退税。退税金额未超过 10 000 元人民币的，退税代理机构可采用现金方式退税或银行转账方式退税，由境外旅客自行选择。

6. 退税流程

（1）托运行李包括退税物品。离境退税商店购买商品—索取离境退税申请单—航空公司乘机手续办理—海关退税物品验核并托运行李—联检手续—退税机构退税。

（2）随身携带退税物品。离境退税商店购买商品—索取离境退税申请单—航空公司乘机手续办理—联检手续—海关退税物品验核—退税机构退税。

7. 享有退税政策的省区市

截至 2023 年 9 月，各地陆续备案实施境外旅客购物离境退税。在财政部网站可以查询到的有：北京市、上海市、海南省、天津市、辽宁省、安徽省、福建省、厦门市、四川省、江苏省、青岛市、深圳市、陕西省、云南省、广东省、黑龙江省、山东省、新疆维吾尔自治区、河南省、宁夏回族自治区、湖南省、甘肃省、重庆市、河北省、广西壮族自治区、江西省、浙江省和宁波市 28 个省区市。

**（四）离岛免税**

2011 年 4 月起，海南实行"离岛免税"购物政策，规定凡年满 16 周岁，乘飞机、火车、轮船离岛（不包括离境）旅客实行限值、限量、限品种免进口税购物。离岛免税的税种包括关税、进口环节增值税和消费税。

离岛免税商品目前为 45 种，包括化妆品、箱包、手表、天然蜂蜜、茶、平板电脑、手机、电子游戏机、酒类和穿戴设备等消费品。

离岛免税额度目前为每人每年 10 万元人民币。

2020 年 7 月 6 日，海关总署发布新修订的《中华人民共和国海关对海南离岛旅客免税购物监管办法》，文件规定，离岛旅客有下列情形之一的，由海关依照相关法律法规处理，且自海关作出处理决定之日起，3 年内不得享受离岛免税购物政策，并可依照有关规定纳入相关信用记录：以牟利为目的为他人购买免税品或将所购免税品在国内市场再次销售的；购买或者提取免税品时，提供虚假身份证件或旅行证件、使用不符合规定身份证件或旅行证件，或者提供虚假离岛信息的；其他违反海关规定的。

## 二、保险知识

**（一）旅游保险的概念与特点**

1. 旅游保险的概念

旅游保险是保险业的一项业务。它是指根据合同的约定，投保人向保险人支付保险费，保险人对于合同约定的在旅游活动中可能发生的事故所造成的人身、财产损失承担赔偿保险金的责任。旅游者报名时所涉及的保险通常有三种，分别是旅行社责任保险、旅游意外伤害保险和交通意外伤害保险。

2. 旅游保险的特点

与其他保险比较，旅游保险具有短期性、强制保险与自愿保险相结合、财产保险与人身保险相结合等特点。

### （二）旅游保险的种类

1. 旅行社责任保险

旅行社责任保险是指旅行社根据保险合同的约定，向保险公司支付保险费，保险公司对旅行社在从事旅游业务经营活动中，致使旅游者人身、财产遭受损害应由旅行社承担的责任，转由承保的保险公司负责赔偿保险金的行为。旅行社责任保险属强制保险。

旅行社责任保险的保险期限为一年。

旅行社不承担赔偿责任的情形如下。

（1）旅游者参加旅游活动，应当保证自身身体条件能够完成旅游活动。因此在旅游过程中，旅游者自身疾病引起的各种损失或损害，旅行社不承担任何赔偿责任。但是在签约时旅游者已经声明且为旅行社接受的需要旅行社照顾的情形，旅行社及其工作人员没有尽到应尽的照顾义务的，仍然应当承担赔偿责任。

（2）旅游者参加旅行社组织的旅游活动，应当服从导游或领队的安排，在旅行过程中注意保护自身和随行的未成年人的安全，妥善保管随身携带的行李、物品。旅游者个人过错导致的人身伤亡和财物损失，以及由此产生的各种费用支出，旅行社不承担赔偿责任。

（3）旅游者自行终止旅行社安排的旅游行程后，或者没有参加约定的旅游活动而自行活动时，发生的人身、财物损害，旅行社不承担赔偿责任。

2. 旅游意外伤害保险

旅游意外伤害保险，是为防止旅游过程中发生意外事故造成损失而向保险公司购买的保险。旅行社在组织旅游者旅游时，可以提示旅游者购买旅游意外伤害保险，经旅游者同意，旅行社可代为购买，但保险费用由旅游者承担，所以旅游意外伤害保险属自愿保险，其投保人和受益人均为旅游者。旅游意外伤害保险由组团社负责一次性办理，接待旅行社不再重复投保。

保险期限如下。

（1）旅行社组织的入境旅游，旅游意外伤害保险期限从旅游者入境后参加旅行社安排的旅游行程时开始，直至该旅游行程结束办理完出境手续时止。

（2）旅行社组织的国内旅游、出境旅游，旅游意外伤害保险期限从旅游者在约定的时间登上由旅行社安排的交通工具开始，直至该次旅行结束离开旅行社安排的交通工具为止。

旅行社不承担赔偿责任的情形如下。

（1）旅游者自行终止旅行社安排的旅游行程，其保险期限至其终止旅游行程的时间为止。

（2）旅游者在中止双方约定的旅游行程后自行旅行的，不在旅游意外伤害保险之列。

旅游意外伤害保险的保障范围：人身意外保障、个人财物保障、医疗费用保障及个人法律责任保障。

按照《中华人民共和国保险法》的规定，人寿保险以外的其他保险的被保险人或者受益人，向保险人请求赔偿或者给付保险金的诉讼时效期间为二年，自其知道或者应当知道保险事故发生之日起计算。

3. 交通意外伤害保险

交通意外伤害保险也称交通工具意外伤害保险。它是以被保险人的身体为保险标的，以被保险人作为乘客在乘坐客运大众交通工具期间因遭受意外伤害事故，导致身故、残疾、医疗费用支出等为给付保险金条件的保险，主要包括火车、飞机、轮船、汽车等交通工具。

（1）航空旅客意外伤害保险。航空旅客意外伤害保险简称为航意险，属自愿投保的个人意外伤害保险。

此种保险旅游者可自愿购买一份或多份。其保险期限自旅游者持保险合同约定航班的有效机票到达机场通过安全检查时起，至旅游者抵达目的港走出所乘航班的舱门时止（不包括舷梯与廊桥）。在此期间，若飞机中途停留或绕道飞行，只要被保险人一直跟机行动，其遭受的意外伤害均在保险责任范围内。当被保险人进入舱门后，由于民航原因，飞机延误起飞又让旅客离开飞机，在此期间被保险人遭受的伤害，保险公司也负责。

（2）铁路意外伤害保险。2013年，国务院废止了《铁路旅客意外伤害强制保险条例》，铁路意外伤害保险由原来强制性捆绑式销售改变为乘客自愿购买。2015年11月1日起铁路部门为境内乘车旅客提供最新的铁路旅客人身意外伤害保险，简称乘意险。铁路乘意险将保险责任扩展到旅客自持有效乘车凭证实名制验证或检票进站时起,至旅客到达所持乘车凭证载明的到站检票出站时止,即由"车"上扩展到"车上和站内"。成年旅客购买乘意险为3元,最高保障30万元意外身故、伤残保险金和3万元意外医疗费用。未成年人购买乘意险为1元,最高保障10万元意外身故、伤残保险金和1万元意外医疗费用。

### (三)旅游保险报案与索赔

1. 及时报案

旅游者发生意外事故后,应及时向投保的保险公司报案。

2. 收集证据,并妥善保存

导游员应提醒当事人收集医院诊断证明、化验单据、意外事故证明等证据。

知识链接11.1

3. 转院需征得保险公司同意

旅游者因意外住院后,如需要转回本地医院继续治疗,应事先征得保险公司同意,并要求救治医院出具书面转院报告。

## 第四节 旅游卫生保健常识

### 一、旅游卫生常识

#### (一)骨折

1. 症状与体征

骨折,指骨头或骨头的结构完全或部分断裂。一般骨折,伤者的软组织(皮下组织、肌肉、韧带等)损伤疼痛剧烈,受伤部位肿胀,瘀血明显。四肢骨折,可见受伤部位变形,活动明显受阻。若是开放性骨折,折断的骨骼会暴露在伤口处,而闭合性骨折,则皮肤表面无伤口。

2. 处理常识

(1)判断骨折。首先要考虑伤者受伤的原因,如果是车祸伤、高处坠落伤等原因,一般骨折的可能性很大;其次要看一下伤者的情况,如伤肢出现反常的活动、肿痛明显,则骨折的可能性很大,如骨折端已外露,肯定已骨折;最后,在判断不清是否有骨折的情况下,应按骨折来处理。

(2)止血。如出血量较大,应以手将出血处的上端压在邻近的骨突或骨干上或用清洁的纱布、布片压迫止血,再以宽的布带缠绕固定,要适当用力但又不能过紧。

不要用电线、铁丝等直径小的物品止血。如有止血带，可用止血带止血，如无止血带可用布带。上肢出血时，止血带应放在上臂的中上段，不可放在下 1/3 或肘窝处，以防损伤神经。下肢止血时，止血带宜放在大腿中段，不可放在大腿下 1/3、膝部或腿上段。上止血带时，要放置衬垫。上止血带的时间上肢不超过 1 小时，下肢不超过 1.5 小时。

（3）包扎。对骨折伴有伤口的患者，应立即封闭伤口。最好用清洁、干净的布片、衣物覆盖伤口，再用布带包扎。包扎时，不宜过紧，也不宜过松，过紧会导致伤肢缺血坏死，过松则起不到包扎作用，同时也起不到压迫止血的作用。如有骨折端外露，注意不要将骨折端放回原处，应继续保持外露，以免引起深度感染。

（4）上夹板。尽可能保持伤肢固定位置，不要任意牵拉或搬运患者。固定的器材最好用夹板，如无夹板可就地取材用树枝、书本等固定。在没有合适器材的情况下，可利用自身固定，如上肢可固定在躯体上，下肢可利用对侧固定，手指可与邻指固定。

（5）搬运伤员。单纯的颜面骨折、上肢骨折，在做好临时固定后可扶伤员离开现场。膝关节以下的下肢骨折，可背运伤员离开现场。颈椎骨折，可一人双手托住枕部、下颌部，维持颈部伤后位置，另两人分别托起腰背部、臀部及下肢移动。胸腰椎骨折，则需要一人托住头颈部，另两人分别于同侧托住胸腰段及骨部，另一人托住双下肢，维持脊柱伤后位置移动。髋部及大腿骨折，需要一人双手托住腰及臀部，伤员用双臂抱住救护者的肩背部，另一人双手托住伤员的双下肢移动。伤员在车上宜平卧，如遇昏迷患者，应将其头偏向一侧，以免呕吐物吸入气管，发生窒息。

**（二）蛇咬伤和毒虫蜇伤**

1. 被毒蛇咬伤的处理常识

在旅游途中如果不幸有旅游者被毒蛇咬伤，导游应该马上进行紧急处理，处理得越快越早，效果就越好。

（1）导游要让伤者冷静下来，千万不要走动。被毒蛇咬伤后，如果跑动或有其他剧烈动作，则血液循环加快，蛇毒扩散吸收也同时加快。

（2）给伤者包扎伤口。导游应该马上用绳、布带或其他植物纤维在伤口上方超过一个关节处结扎。动作必须快捷，不能结扎得过紧，阻断静脉回流即可，而且每隔15分钟要放松一次，以免组织坏死。然后用手挤压伤口周围，将毒液挤出，等伤口经过清洗、排毒，再经过内服外用有效药物半小时后，方可去除包扎。

（3）帮助伤者冲洗伤口。用清水冲洗伤口的毒液，以减少吸附。有条件的话用高锰酸钾溶液冲洗伤口，这样效果更好。

（4）扩大伤口排毒。用小刀按毒牙痕的方向切纵横各1厘米的十字形口，切开至皮下即可，再设法把毒素吸出或挤出。一直到流血或吸出的血为鲜红色为止，或者局部皮肤由青紫变成正常为止。在不切开伤口的前提下，可努力破坏蛇毒，使其失去毒性。

（5）用凉水浸祛毒素。帮助伤者将伤口置于流动的水或井水中，同时清洗伤口。

（6）进行初步处理后，应及时送伤者去医院治疗。

2. 被毒虫蜇伤的处理常识

（1）蝎子蜇伤。蝎子伤人会引起伤者局部或者全身的中毒反应，还会出现剧痛、恶心、呕吐、烦躁、腹痛、发烧、气喘，重者可能出现胃出血，甚至昏迷，儿童可能因此而中毒死亡。蝎子伤人的急救方法与毒蛇咬伤的处理方法大致相同。不同之处是由于蝎子毒是酸性毒液，冲洗伤口时应该用碱性肥皂水反复冲洗，这样可以中和毒液，然后再把红汞涂在伤口上。如果旅游者中毒严重，导游应该立即送其去医院抢救。

（2）蜈蚣刺伤。旅游者在野外、山地旅游或露天扎营过夜时，有可能被蜈蚣刺伤，刺伤后一般有红肿热痛现象，可发生淋巴管炎和淋巴结灰。严重中毒时会出现发热、恶心、呕吐、眩晕、昏迷。一般来说，出现这种情况，成人无生命危险，但儿童可能会中毒死亡。蜈蚣毒性同蝎毒一样是酸性毒液，可用碱性肥皂水或石灰水冲洗中和，然后口服蛇药片，对较轻的蜈蚣刺伤，可用牛鼻上的汗水涂擦伤口，或剪下一撮受伤者的头发烧着后烟熏伤口，均有不错的疗效。

（3）毒蜘蛛咬伤。毒蜘蛛的毒性很大，可能导致肿痛、头昏、呕吐、虚脱甚至死亡。毒蜘蛛咬伤的急救方法与毒蛇咬伤的急救方法相同。

（4）蜂蜇伤。被蜂蜇受伤以后，有的几天后自愈，有的则出现生命危险。被黄蜂蜇伤后，导游员应该帮助伤者轻轻挑出蜂刺，注意千万不能挤压伤口，以免毒液扩散。因为黄蜂、马蜂、胡蜂的毒为碱性毒液，可以用醋清洗伤口。被其他蜂，如蜜蜂等蜇伤后，导游要帮助旅游者先将伤口内的刺挤出来，再用肥皂水清洗。

## 二、旅游保健常识

### （一）高原旅游保健知识

高原一般是指海拔在 2 700 米左右的地区。由于到达这一高度时，气压低、空气干燥、含氧量少，人体会产生高原反应。

1. 症状与体征

高原反应即急性高原病，是人到达一定海拔高度后，身体为适应海拔高度造成的气压低、含氧量少、空气干燥等的变化，而产生的自然生理反应，海拔高度一般在 2 700 米左右时，就会有高原反应。在进入高原后，如果出现下列症状，应考虑已经发生高原反应。

（1）头部剧烈疼痛、心慌、气短、胸闷、食欲不振、恶心、呕吐、口唇指甲发绀。

（2）意识恍惚，认知能力骤降。其主要表现为计算困难，在未进入高原之前做一道简单的加法题，记录所用时间，在出现症状时，重复做同样的计算题，如果所用时间比原先延长，说明已经发生高原反应。

（3）出现幻觉，感到温暖，常常无目标地跟随在他人后面行走。

2. 处理常识

（1）在高原上动作要缓，尤其是刚刚到达的时候要特别注意，不可急速行走，更不能跑步或奔跑，也不能做体力劳动。

（2）不可暴饮暴食，以免加重消化器官负担，不要饮酒和吸烟，多食蔬菜和水果等富含维生素的食品，适量饮水，注意保暖，少洗或不洗澡以避免受凉感冒和消耗体力。

（3）进入高原后要不断少量喝水，以预防血栓。一般每天需补充 4 000 毫升液体。因湿度较低，嘴唇容易干裂，除了喝水，还可以外用润唇膏改善症状。

（4）学会腹式呼吸，即在行走或攀登时将双手置于臀部，使手臂、锁骨、肩胛骨及腰部以上躯干的肌肉做辅助呼吸，以增强呼吸系统的活动能力。

（5）尽量避免将皮肤裸露在外，可以戴上防紫外线的遮阳镜和撑遮阳伞，在可能暴露的皮肤上涂上防晒霜。

（6）高原反应容易导致失眠，可以适当服用安眠药物保证睡眠，以及时消除疲劳，保证旅游顺利进行。

（7）提前服用抗高原反应药，如红景天、高原康、高原安等，反应强烈时，可以通过吸氧来缓解。

（二）沙漠旅游保健知识

（1）行前导游员应了解当地的有关情况，如气候、植被、河流、村庄、道路等，规划好旅游线路，在确保安全的情况下制订出可行的旅游方案。

（2）告知旅游者在出发前穿上防风沙衣服和戴上纱巾，脸上涂上防晒霜，戴太阳镜和遮阳帽，穿上轻便透气的高帮运动鞋，以防风沙。

（3）告知旅游者在沙漠旅游中不要走散，一旦走散后迷失了方向，不要慌张，也不要乱走，应在原地等待救援。

（4）若在沙漠旅游中遇到沙暴，要带领旅游者避开风的正面，千万不要到沙丘背风坡躲避，否则有被沙暴掩埋的危险。

（三）冰雪旅游保健知识

（1）在滑雪前，导游员应告知旅游者穿戴好滑雪服，滑雪服最好选用套头式，上衣要宽松，以利滑行动作；衣物颜色最好与雪面白色有较大反差，以便他人辨认和避免相撞。佩戴好合适的全封闭保护眼镜，避免阳光反射及滑行中冷风对眼睛的刺激。佩戴好头盔、护臂、护腕和护膝。

（2）在滑雪前，导游员还应告知旅游者做好必要的防护措施，如检查滑雪板和滑雪杖有无折裂的地方，固定器连接是否牢固，选用油性和具有防紫外线作用的防护用品，对易受冻伤的手脚、耳朵做好保护措施等。

（3）进入滑雪场后，导游员应叮嘱旅游者严格遵守滑雪场的有关安全管理规定，向滑雪场工作人员了解雪道的高度、坡度、长度和宽度及周边情况，告知旅游者根据自己的滑雪水平选择相应的滑道，注意循序渐进、量力而行，要按教练和雪场工作人员的安排和指挥去做，不要擅自到技术要求高的雪区去滑雪。注意索道开放时有无人看守，若没有人看守，切勿乘坐。

（4）告知旅游者在滑雪过程中，要注意与他人保持一定的距离，不要打闹，以免碰撞。滑雪人数较多时，应调节好速度，切勿过快过猛。

（5）若需在雪道上行走或停留，应避免停留在雪道中间或视线易受阻的地方，应选择停留在雪道的两侧边缘。

### （四）漂流旅游保健知识

（1）在上船之前，导游员应告知旅游者不要身带现金和贵重物品，仔细阅读漂流须知，听从工作人员安排，穿好救生衣，根据需要戴好安全帽。

（2）告知旅游者在水上漂流中不要做危险动作，不要打闹，不要主动去抓水上的漂浮物和岸边的草木石头，不要自作主张随便下船。

（3）告知旅游者漂流中一旦落水，千万不要惊慌失措，因为救生衣的浮力足以将人托浮在水面上，静心等待工作人员和其他旅游者前来救援。

### （五）温泉旅游保健知识

#### 1. 不适宜泡温泉的情形

（1）癌症、白血病患者，不宜泡温泉，以防刺激新陈代谢，加速身体衰弱。

（2）皮肤有伤口、溃烂或真菌感染如"香港脚"、湿疹的患者，都不适合泡温泉，以免引起伤口恶化。过敏性皮肤疾病患者也不适合浸泡在高温的泉水中，以免加速皮肤水分蒸发、破坏皮肤保护层而引发荨麻疹。

（3）女性生理期来时或前后，怀孕的初期和末期，最好不要泡温泉。

（4）睡眠不足、熬夜之后、营养不良、大病初愈等身体疲惫状态下，不适合泡温泉，以免突然接触过高温度引起脑部缺血或休克。

#### 2. 泡温泉注意事项

（1）高血压和心脑血管疾病患者，在规则服药或经医生允许的前提下，可以泡温泉，但以每次不超过20分钟为宜。并注意：入水前，先用温泉水缓慢地擦拭身体，待适应后再进入，以免影响血管正常收缩；出水时，缓慢起身，以防血管扩张、血压下降导致头昏眼花而跌倒，诱发脑卒中风或心肌梗死。

（2）糖尿病患者在血糖控制较好、体征比较稳定的情况下，可以泡温泉。如果血糖不稳定，在温泉中容易出汗，造成脱水，引起血糖变化。此外，大多数糖尿病患者都伴有周围神经病变，手掌、脚掌感觉异常，温度敏感度较低，长久浸泡造成烫伤而不知。

（3）空腹或太饱时不宜入浴，以免出现头晕、呕吐、消化不良、疲倦等症状。

（4）入水时，应从低温到高温，逐次浸泡，每次15~20分钟即可。

（5）泡温泉的时间，应根据泉水温度来定，温度较高时，不可长久浸泡，以免出现胸闷、口渴、头晕等症状。

（6）多喝水，随时补充流失的水分。

（7）泡温泉时，脸上的毛孔会释放大量自由基而损伤皮肤，最好敷上面膜或用冷毛巾敷面，同时闭上双眼，以冥想的心情，配合缓慢的深呼吸，真正舒缓身心压力。

（8）如果感觉身体不适，应马上离开，不可勉强继续。

3. 泡后注意事项

（1）泡完温泉后，一般不必再用清水冲洗，但如果是浸泡酸性较强或硫化氢含量高的温泉，则最好冲洗，以免刺激皮肤，造成过敏。

（2）泡温泉后要注意保暖，迅速擦干全身，特别是腋下、胯部、肚脐周围和四肢皮肤的皱褶处，及时涂抹滋润乳液，锁住皮肤水分。

（3）泡温泉后，人体水分大量蒸发，应多喝水补充。

（六）研学旅行保健知识

研学旅行是由教育行政部门规划、学校有计划地组织安排，通过集体旅行、集中食宿方式开展的研究学习和旅行体验相结合的校外教育活动。研学旅行的对象是中小学生，研学旅行是以提升其素质为教学目的，依托旅游吸引物等社会资源，进行体验式教育和探究性学习的一种教育旅游活动，有助于促进参与对象自理能力、创新能力和实践能力的提升。

研学旅行产品按照资源类型分为知识科普型、自然观赏型、体验考察型、励志拓展型、文化康乐型。

（1）知识科普型。其主要包括各种类型的博物馆、科技馆、主题展览、动物园、植物园、历史文化遗产、工业项目、科研场所等资源。

（2）自然观赏型。其主要包括山川、江、湖、海、草原、沙漠等资源。

（3）体验考察型。其主要包括农庄、实践基地、夏令营营地或团队拓展基地等资源。

（4）励志拓展型。其主要包括红色教育基地、大学校园、国防教育基地、军营等资源。

（5）文化康乐型。其主要包括各类主题公园、演艺影视城等资源。

研学旅行活动参与者的特殊性和活动范围的广阔性决定了研学旅行安全的特殊性，研学旅行安全问题是影响研学旅行质量的首要问题。研学旅行的安全防范常识，贯穿于研学旅行的前期准备、过程组织以及后期跟踪的整个周期的安全管理中。

根据 2016 年发布的《研学旅行服务规范》（LB/T 054—2016）（2016 年 12 月 19 日发布，2017 年 5 月 1 日实施），研学旅行安全防范的基本要求主要如下。

1. 建立安全管理制度

组织方、承办方及供应方应针对研学旅行活动，分别制定安全管理制度，构建完善有效的安全防控机制。研学旅行安全管理制度主要有以下几种。

（1）申报审批制度。实行组织学生集体外出活动申报审批制度，研学旅行活动要提前向研学旅行活动的管理方申报，管理方主管领导审批后方可进行。审批流程：家长签订风险告知单、自愿报名协议后统一报给承办方，承办方将风险告知单与自愿报名协议附上活动流程与场地实地考察报告上报管理方同意后方可实施。

（2）集合汇报与请销假制度。每日三次或三次以上集合点名。学生如遇特殊事情需要提前向带队老师请假，回来后需要找带队老师销假。出发、登车、登船、前往新目的地之前必须先完成列队点名。

（3）风险排查制度。对车辆、住宿场地要先进行风险排查再启动、入住。风险排查主要包括机械故障、水灾隐患、火灾隐患、山体滑坡隐患、泥石流隐患等。租用的车辆必须有正规的营运证，带队老师才能组织学生有秩序地上车。提前勘察住宿地到派出所、医院的距离与路线。进入研学目的地前需要对目的地的人流量、地理条件进行评估，不带学生进入有踩踏风险、自然灾害风险的地方，并制作安全标语、旗帜，时刻提醒学生、老师注意安全。

（4）行前动员制度。在出行之前一定要进行全体师生的动员，以高度的责任心对每个学生的安全负责。同时对学生加强安全教育，强调按照研学旅行流程行事，确保外出活动万无一失。

（5）技术保障制度。研学旅行活动中，凡参与研学旅行活动的组织方、承办方与供应方均必须保证通信畅通。如进入山区等偏远地区，通信设备不得少于两种，不能仅靠手机通信，因为手机进入山区或者在远离基站的地方会没有信号，此时只能靠短波对讲机或者卫星电话通信。需为学生每人配备一个 GPS（全球定位系统）定位器、北斗定位手表或手环，以便后台统一监控和管理。

（6）信息反馈制度。研学旅行活动中，承办方与供应方应及时发布研学旅行活动的各类消息，以便组织方和学生家长掌握旅游团的动态和状况。

2. 配备专职安全管理人员

组织方和承办方应根据各项安全管理制度的要求，明确安全管理责任人员及其工作职责，在研学旅行活动过程中安排安全管理人员随团开展安全管理工作。

组织方人员配置：

应至少派出一人作为组织方代表，负责督导研学旅行活动按计划开展。每20位学生宜配置一名带队老师，带队老师全程带领学生参与研学旅行各项活动。

承办方人员配置：

（1）应为研学旅行活动配置一名项目组长，项目组长全程随团活动，负责统筹协调研学旅行各项工作。

（2）应至少为每个研学旅行团队配置一名安全员，安全员在研学旅行过程中随团开展安全教育和防控工作。

（3）应至少为每个研学旅行团队配置一名研学导师，研学导师负责制订研学旅行教育工作计划，在带队老师、导游员等工作人员的配合下提供研学旅行教育服务。

（4）应至少为每个研学旅行团队配置一名导游员，导游员负责提供导游服务，并配合相关工作人员提供研学旅行教育服务和生活保障服务。

供应方人员配置：

（1）应配备数量适宜的专职医护人员，医护人员负责研学旅行期间学生各类疾病以及伤害性事故的应急处理。

（2）应指定一名中高级管理人员接受专业培训并考试合格后担任内审员。内审员负责对照相关标准及相关工作要求，检查供应方提供的设施设备是否达到安全使用标准，敦促供应方就所存在的问题及时整改。

（3）配备专职设备安全检查人员，负责对相关技术设备以及设施进行常态化的安全检查以及维护。

3. 进行安全教育

工作人员安全教育：制订安全教育和安全培训专项工作计划，定期对参与研学旅行活动的工作人员进行培训。培训内容包括安全管理工作制度、工作职责与要求、应急处置规范与流程等。

学生安全教育：

（1）对参加研学旅行活动的学生进行多种形式的安全教育。

（2）提供安全防控教育知识读本。

（3）召开行前说明会，对学生进行行前安全教育。

（4）在研学旅行过程中对学生进行安全知识教育，根据行程安排及具体情况及时进行安全提示与警示，强化学生安全防范意识。

4. 有完备的医疗及救助服务

组织方、承办方及供应方应提前调研和掌握研学营地周边的医疗及救助资源状况。如学生生病或受伤，应及时送往医院或急救中心治疗，并妥善保管就诊医疗记录。返程后，应将就诊医疗记录复印并转交家长或带队老师。宜聘请具有职业资格的医护人员随团提供医疗及救助服务。

5. 制订各种应急预案

组织方、承办方及供应方应制订和完善包括地震、火灾、食品卫生、治安事件、设施设备突发故障等在内的各项突发事件应急预案，并定期组织演练。

## 本章小结

本章介绍了旅游过程中常用知识，如入出境知识、生态环境保护知识，叙述了交通知识、货币保险知识以及旅游卫生保健常识等。其中，生态环境保护知识、交通知识、货币保险知识以及旅游卫生保健常识是学习的重点。

## 即测即练

## 复习思考题

1. 外国旅游者可以申请团体签证分离吗？
2. 导游员在带团过程中，如何引导旅游者保护环境？如何倡导文明旅游？
3. 护照与签证是怎样分类的？
4. 中华人民共和国限制进出境物品有哪些？
5. 境外旅游如何提高网络通信的效率？
6. 说明中国对出入境旅游外币与人民币携带的相关要求。

## 实践训练

1. 课堂布置实践训练，小组成员分别扮演导游员及旅游者，旅游者烫伤，导游员如何应对？

2. 课堂布置实践训练，导游员要带一个团队进行冰雪旅游，导游员应着重强调哪些注意事项？

# 参考文献

[1] 杜炜，张建梅. 导游业务 [M]. 3 版. 北京：高等教育出版社，2018.

[2] 全国导游人员资格考试应试指导教材编委组. 导游业务 [M]. 北京：人民日报出版社，2018.

[3] 李桂玲. 导游业务 [M]. 北京：机械工业出版社，2017.

[4] 张岚，代玉岩，何欣竹，等. 导游业务 [M]. 北京：北京理工大学出版社，2020.

[5] 殷开明. 导游业务 [M]. 镇江：江苏大学出版社，2018.

[6] 高媛，李韵. 模拟导游 [M]. 北京：中国轻工业出版社，2021.

[7] 全国导游资格考试统编教材专家编写组. 导游业务 [M]. 6 版. 北京：中国旅游出版社，2021.

[8] 李飞，于梦，冯静. 导游实务 [M]. 长春：吉林大学出版社，2018.

[9] 冯静. 模拟导游 [M]. 长春：吉林大学出版社，2017.

[10] 全国导游资格考试统编教材专家编写组. 导游业务 [M]. 2 版. 北京：中国旅游出版社，2017.

[11] 苑晓赫，张百菊. 旅行社经营管理 [M]. 北京：旅游教育出版社，2016.

[12] 孙斐，葛益娟. 导游实务 [M]. 2 版. 大连：东北财经大学出版社，2021.

[13] 薛炳忱，吴秀兰. 导游实务 [M]. 北京：旅游教育出版社，2014.

[14] 黄细嘉. 导游业务通论 [M]. 北京：高等教育出版社，2010.

[15] 陈巍. 导游实务 [M]. 北京：北京理工大学出版社，2010.

[16] 臧其猛. 导游业务 [M]. 北京：清华大学出版社，2014.

[17] 吉林省旅游局导游人员资格考试教材编写组. 导游实务 [M]. 北京：旅游教育出版社，2014.

[18] 全国导游资格考试统编教材专家编写组. 导游业务 [M]. 北京：中国旅游出版社，2022.

[19] 曾亚玲，蒋玉华. 旅行社交礼仪 [M]. 长春：东北师范大学出版社，2013.

[20] 张建春. 生态环境保护与旅游资源开发 [M]. 杭州：浙江大学出版社，2010.

[21] 李国茹，张立峰. 旅游接待礼仪 [M]. 长春：东北师范大学出版社，2006.

[22] 杨媛媛. 导游业务 [M]. 重庆：重庆大学出版社，2017.

[23] 李盼. 导游业务 [M]. 成都：西南交通大学出版社，2018.

[24] 李晓标. 导游业务 [M]. 北京：北京理工大学出版社，2020.

[25] 潘家华，庄贵阳，等. 中国生态建设与环境保护 1978-2018（ECOLOGICAL CONSERVATION AND ENVIRONMENTAL PROTECTION IN CHINA）[M]. 北京：社会科学文献出版社，2018.

[26] 导游人员管理条例 [J]. 中华人民共和国国务院公报，1999（19）：779-782.

[27] 旅游安全管理办法 [J]. 中华人民共和国国务院公报，2017，1585（10）：62-67.

[28] 游客突发心肌梗死亡 亲属向旅行社索赔偿 [EB/OL].（2019-06-03）. http://www.guojialvye.com/plus/view.php? aid=3289.

[29] 郭艺珺. 禁止指定购物场所 并非取消购物环节 [EB/OL].（2013-09-23）. http://www.people.com.cn/24hour/n/2013/0923/c25408-22996888.html.

[30] 陈晓琴，严灵灵，潘宏伟.《旅游法》背景下苏锡常地区导游职业吸引力提升路径研究 [J]. 经济研究导刊，2016（27）：154-156.

[31] 谢丹，朱斌. 导游员的素质及形象塑造在旅游审美中的作用 [J]. 旅游纵览（下半月），2014（8）：13-14.

[32] 邱邻霖. 导游员素质与形象塑造 [J]. 价值工程，2012，31（1）：252-253.DOI：10.14018/j.cnki.cn13-1085/n.2012.01.225.

[33] 李祝舜. 导游员形象的塑造 [J]. 公关世界，2002（10）：57-58.

[34] 刘兰芳. 导游员形象的塑造 [J]. 衡阳师范高等专科学校学报（社会科学），1996（4）：103-107.

[35] 黄翠鸾. 导游员职业形象提升策略探析 [J]. 广西教育，2013（3）：159-160.

[36] 杨会兰. 美丽中国建设与导游员礼仪形象的塑造 [C]//2013 中国旅游科学年会论文集 [出版者不详]，2013：370-374.

[37] 蒋乐松. 试论导游服务和导游员职业形象 [J]. 桂林航天工业高等专科学校学报，2010，15（3）：331-333.

[38] 李楠. 散客旅游心理及管理营销初探 [J]. 职大学报，2016（6）：118-121.

[39] 王晓巍. 散客旅游心理及管理营销分析 [J]. 旅游纵览（下半月），2016（8）：68.

# 教师服务

感谢您选用清华大学出版社的教材！为了更好地服务教学，我们为授课教师提供本书的教学辅助资源，以及本学科重点教材信息。请您扫码获取。

## ▶ 教辅获取

本书教辅资源，授课教师扫码获取

## ▶ 样书赠送

**旅游管理类**重点教材，教师扫码获取样书

 清华大学出版社

E-mail：tupfuwu@163.com
电话：010-83470332 / 83470142
地址：北京市海淀区双清路学研大厦 B 座 509

网址：https://www.tup.com.cn/
传真：8610-83470107
邮编：100084